環太平洋文明叢書 ⑥

東シナ海と弥生文化

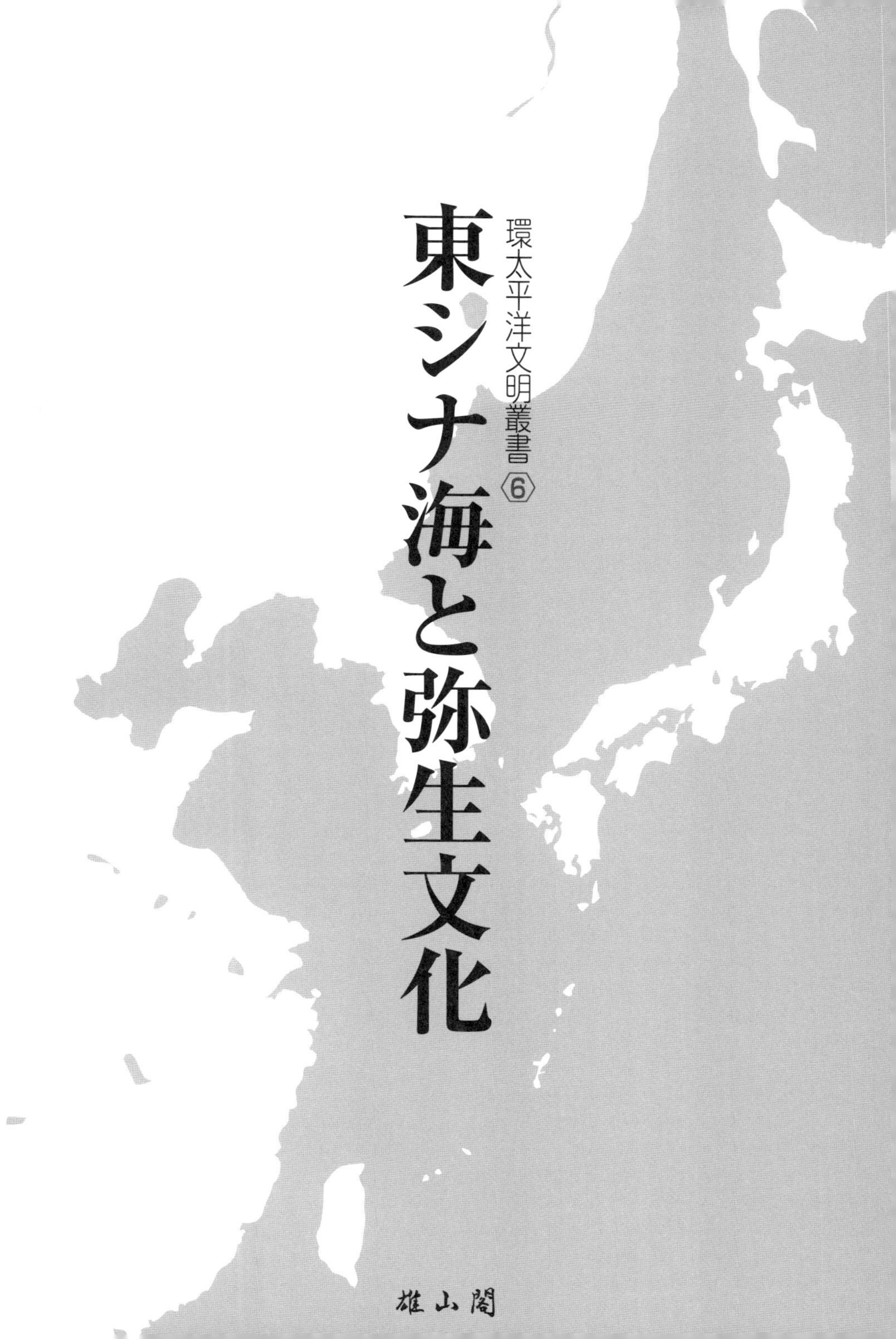

雄山閣

東シナ海と弥生文化　目次

ご挨拶

立命館大学環太平洋文明研究センター長　安田喜憲

立命館大学環太平洋文明研究センターでは、これまで二回のシンポジウムを行ってまいりました。私は純粋の考古学者ではございませんので、考古学者のご協力を得てシンポジウムを開催しております。第一回目は、「津軽海峡圏の成立と縄文文化の誕生」（このシンポジウムの成果は安田・阿部編『津軽海峡圏の縄文文化』環太平洋文明叢書1　雄山閣　二〇一五年としてまとめられています）という問題を扱い、北海道庁の阿部千春氏に共同編集者をお願いしました。第二回目は、「対馬海峡と古墳文化の成立の問題」（このシンポジウムの成果は安田・西谷編『対馬海峡と宗像の古墳文化』環太平洋文明叢書4　雄山閣　二〇一六年としてまとめられています）をテーマに、九州大学名誉教授の西谷正氏にご協力をいただきました。

第一回と第二回の二つのシンポジウムは、世界遺産の登録と深い関係を持っております。第二回目のシンポジウムで扱った宗像は、二〇一七年、世界文化遺産になりました。また第一回目のシンポジウムで取り上げた、津軽海峡圏の縄文文化の誕生に関わる遺跡群についても、北海道と青森県、岩手県、秋田県の一道三県合同で世界遺産の登録を目指されております。

さて海から見た日本文化として最終回の第三回目のシンポジウムは、東シナ海、ここに焦点を当ててみたいと思います。「東シナ海と稲作漁撈・弥生文化」という問題を議論したいと思っております。これら三回のシンポジウムを通して、津軽海峡、対馬海峡、そして東シナ海と、海が日本文化に与えた影響を見てみることを大きなテーマといたしました。

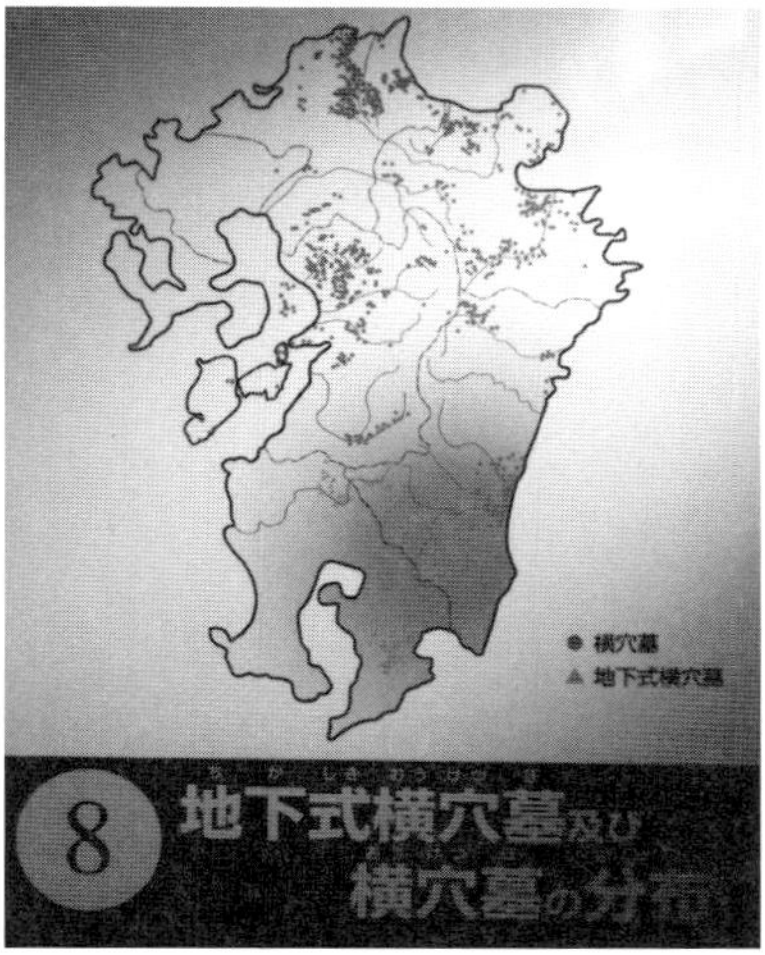

図１　宮崎県西都原考古博物館に展示された北九州と南九州の違い

それでは、宮崎県立西都原考古博物館に展示されている図をご覧ください（図1）。このように九州は、北と南に二つに大きく分かれます。九州には、おそらく北からの文化の影響と南からの文化の影響があると思います。今回は、共同編集者を佐賀城本丸歴史館の七田忠昭館長にお願いいたしまして、第一日目のプログラムを作っていただきました。考古学の第一級の先生方にお話をしていただきます。私はプログラムを拝見し、やはり今の日本の考古学は北優位の考え方だと思いました。田島龍太氏からはじまりまして、考古学の先生方はどちらかというと北優位の考え方の先生方が多いわけです。これが現在の日本考古学の定説だと思いました。ですから、第二日目は南からの視点を入れさせていただくということで、考古学と少し離れた欠端実氏に神話のお話、村岡安廣氏にお菓子の話をしていただいたり、松下孝幸氏や高宮広士氏などに南からの視点をお話しいただくことにしました。全体を通して、九州の文化のルーツを南と北の視点・海の視点から考えていきたいと思っております。

九州でこのようなシンポジウムを開催するにあたって、岸本吉生氏（当時・九州経済産業局長、現・独立行政法人経済産業研究所）にご尽力いただきました。彼がたまたま九州に来ることになったものですから、宗像と東シナ海のシンポジウムを開催しましょう、ということになりました。

これまでのシンポジウムの成果は、『環太平洋文明叢書』（雄山閣）として刊行しております。第一巻目は、前述のとおり、津軽海峡圏のシンポジウムで阿部千春氏に共同編集者になっていただいて『津軽海峡圏と縄文文化』

を刊行いたしました。第二巻目は私が『日本神話と長江文明』という本を書かせていただきました。そして、第三巻目は李国棟氏が、中国人の目から見た九州の稲作文化をテーマに『稲作文化にみる中国貴州と日本』を議論しております。第四巻目は二回目のシンポジウムを共同編集者西谷正氏の御協力を得て、『対馬海峡と宗像の古墳文化』を刊行いたしました。第五巻目は小野林太郎氏による『海の人類史—東南アジア・オセアニア海域の考古学—』で、いよいよ太平洋に進出いたしました。この本は話題になっておりまして、お手に取っていただいてお読みいただけるとありがたいと思っております。そして第六巻目が本著『東シナ海と弥生文化』でございます。

また、これらのシンポジウムに関しては、さまざまなところから多くのご後援をいただきました。この場をお借りして厚く御礼を申し上げます。

なお本書における年代は較正年代です。

ご挨拶

九州経済産業局長　岸本吉生

このたびのシンポジウムにつきまして、これまで二回のシンポジウムについて若干触れながら、着眼点をご説明してご挨拶に代えさせていただきたいと思います。

文明と環境という問題についてこれまで研究が進められ、縄文時代の津軽海峡圏をテーマにしたシンポジウムが北海道函館で行われました。また二〇一四年の一二月には、福岡県宗像市で古墳時代、対馬海峡との関係についてのシンポジウムが行われました。

シンポジウムのタイトル「東シナ海と稲作漁撈・弥生文化」に示すとおり、稲作漁撈文明は、古く五〇〇〇年以上前に中国の長江流域で営まれていた文明を淵源とする、ということがテーマの一つでございます。

また、九州には、大和朝廷以前の外国との関係、とくに中国大陸とは、海の交流を通じたいろいろな関係があったのではないかということで、宗像のシンポジウムではその点を議論いたしました。そのシンポジウムで基調講演をお願いした八幡暁さんは、一人でシーカヤックを操って外海に出る海洋冒険家で、オーストラリア北端から日本の九州まで、十数回に分けて、一人でシーカヤックで、GPSを一切使わずに、星座や潮流を頼りに航行するという活動をされています。

古墳時代に、宗像の人々が朝鮮半島とどんな船でどういう航海をしていたのか。小さな舟では到底いけなかったのではないかと考える方が多かったのですが、八幡さんは「軽々と行けたと思います」とのご意見でした。自分は現に何回かに分けてではあるけれども、オーストラリアから来ているし、一番長いところでは四五〇キロ陸地がないところも何とか渡れます、ということで、小さい舟一つあれば、古い時代から正確に人の行き来はできただろうということでした。また、別の先生からは、対岸が見えれば人間はそこに行きます、というお話もありました。ロシアから樺太は見えます。樺太に行けば北海道が見えます。北海道に来れば青森が見えます。そのようにして、ロシアの人は間違いなく宗像まで来ていたと私は思います、というような話もありまして、それは古墳時代ということではなくて、古くから人間の力で航海することはできただろう、というお話でした。

このような成果を受けて、弥生時代に東シナ海を通じて、古代の人々がどの程度の交流をしていたのか、ということも、今回のシンポジウムの一つの関心事項となると思います。

海の交流の証拠立てについては、いろいろな発表を伺いましてもなかなか難しい問題のようですので、今回のシンポジウムのお話を楽しみにしております。考古学の世界でわかってきていることと、海の交流というものが実際はどうだったのかという謎解きはなかなか難しいですが、その辺りについて空想を広げることも、今回のシンポジウムの一つの主旨かな、というふうに思います。

それから、九州の文化の中で中国大陸との関係、あるいは長江文明と関わりのあるものは数多くあるかと思います。村岡安廣社長から、お菓子に関してお話を聞かせていただくことになっております。九州の文化のルーツについて、関心を深める良い機会ではないかと思います。

地球環境問題を人類が乗り越えていくためには、環境の変化に強い社会作りということが問われます。日本は、縄文時代に、数千年間にわたって、戦争をしない文明を継続したというたぐいまれな歴史をもっています。稲作漁撈文明というのは、西洋の畑作牧畜文明と比べると、戦いが少ないという比較研究もあります。人類が、環境に適応しながら二一世紀に向けて生き抜いていくために、稲作漁撈文明から学んでいく必要があるのではないかと思います。

本日のシンポジウムを最後までお楽しみいただければと思います。

第Ⅰ章　東アジアと弥生文化

一　稲作の伝播と菜畑遺跡

唐津市末盧館長　田島龍太

今回は、『東シナ海と稲作漁撈・弥生文化』というテーマのシンポジウムであります。まずスタートとして稲作の伝播と菜畑《なばたけ》遺跡のお話をします。菜畑遺跡の発見は、稲作の伝播について非常に重要な課題を提供いたしました。調査は一九八〇～八一（昭和五五～五六）年にかけて行っております。菜畑遺跡の調査当時、安田喜憲先生の『環境考古学事始』という本を読ませていただき、それまでのように、考古学も土器や石器を中心にして遺跡を考えるだけではなく文化として、このような文明的な塊として考えていくこと、環境という大きな視点の中で考えていく必要があるということに、とても強い印象を受けたことを覚えております。その後も、森と文明のことなど、いろいろと読ませていただいているわけですが、今日はその安田先生にお会いできるということも含めて、この場に立っていることに感激しております。

さて、私のテーマは、「稲作の伝播と菜畑遺跡」でございます。今回、東シナ海全体としての漁撈文化、もしくは稲作文化の伝播について、私の立場からは北寄りの説になりますが、それはご容赦いただいて、経過も含めながら稲作というものが伝播していくかたち、また日本で稲作文化が開始される時期の、遺跡としての菜畑遺跡や北部九州の遺跡、さらには九州の遺跡の中での菜畑の位置づけについてお話ししてみたいと思っております。

一　菜畑遺跡発見までの経緯

菜畑の地理環境

菜畑遺跡は九州の北部、佐賀県の北部、唐津市に位置する遺跡です。唐津平野という平野のちょうど西の外れにあたります。唐津平野は東を福岡県と佐賀県を隔てている一〇〇〇メートルクラスの脊振《せふり》山系、西を一〇〇～二〇〇メートルの溶岩台地であります東松浦半島に面し、それらに囲まれて中央に北流する松浦川という大きな河川によってできた沖積平野です。この北には玄界灘が広がり、その先には壱岐があり対馬があり、朝鮮半島南部、慶尚南道や全羅南道につながっていきます。またもう少し西のほうに視野を広げていきますと、五島列島をはじめとして、かつて東西南北の松浦と呼ばれた領域につながります。つまり、地理的環境として東シナ海、対馬暖流の中に位置づけられます。

図1は現在の唐津の地形と菜畑の位置図ですが、

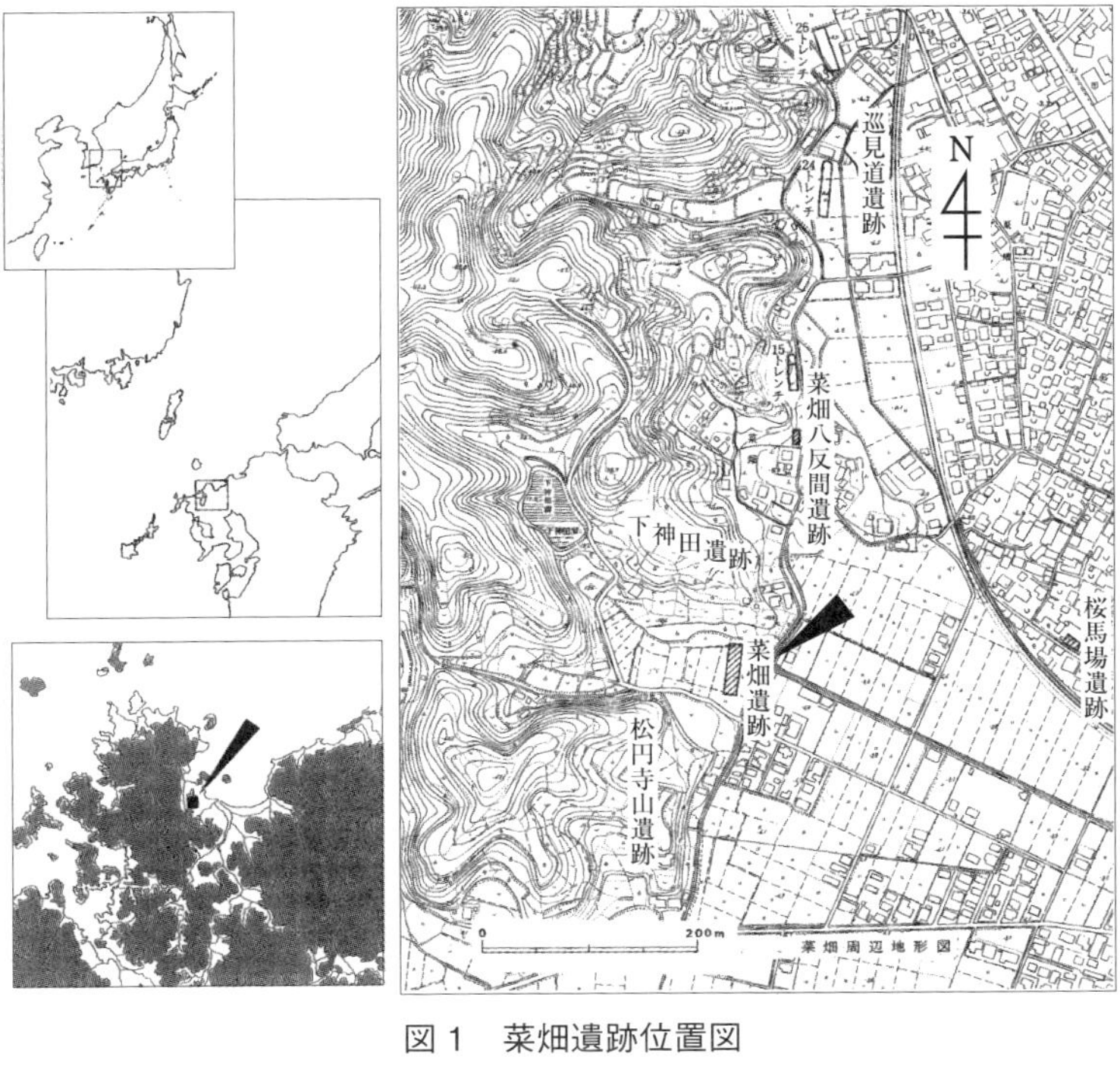

図1　菜畑遺跡位置図

この地形になるのはずいぶん新しい話でありまして、江戸時代になってからです。ですから、私が今、お話をしようとする紀元前一〇世紀前後、もしくはそれよりも古い時代は、このような地形ではありませんでした。この丘陵に沿ったかたちで湾が深く入り込んでいて気候の変化で、海岸線が上ったり下ったりしながら、現在の海岸線になっていくというという環境変化があったということになります。

菜畑遺跡は図1の矢印が指す位置です。菜畑遺跡は一九八〇～一九八一（昭和五五～五六）年にかけて、地元の道路工事に伴う調査により発見されました。その後、約一年余をかけて報告書を刊行しました（唐津市教育委員会、一九八二）。それからおおよそ三五年も経過したということになります。ですから、発掘技術の問題、それから科学的な調査の方法などいろいろな意味合いで、現在の調査とは比較できないものであったわけですが、新しい調査方法の画期でもあったと、直接調査に関わった人間として感じています。

稲作文化の始まりは、戦後の日本の考古学の中でも重要な課題でありまして、一九六一（昭和三六）年に発刊されました『日本農耕文化の生成』（日本考古学協会編、一九六一）は、日本の稲作がいかに始まるかという大きなテーマにこたえていこうとする過程の集成であったわけです。その大きなテーマそのものは、今も変わりがないわけですが、当時は「いつから始まったか」が焦点でした。古い時期の弥生時代の遺跡の立地から考えて、この唐津平野、糸島、それから福岡平野、この辺りが稲作の発祥地として検討され、弥生時代の象徴とされた遠賀川《おんががわ》式土器などの展開を考える上からも、北部九州のどこかで稲作がスタートしただろう、どこか古い遺跡はないかというのが、当時の注目点だったかと思います。

唐津平野の調査の歴史—稲作と支石墓—

唐津平野の中で考えてみますと、一九一〇（明治四三）年に、すでに柏崎というところから甕棺が出土したり、弥生時代の銅剣、銅矛が出土するという非常に大きな発見があり、昭和初期には当時の耕地整理に伴いまして、宇木汲田《うきくんでん》遺跡で青銅器が副葬された甕棺墓が確認され、朝鮮半島の青銅器文化の伝播が検討される大きなきっかけになるような発見がされています。

その後、戦後、昭和二〇年代になって、ようやく稲作文化の解明という学術的な調査がされるようになり、一九五二（昭和二七）年に葉山尻《はやまじり》支石墓の調査がされております。この支石墓は、ご存知のようにユーラシア大陸に広がる墳墓形式でして、おそらく稲作文化を持った人たちが入ってきたときにもたらされた墓制であろうと考えられたわけです。支石墓の学術的調査がなされた嚆矢は、この唐津平野の葉山尻支石墓でした。

一九五五（昭和三〇）年に桜馬場《さくらのばば》遺跡、一九五七年に宇木汲田遺跡の再度の調査があり、そして一九六五・六六年、弥生時代開始期の解明を目的に九州大学とフランスの大学による唐津湾岸の調査（地元では、日仏合同調査と呼ぶ）が行われたわけです。その結果、この宇木汲田遺跡では、当時言われていた弥生時代前期よりも、もう一つ古い時代の、縄文時代晩期の夜臼《ゆうす》式土器の単純層から炭化米が出土し、稲作は縄文時代晩期に遡るということになりました。昭和四〇年代の唐津平野での調査が、地域歴史の解明という範囲を超えて、日本の稲作文化の研究の大きな進展を引き起こし、新しいページを開いたということになるのではないかと思っています（岡崎、一九八二）。

そういう研究を下地にして、一九八〇（昭和五五）年に菜畑遺跡が発見されました。縄文時代晩期の終わり頃まで古くなった稲作文化の始まりは、いったいいつまで遡るのかということが、大きな焦点、テーマとして掲げられていく中での菜畑の発見、ということになったわけです。

図2は、宇木汲田遺跡が調査された、昭和四〇年代くらいの航空写真です。唐津平野の東側、鏡山南麓、松浦川の支流である宇木川の上流域になります。低丘陵地が昭和三〇年代の蜜柑園造成で開発されて、このように虫食い状になっています。その結果として、支石墓が確認されていくということになります。南側に宇木汲田甕棺

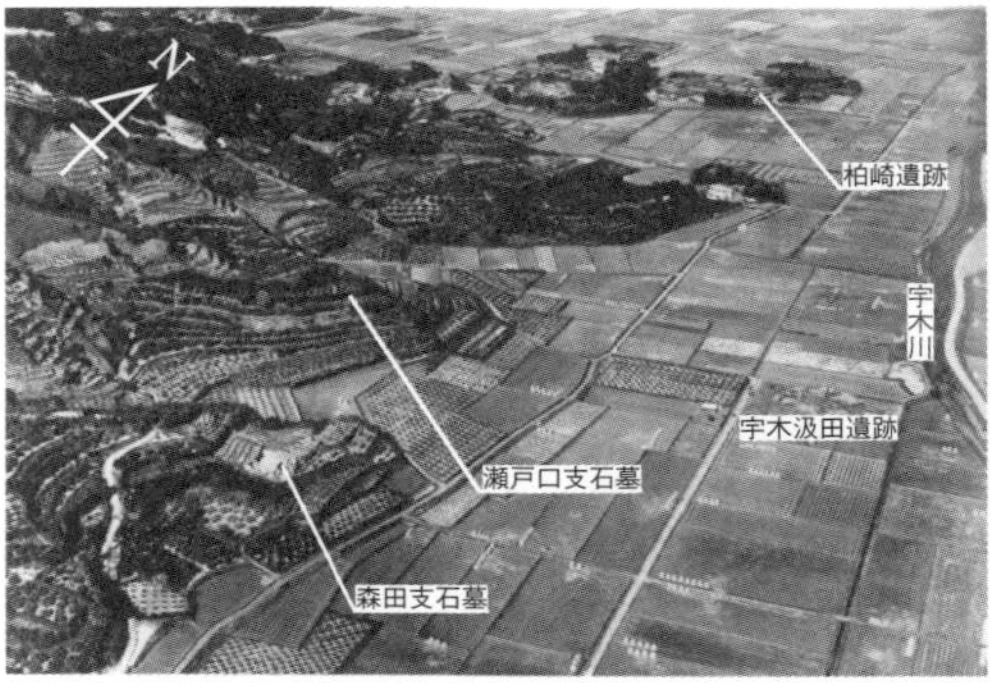

図２　宇木汲田遺跡周辺写真（1966年当時）
（唐津湾周辺遺跡調査委員会編, 1982より転載）

墓、北側に貝塚、縄文時代晩期の包含層から炭化米が出土するという結果になった貝塚です。宇木汲田遺跡は、現在も水田地帯になっていて、その後、今日までだいたい一〇次にわたる調査が行われ、少しずつ解明が進んでいるところです。宇木汲田遺跡に接する丘陵地に森田《もりた》支石墓、瀬戸口《せとぐち》支石墓、それから、対岸側に葉山尻支石墓があります。一九九五（平成七）年以後、高速道路工事に伴う調査で梅白《うめじろ》遺跡、中原《なかばる》遺跡が発見され、だんだんこの辺りの景観も変わりつつあります。

二　菜畑遺跡の発見

低湿地の調査の苦労

図3の上段が、一九八〇（昭和五五）年ごろの唐津平野や、菜畑遺跡付近の様子です。当然、道路工事に伴って調査しているものですから、道路はありませんし、遺跡のあるところが水田地であるということが、今もわかるような写真です。写真は右側が北で、現在の海側になります。したがって、東西に向かって延び出す丘陵の南側斜面、その谷の出口に遺跡が形成されているということになります。調査地点は水田地であり、湿地帯の深い谷部が予想されたので、初めての試みとして鋼板矢板を打って、実際には地表面（標高約六メートル）を、二・五～四メートルくらいの深さまで、つまり最大四メートル近く掘り下げる調査をしたわけです。範囲は、道路幅一四メートルと、長さが五〇メートル、全体面積では約七〇〇平方メートルになりました。現在は、谷部の全体五〇〇〇平方メートルくらいが国の史跡になっていますが、調査そのものは、非常にわずかな面積であったということです。

図1・図3でみると東側に延び出す丘陵がいくつも出ていて、枝状の谷が入り込んでいます。こうした場所が初期の稲作、もしくは初期の弥生時代の遺跡として利用されているということになるわけです。図3の下段は、調査風景ですが、今なら労働安全基準上、とてもできないような調査だったと思います。丘陵端から四メートルくらい下がると、いわゆる有機質の多い軟らかなシルト層、もしくは有機質層で立っているだけで沈み込んでいきますので、調査方法をどうしたら良いかいろいろと検討した結果、トレンチ・グリッドごとに道板を置いて、その間に別の道板を動かしながら掘り下げることにしました。絶えず、水との格闘で、冬場は水場で凍ってしまうし、調査そのものが非常に難しく、寒かったという記憶を、未だに持っています。

図3　菜畑遺跡航空写真（上、東から）・**調査風景写真**（下）
（唐津市教育委員会編, 1982より転載）

確認された層位と遺構

トレンチ内の状況は、谷口を横断する形で設定しているので、丘陵の東側面から西面にかけて丘陵がずっと延びていくと同時に、谷中央の南側に向かう堆積層があり、その堆積層の中に水田跡や遺構、畦や水路などが検出されました。遺跡調査の最終段階では堆積層が深く続くことがわかり、非常に部分的ですが掘り下げた結果、縄文時代前期くらいの、いわゆる轟《とどろき》式、曽畑《そばた》式土器の時期の包含層があ

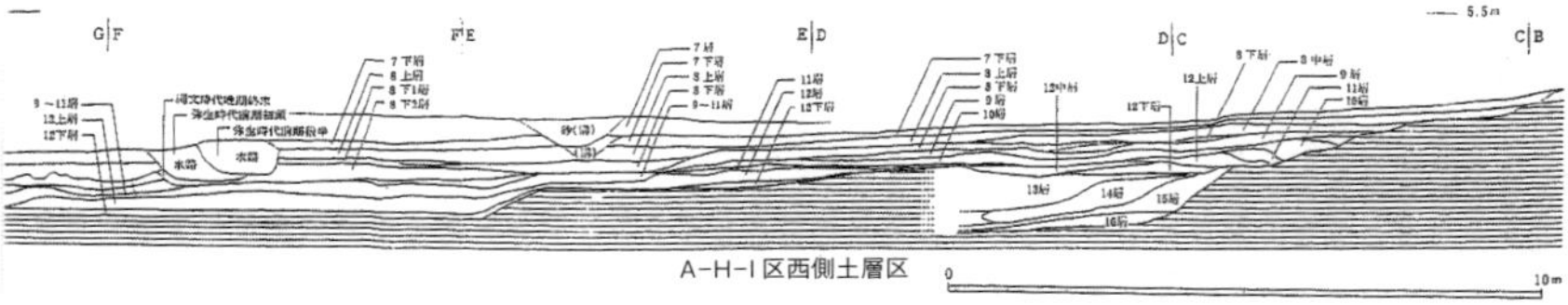

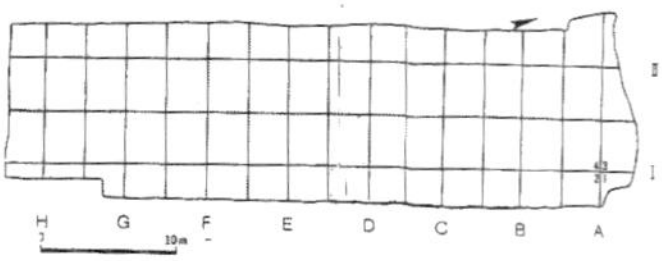

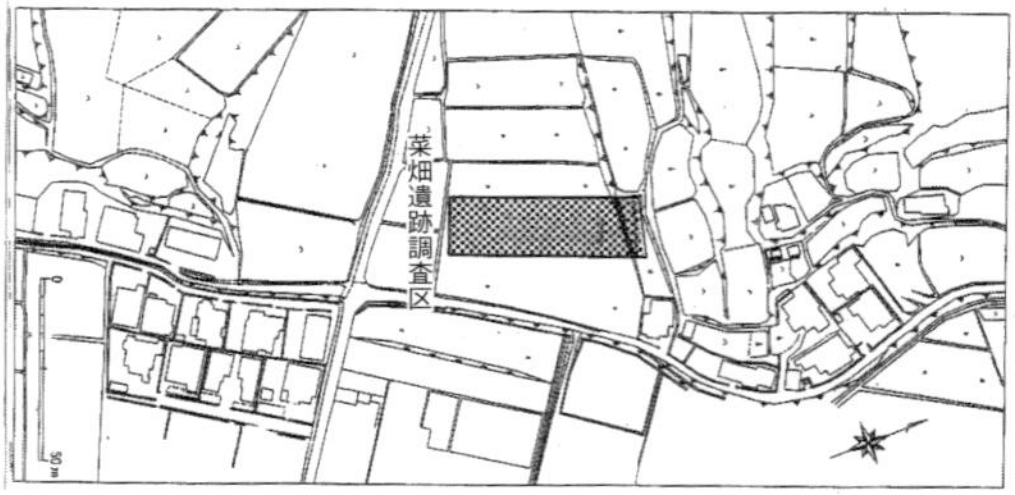

図4　菜畑遺跡調査区・土層図

層序	時代	土器型式	遺構等	遺物等	年代測定等	備考
15・16層	縄文時代前期	轟・プロト曽畑	包含層	土器、石器等		部分調査
14層	縄文時代前期～中期	曽畑、船元	貝塚等	土器、石器、自然遺物		部分調査
13層	縄文時代中期～晩期中頃		包含層			
12層～9層	縄文時代晩期後半	山ノ寺式	水路、畔、水田	土器、石器、自然遺物等	1080±40BC 730±80BC	
8下層	縄文時代晩期終末	夜臼式単純	水路、畔、水田、矢板列等	土器、石器、農具、装身具、自然遺物等	680±30BC 670±60BC	
8上層	弥生時代前期初頭	夜臼・板付Ⅰ式	住居跡、甕棺墓、土壙墓、貝塚、水田、矢板列、堰等、祭祀遺構	土器、石器、自然遺物		
7下層	弥生時代前期中頃～後半	板付Ⅱ式	住居跡、掘立柱建物跡、水田、水路、、堰、畦畔、矢板列等	土器、石器、自然遺物等		
7上層	弥生時代中期	城ノ越～須玖式	水田、溝、畦畔、矢板列等	土器、石器、自然遺物等		

栽培植物等の検出層位（花粉、埋蔵種実、プラントオパール等より）

層序	炭化米	アワ	アズキ	シソ	オオムギ	ソバ	ゴボウ	マクワウリ	ヒョウタン	メロン	備考
9・10層	○	○	○				○			○	
8下層	○				○				○		
8上層	○	○				○					
7下層	○										

図5　菜畑遺跡調査成果一覧表

ることがわかりました。これは、おそらく気候との関係で、縄文時代前期の遺構と縄文時代晩期～弥生時代初頭の稲作遺跡の立地環境が非常によく似ていることを示すのではないかということも、後々の検討でわかってきました。この縄文時代前期の遺構・遺物も菜畑の重要な資料になります。

図4に示すように、弥生中期（7上層）より上の層は、調査の関係上、早めに切り取ってしまいましたので、7下層の板付Ⅱ式土器段階の弥生時代前期中頃～後半、8上層の夜臼・板付Ⅰ式土器共伴段階の前期初頭、8下層の夜臼式土器単純層段階の縄文時代晩期終末、9～12層の山ノ寺式土器段階の晩期後半、それから一部13層～16層にかけての、いわゆる縄文時代の前期前半～晩期中頃堆積層が発見されたということになります。

菜畑遺跡の主体となるのは、稲作の遺構です。東向きに延び出す低丘陵の南向き斜面の北側上段に住居跡、南側下段斜面に包含層、低地に合計五層の水路、畔、杭列、矢板列などによる水田跡、炭化米、農工具が確認されました。図5が全体の成果です。そのうち稲作文化の痕跡として、9～12層の山ノ寺層、8下層の夜臼単純層、8上層の夜臼・板付Iの共伴層、7下層、7上層、の縄文時代晩期～弥生時代中期の層にかけて五つの層の様相をつかむことができたということになるわけです。同時に、^{14}Cの年代測定も行いまして、山ノ寺の時期で一〇八〇±四〇BC～七三〇±八〇BC、それから8下層で六八〇±三〇BC～六七〇±六〇BCの数値が測定され（未較正）、この結果、おおよそ二六〇〇年くらい前に稲作がはじまったのではないかということを、報告書でまとめることになったわけです。

理化学的調査の導入―新しい試み―

また、菜畑遺跡の調査で非常に重要なことは、理化学的な分析を調査に取り入れたことだと思います。当時、すでにそのような研究方法は進んでいたわけですが、とくに菜畑遺跡の場合は低湿地でもあり、いろいろな好条件の情報を提供するだろうということもありまして、花粉分析、埋蔵果実、プラントオパールなどの研究者に参加いただき、分析をしました。その結果、山ノ寺式期から炭化米、それからアワ、アズキ、ゴボウ、メロンというような花粉もしくは果実が見つかり、またプラントオパールも検出することができたわけです。図6が、菜畑遺跡で実施した新しい分析調査の一覧です。

◇花粉分析〔中村　純〕
◇埋蔵種実の分析・同定研究〔笠原安夫〕
◇プラントオパール分析〔藤原宏志〕
◇液体シチレーション法によるC年代測定〔山田　治〕
◇出土人骨の分析〔松下孝幸・分部哲秋・石田　肇・佐熊正央〕
◇動物遺体　哺乳類の同定・分析〔渡邊　誠〕
◇魚類・貝類・その他の同定・分析〔奈良崎和典〕
◇出土炭化米の分析〔大村　武〕
◇木製品の樹種同定〔嶋倉巳三郎〕
◇縄文時代晩期（山ノ寺）層から出土したゴボウ・アズキ・エゴノキと未炭化メロン種子の同定〔笠原安夫〕
◇出土したメロンの仲間 Cucumis melo L. とヒョウタン仲間 Lagenaria siceraria Stand1. の種子について〔藤下典之〕
◇出土木器の塗膜の同定〔見城敏子〕
◇大型種子の同定〔渡邊　誠・粉川昭平〕

図6　菜畑遺跡調査の新しい試み（1980年以前）

現在では、このような理化学的な分析は当たり前になっています。しかし、一九八〇・八一年では、まだまだ試験的な要素がありまして、そこまで十分ではありませんでした。非常に大変な思いをしながら専門の先生方に協力していただきました。今回お話をしていただく、松下孝幸先生や分部哲秋先生にも人骨の取り上げと分析をお願いしました。自然科学の先生方のプレパラート作成作業を手伝ったり、ウォーター・フローテーション（浮遊水洗別法）の作業を教えていただくなど、いろいろなことを試行しながら調査を進めたわけです。そのウォーター・フローテーションで炭化米や種子類、桃等の大型実類などが多く検出されました。栽培植物の検出状況は図5下段にまとめています。

水田の検出と様々な成果―稲とブタ―

図7は検出された水田の状況です。矢板列や杭列による畦や護岸や堰があります。図7左上は、夜臼・板付I式土器共伴段階の弥生時代前期初頭くらいの水田

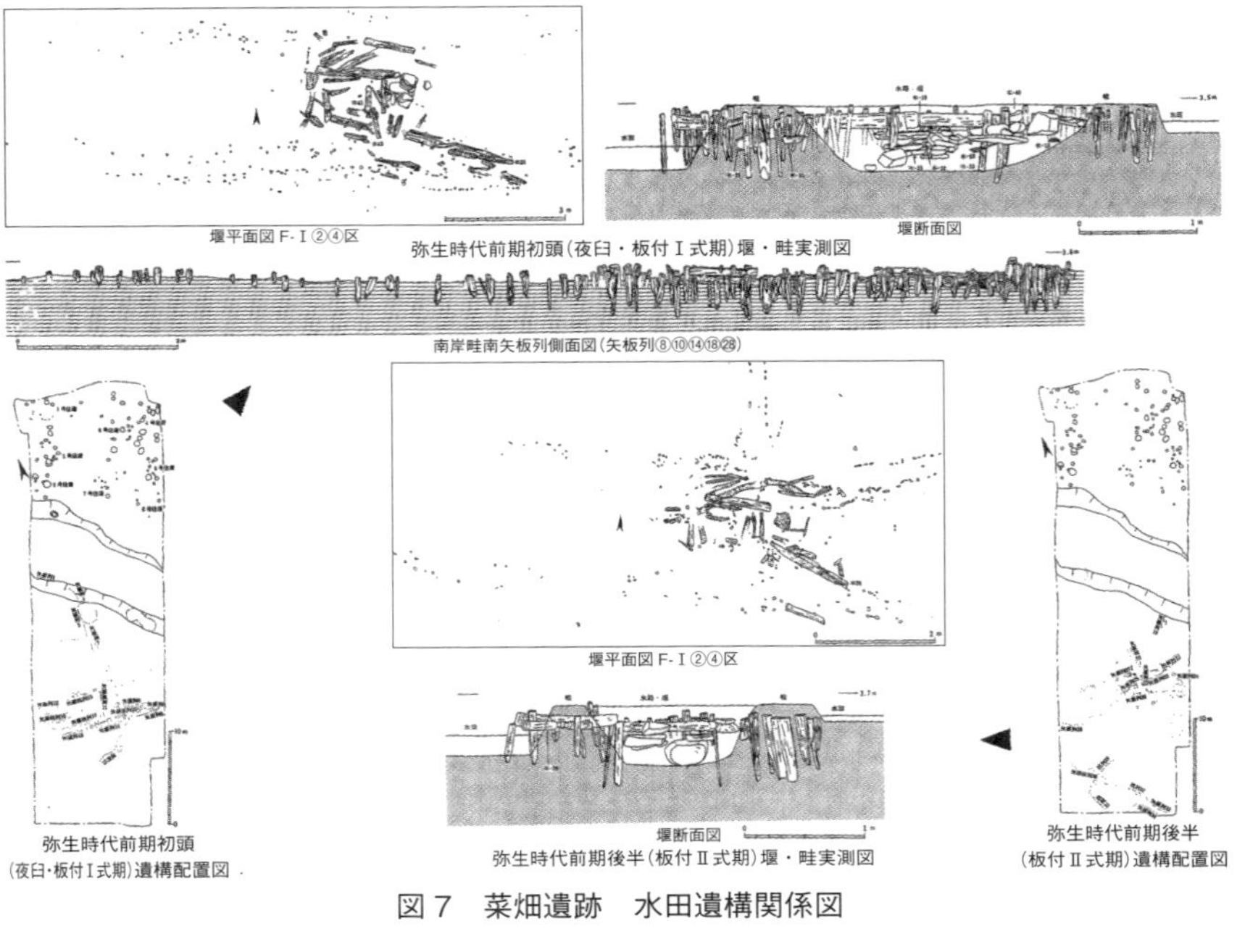

図7　菜畑遺跡　水田遺構関係図

の様子です。図7右下が前期後半です。前期にこのような水田遺構がすでに存在していたことが確認されたわけです。図8は、現在の菜畑史跡公園内の復元水田の様子です。水路や堰、水田などの景観を復元していまして、こんな風景の水田が存在しただろうと考えています。

図9は中村純先生の花粉分析の報告の一部です。イネが増えるとそれに伴う水田雑草が増える様子が確認されます。図10の左側はプラントオパールが層位ごとにどう増えていくかという、藤原宏志先生の分析図です。その下段は、笠原安夫先生の種子同定で、四四科九四種の資料から、畑雑草八一種、水田雑草四二種、田畑共通種二九種、食利用種二四種が報告されています。図10の右側は、安田先生が菜畑の自然科学の分析結果を整理されたものです。水田のイネ科の花粉が増えると同時に、水田雑草が増え、畑作の雑草

図８　国史跡菜畑遺跡の復元水田写真

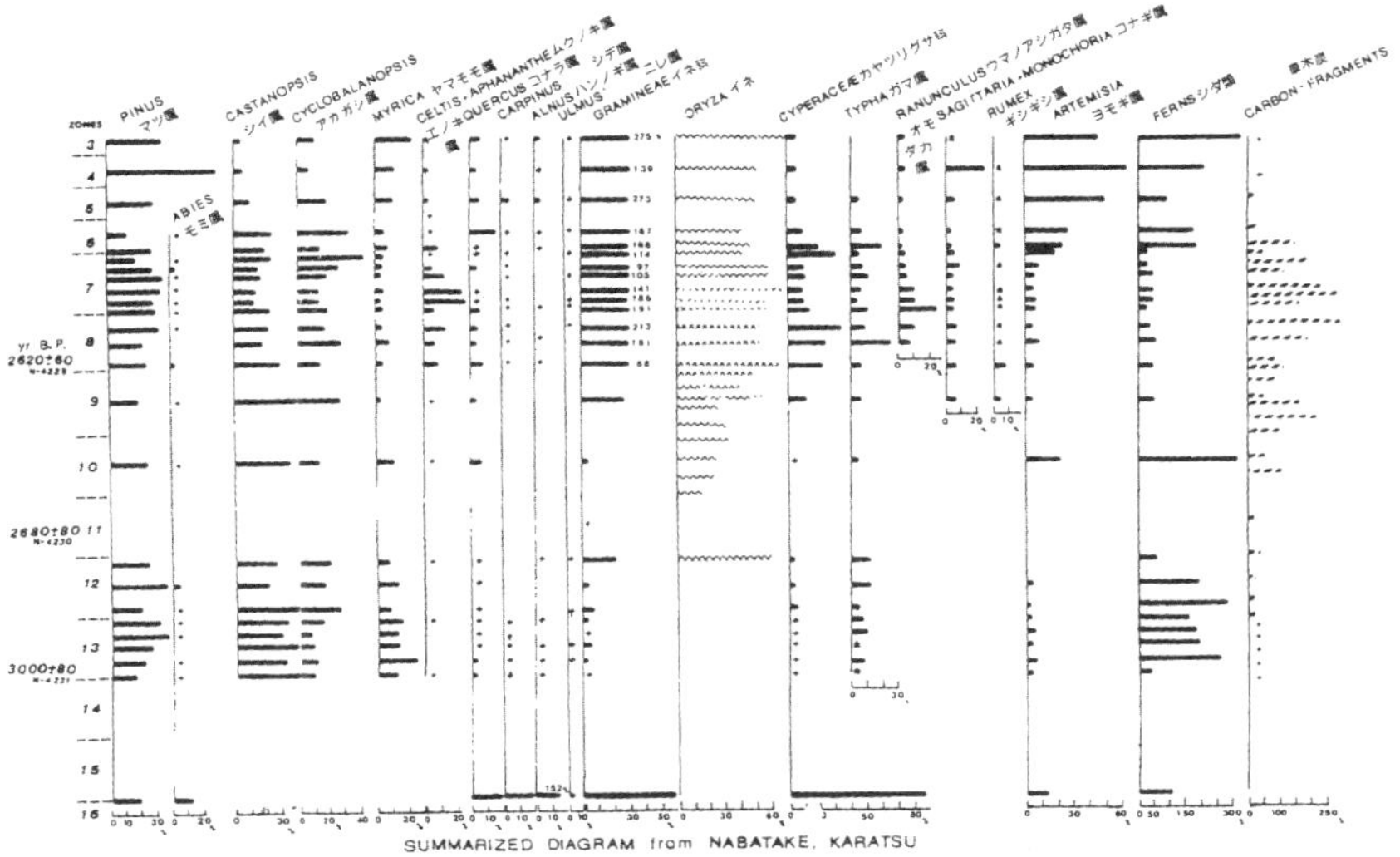

図９　菜畑遺跡の総括花粉分析図（中村, 1982、年代値は報告書作成時の測定値、未較正）

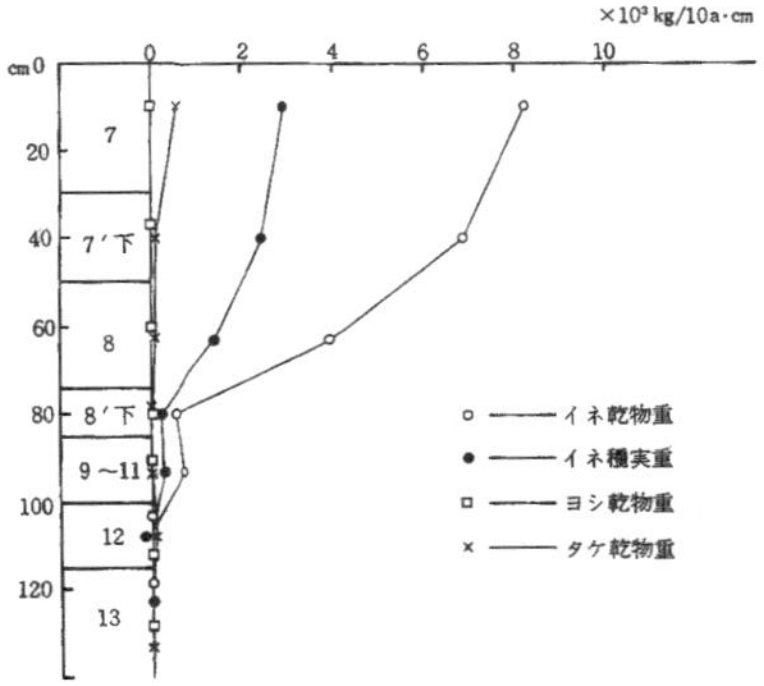

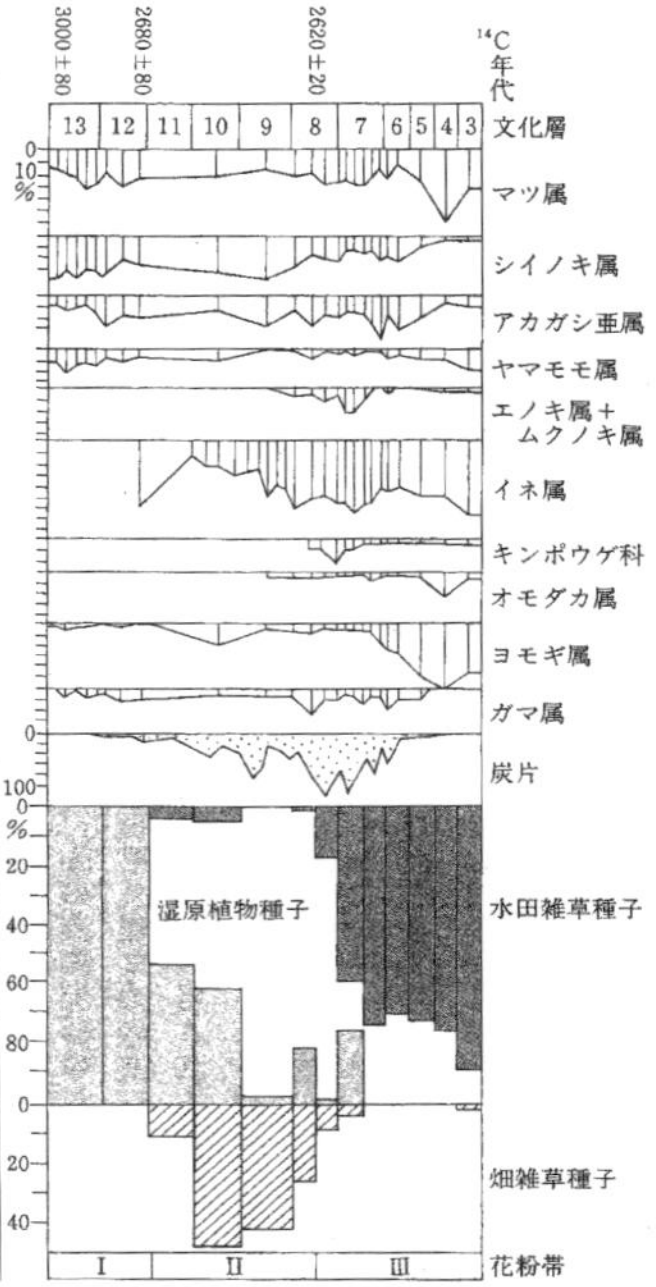

グループ 科・種類	作物 3科4種	水田雑草 16科22種	田畑共通 12科22種	畑雑草 19科31種	食利用草木 12科15種	総計 44科94種
縄文時代晩期後半 (No.9－11層)	0－2 0－15－31	0－1－6 0－1－31	1－9 1－25－106	0－5－8 0－31－167	0－3－7 0－4－24	7－24 19－196
縄文時代晩期終末 (No.8層下)	0－2－3 0－59	0－1 0－1	2－4 45－103	1－9 1－54	1－2－5 1－2－10	4－16 54－115
弥生時代前期初頭 (No.8層上)	0－2－3 0－92	0－6 0－446	2－11 15－172	1－9－13 1－37－54	4－57 9－13－52	6－37 27－799
弥生時代前期中～後半 (No.7下層)	0－3 0－117	0－9－14 0－672－744	6－8 59－130	0－2－16 0－2－160	0－3－5 0－6－9	1－36 7－854
弥生時代中期 (No.7層上)	1－3 1－53	6－19 344－1880	6－12 59－661	2－7 4－25	3－6 4－24	26－40 424－2623

図10　菜畑遺跡におけるイネ科植物生産量（左上、藤原, 1982）
菜畑遺跡時代別種実分析による種数・粒数の推移（左下、笠原, 1982）
菜畑遺跡の花粉と炭化種子の出現率（右、安田, 1988）

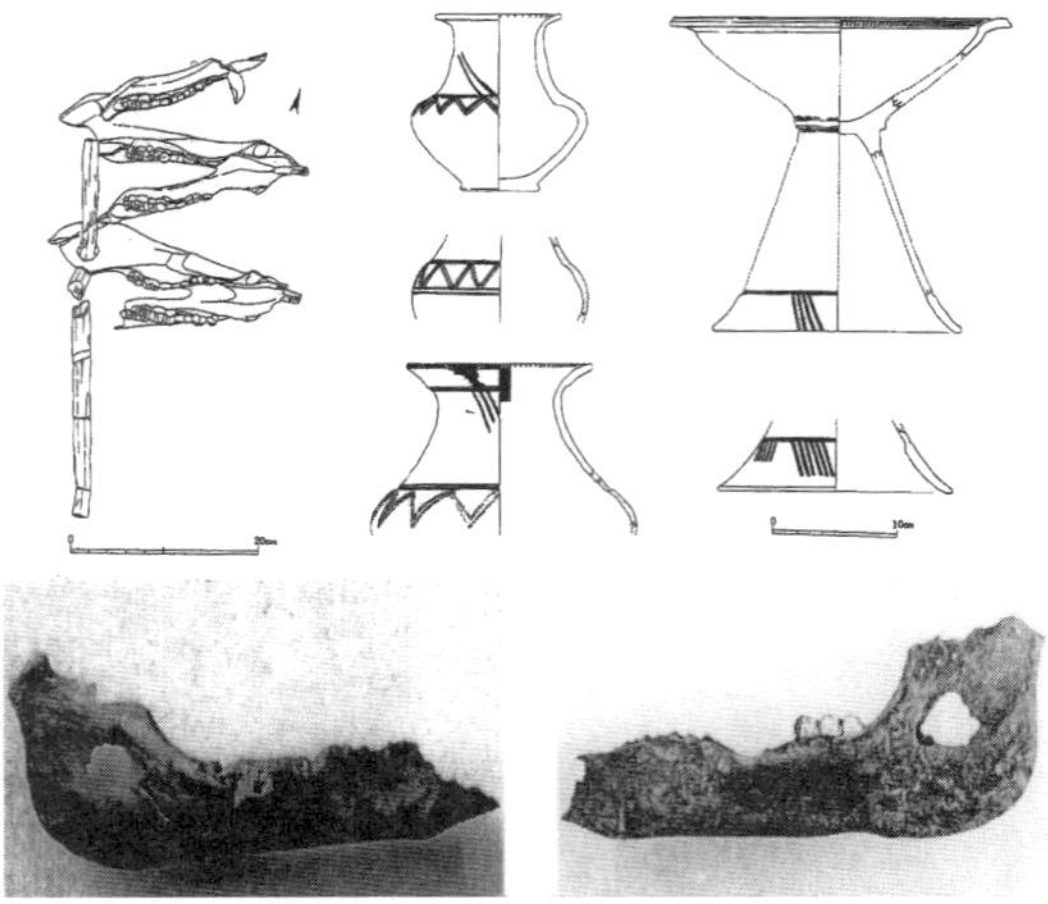

図11　菜畑遺跡の彩文土器と穴を開けられたブタ（イノシシ）下顎

が少なくなっていき、周辺の環境も、いわゆる照葉樹の森が少しずつ開発されてマツ林が増えてくるということが非常によくわかります。

それからもう一つ、調査の時に確認されたイノシシの事例を紹介します。これらの

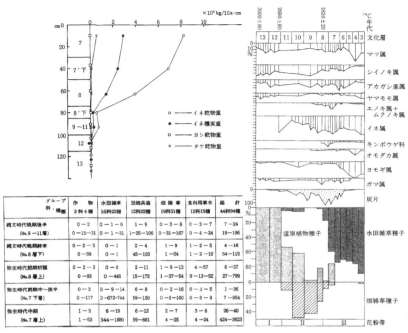

イノシシは、顎に穴を穿たれ、何体か棒に刺され、彩文土器の壺や高坏と一緒になって出土しました。そこで、祭祀的な遺構ではないかということで、はじめは狩猟のためのお祭りと考えていましたが、どうもこれは違うようだ、ということになりました。名古屋大学（当時）の渡辺誠先生の本報告では、これはイノシシを用いた農耕祭祀で、狩猟祭祀ではないというところまで説明されたのです（渡辺、一九八二）。その後、国立歴史民俗博物館の西本豊弘先生が、骨の形質から、これはイノシシではなくブタなのではないか、と発表されたことで、非常に注目されることになります（西本、一九八九）。二〇〇〇（平成一二）年くらいに、このブタのＤＮＡ鑑定をしてみると、今度はニホンイノシシに近いという結果が出ましてブタ説は少し批判を受けました。しかし、二〇〇三年に西本先生は、そういう遺伝的なものは埋没していくのであってブタという形質で間違いないという反論をされて、弥生ブタということになっていったわけです。図11下段左右が論争になったブタの骨です。

三　稲作の伝播とその受容

次に、菜畑遺跡と稲作の伝播について考えたいと思います。菜畑遺跡が発見された頃の考え方としては、一つ目に北方ルートとして、華北平原から遼西、遼東と大陸を通って伝播するルートで、山東半島から遼東半島を経由して伝わるもの、直接的に山東半島から朝鮮半島中南部に伝わるものがあります。二つ目に江南ルー

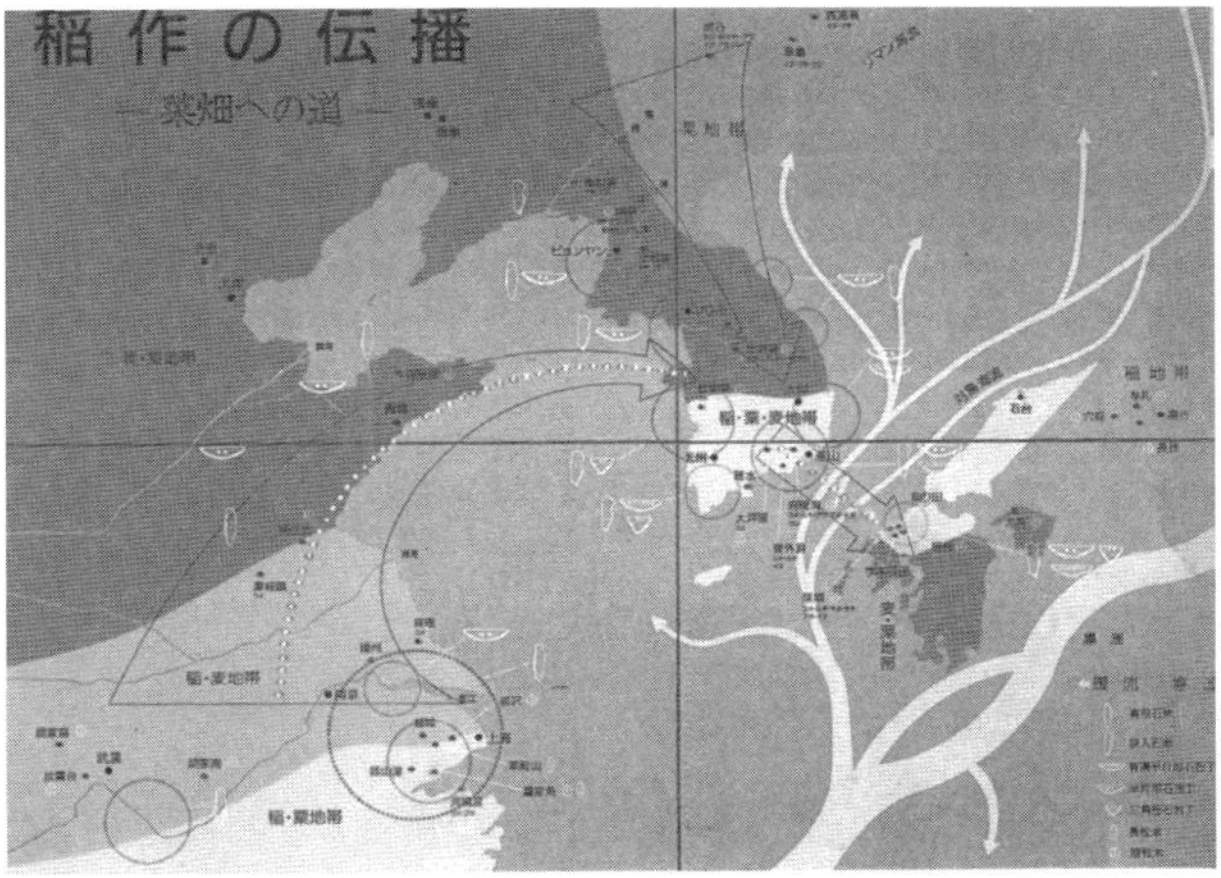

図12　菜畑遺跡における稲作伝播の道
（唐津市教育委員会, 1993より転載）

トとして、江南から朝鮮半島を経て北部九州に伝わる、もしくは江南から直接入っていくというルートがあります。三つ目に昔から柳田國男さんが提唱した南方ルートとして、琉球列島を経て南九州に伝わるルートがありました。菜畑遺跡では、土器や石器やいろいろな分析から、この展示図（図12）のとおり、山東半島を経由して朝鮮半島中南部を経て伝播した（北方ルート）と説明しております。当時、長江下流域の河姆渡遺跡を中心とした遺跡が菜畑につながる稲作の発祥地とされており、それより中流域のほうが古くなるのではないかということは指摘されはじめたばかりでした。現在では一万年を遡る最も古い稲作遺跡が中流域でも発見されています。

菜畑遺跡以後の評価から—農耕と漁撈文化—

菜畑遺跡から稲作の伝播を考えるとき、その土器や石器の形態的な類似性から（図13）、朝鮮半島の大陸系磨製石器、そして木製の農耕具が比較対象として検討されました。土器について言えば、菜畑遺跡の成果と

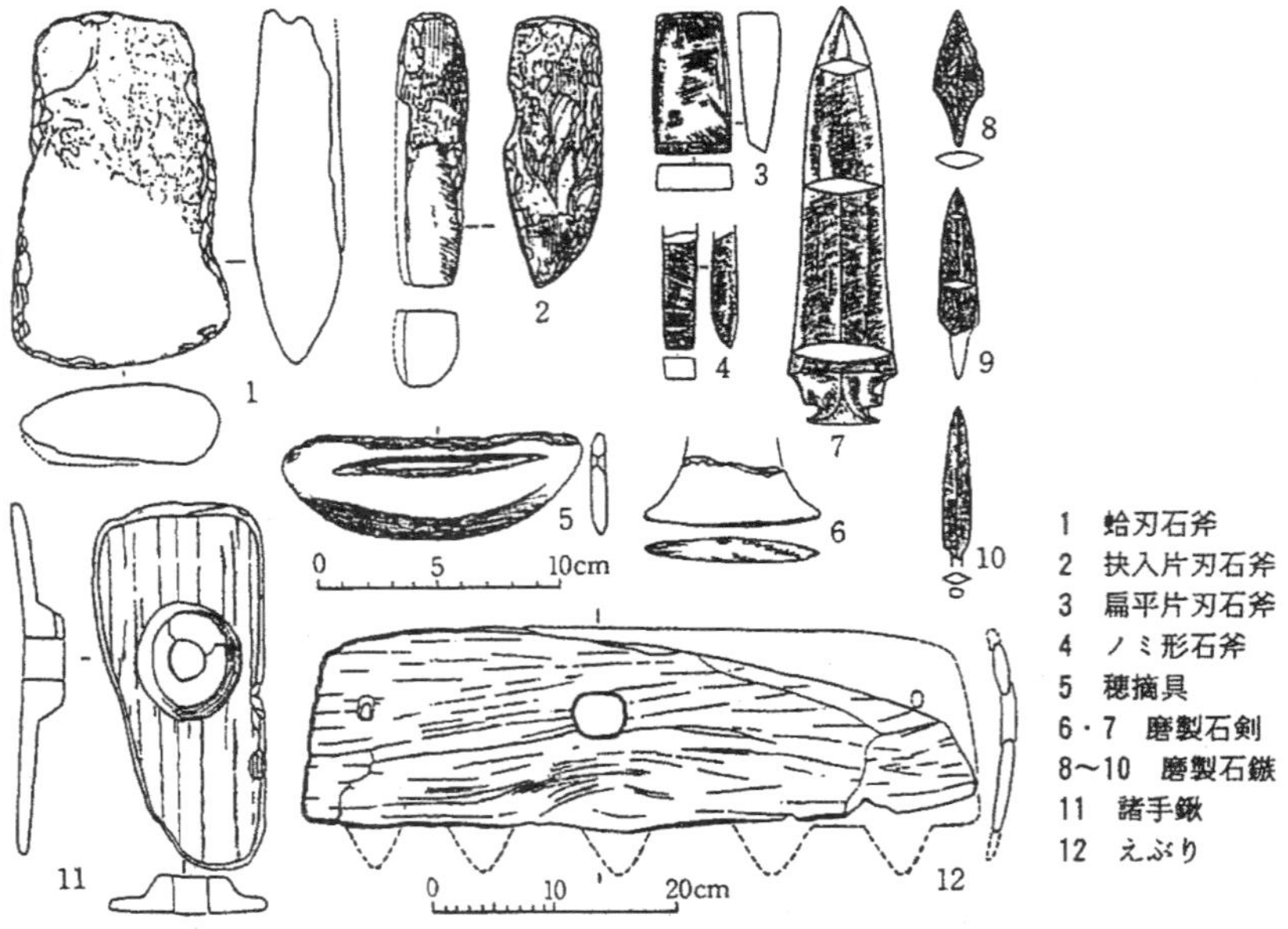

図13 菜畑遺跡の大陸系磨製石器と木製農耕具（春成, 1990）

して、縄文系の土器と朝鮮半島の孔列文を含む無文土器との関係の中で、板付Ⅰ式土器という弥生式土器が生まれてくる、あるいは稲作の伝播とともに壺型土器が出現するといった問題も、議論されることになります。また、時代区分の問題として、今、お話ししている縄文時代の晩期後半とか、終末とか、弥生時代の前期だとか、こういうものを整理するために、縄文時代晩期の後、弥生時代前期の前に弥生時代早期という区分を設けて、縄文時代と弥生時代を明確に比較していこうと考えるようになりました。そして、このちょうど端境期がだいたい紀元前八〇〇年、ＡＭＳ法という新しい年代測定手法に基づくと前一〇世紀まで遡るということになってきたわけです。

また、唐津平野内の調査も進み、縄文と弥生の端境期の唐津平野や新・古砂丘の形成、遺跡の立地条件もより細かく解明されつつあります。唐津平野における菜畑遺跡以前の縄文時代については、後期終末から晩期初頭くらいの遺跡も発見されていて、隣の二丈町の広田遺跡で確認されたような、農耕文化を考える上で重要な石器組成を持った一群があるという状況もわかってきました。後期社会から菜畑遺跡における晩期前半の、いわゆる稲作が入ってくる直前の時期、この黒川式土器段階と言われている時期が、今後非常に注目されていくことになるのではないかと思っております。この黒川式段階を細かく中・新という時期に分ける新しい考え方、それからそういう中で朝鮮半島の無文土器が入ってくる時期を検討していく段階にあるようです。このように菜畑遺跡の発見以後、石器、農耕具、いろいろなものの研究が進んだということになるわけです。

さて、こうした稲作伝播の下地にあったもの、背景を考えると、縄文時代の中頃から後期にかけて発達する、この西北九州の漁撈文化があるのではないかと考えています。この地方は海獣類や大型回遊魚を対象とした漁撈活動に伴う石器群が多く出土しています。また渡辺先生の研究では、大型の結合釣針による漁撈活動が西北九州から朝鮮半島、この辺りも含めた東シナ海東部で大いに発達します。こうした漁撈文化が、ヒトの交流や物の伝播の下地を作っていったのではないかと考えられます（図14）。

九州における石鋸の分布
（渡辺, 1988）

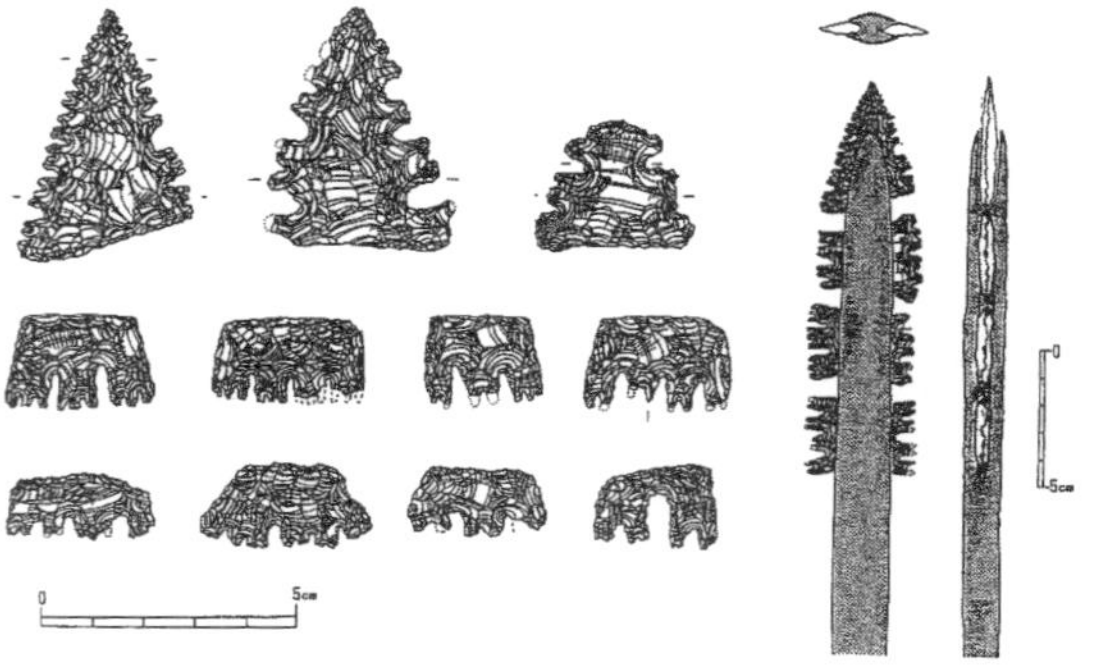

鋸歯状尖頭器と石鋸（徳蔵谷遺跡・縄文時代後期）

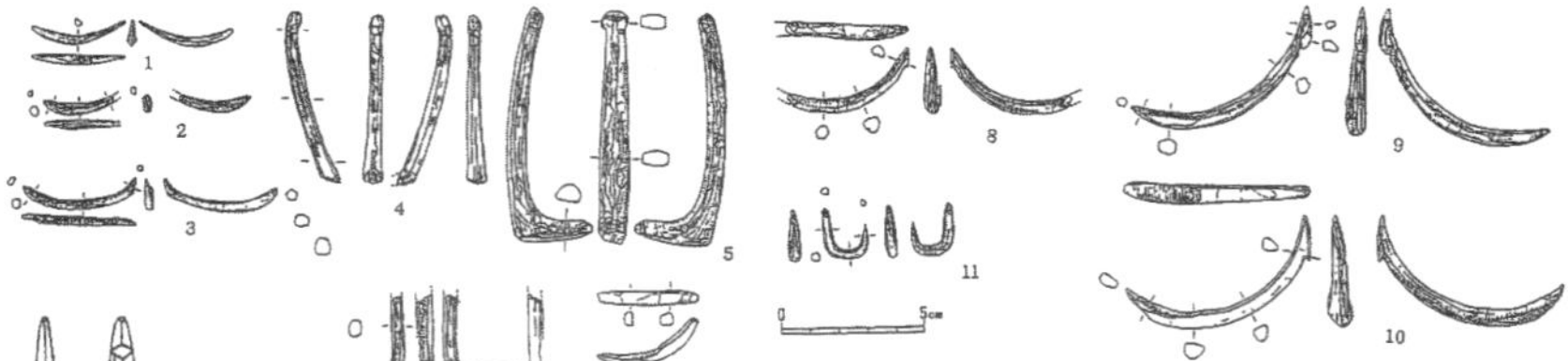

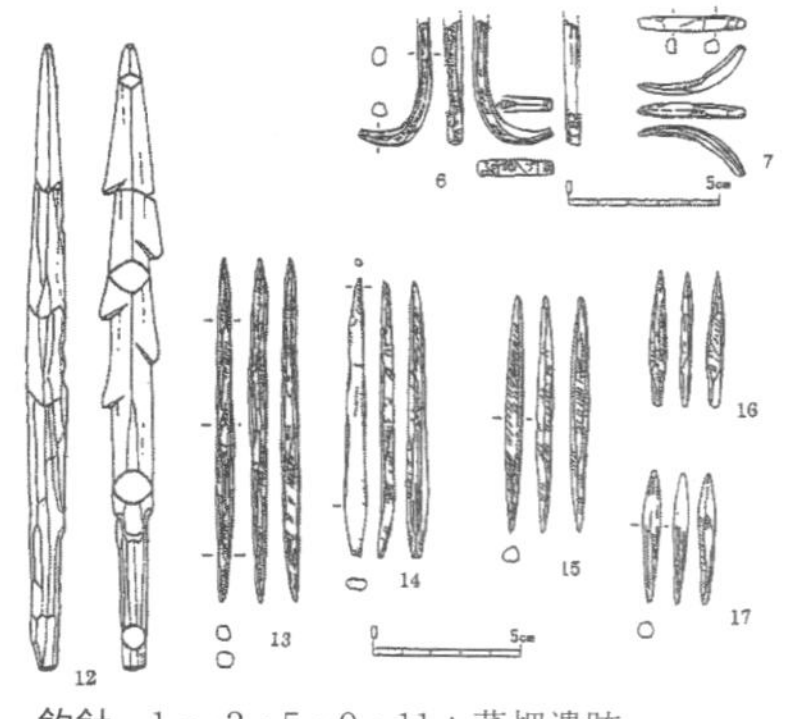

釣針　1～3・5・9・11：菜畑遺跡
　　　4・6・7：雲透遺跡
　　　8・10：柏崎遺跡
銛　　12：菜畑遺跡
ヤス　13～17：雲透遺跡

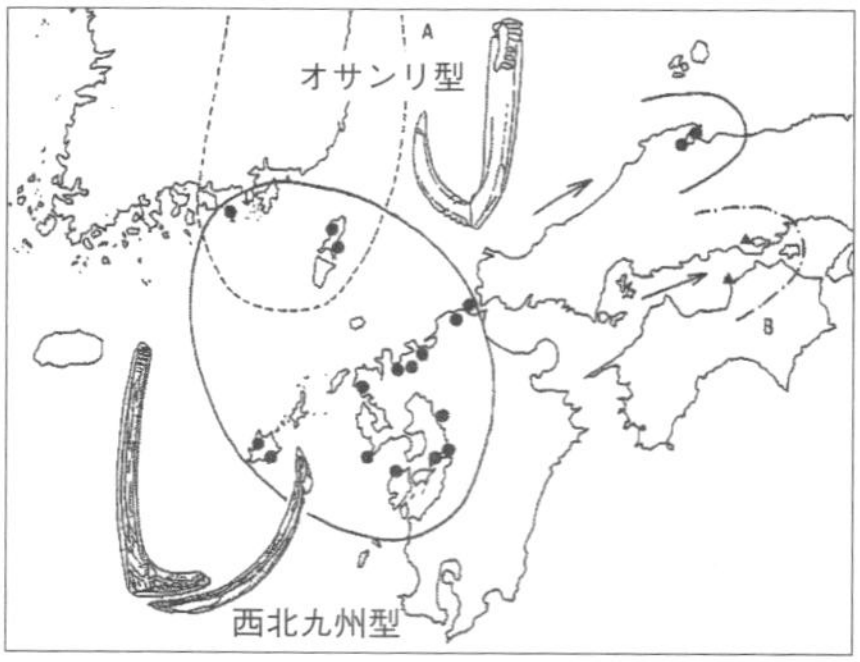

結合式釣針（渡辺, 1988 改変）

図 14　唐津地域を中心とした玄界灘沿岸部の漁撈具
（縄文時代前期～弥生時代中期）

まとめにかえて

菜畑遺跡の水田跡に関しましては非常に議論が多く、一番古い層の遺構は灌漑技術に基づく水田ではないという説もありますが、遺跡の立地として、菜畑遺跡のように谷口の不安定な環境の中に立地する水田と、宇木汲田遺跡や板付遺跡のような安定的な低湿地に立地する水田とでは、遺跡の置かれた状況も少しずつ異なるのではないかと最近考えております。

そういう意味で、九州大学の宮本一夫先生が紀元前四〇〇〇年〜紀元前八世紀までの、いわゆる農耕文化の伝播について、最近、非常に細かく段階を分けた説を提起されております。すなわち、農耕文化は山東半島から遼東を経て、朝鮮半島の西海岸を通って伝播し、それは気候と非常に密接な関係があるというもので、寒冷化もしくは寒冷乾燥化が稲作の伝播、広がりと密接な関係があるということを、ボーリングコア分析結果も含めながら説明されています（宮本、二〇〇九）。最近、朝鮮半島でも南の慶尚南道の蔚山辺りで水田跡が見つかっておりまして、いわゆる灌漑水田がいつまで遡るかという問題は、経路も含めて十分検討していく必要があるのではないかと思っています。

それに加えて、農耕の開始という課題についても、日本における縄文時代後期あたりまで十分検討する必要があるのではないかと思います。それから最近、熊本大学の小畑弘己先生（小畑、二〇一六）や、首都大学東京の遠藤英子先生（遠藤、二〇一四）が取り組まれている、レプリカ法に基づく土器の圧痕による穀類の検証、それからコクゾウムシやマメゾウムシといった昆虫類の存在の確認によって、貯蔵性の食物を確保する社会—ある意味での定住社会—が生まれていく時期が、今後、わかってくるのではないかという指摘もされています。

このように、菜畑遺跡の発見後には、様々な調査研究の進展がありました。例えば、絶対年代としてＡＭＳ年代にはまだ問題がありまして、年代較正も含めて、年代測定について中国や朝鮮半島との青銅器や鉄器の年代的齟齬の問題等いろいろな議論がまた続いていくだろうと思います。また、灌漑技術が東北アジアの中でどうやって始まってくるかについては、まだ朝鮮半島や中国でも調べていく必要があります。先ほど述べたレプリカ法に基づく、ダイズやアズキ、アワ、キビ、イネなどが土器の圧痕として残るということは、新しい時代の混入ではないと確定できる分析として非常に重要な意味を持つのではないかと思っています。二〇一四（平成二六）年にも遠藤先生が、菜畑遺跡の山ノ寺層から一点、夜臼・板付層から二点のイネ圧痕を、山ノ寺層から四点のアワ圧痕を検出されています。これも非常に重要な確認でありまして、今後、改めて、これらの何万点という資料を調べていく必要が出てくると思っています。

それから、弥生のブタの問題です。朝鮮半島との関係も含めてブタ飼育の問題も考えていく必要があります。また、玉類製作や漆技術の問題などの端境期の遺物の問題だけではなく、唐津平野の水田環境についても、菜畑のような不安定な谷水田と、安定的な微高地水田との立地の違いという問題も含めて、多くの課題があるということを痛感しております。

最後に、今回のシンポジウムの視点で考えてみたいと思います。東アジアの海を隔てて菜畑に水稲耕作が伝播する―朝鮮半島西岸から南下する北方ルートを考えているわけですが―のは前一〇～前八世紀として、「魏志倭人伝」に書かれたように、末盧国などのクニという弥生社会の成立は三世紀頃です。そうすると弥生時代の稲作の開始とのクニ社会の成立の間には、約一三〇〇年の時間があるわけです。平安時代から現代までのことを一括りで考えないのと同じように、稲作の伝播から稲作社会の展開までそのくらいの時間差があり、その間に様々な人の動きや文化の動きがあるということを前提として考えていかねばならないと思っております。改めて菜畑遺跡の調査から三五年目の成果ということを述べさせていただきました。どうもありがとうございました。

引用・参考文献

遠藤英子　二〇一四「種実由来土器圧痕の解釈について」『考古学研究』六〇―四
岡崎　敬　一九八二「縄文時代晩期および弥生時代遺跡の概況」唐津湾周辺遺跡調査委員会 編『末盧国―佐賀県唐津市・東松浦郡の考古学的調査研究―』六興出版
小畑弘己　二〇一六『タネをまく縄文人―最新科学が覆す農耕の起源―』吉川弘文館
笠原安夫　一九八二「菜畑遺跡の埋蔵種実の分析・同定研究―古代農耕と植生の復元―」『菜畑　分析・考察編』唐津市教育委員会文化財報告書第五集
唐津市教育委員会 編　一九八二『菜畑』唐津市教育委員会文化財報告書第五集
唐津市教育委員会　一九九三『からつ末盧館―菜畑遺跡―』末盧館展示図録
唐津湾周辺遺跡調査委員会 編（唐津市教育委員会内）　一九八二『末盧國―佐賀県唐津市・東松浦郡の考古学的調査研究―』図録編、六興出版
西本豊弘　二〇〇三『縄文時代のブタ飼育について』国立歴史民俗学博物館研究報告一〇八
日本考古学協会 編　一九六一『日本農耕文化の生成』東京堂出版
中村　純　一九八二「菜畑遺跡の花粉分析」『菜畑　分析・考察編』唐津市教育委員会文化財報告書第五集
春成秀爾　一九九〇『弥生時代の始まり』UP考古学選書11、東京大学出版会
藤原宏志　一九八二「佐賀：菜畑遺跡におけるプラント・オパール分析」『菜畑　分析・考察編』唐津市教育委員会文化財報告書第五集
宮本一夫　二〇〇九『農耕の起源を探る―イネの来た道―』吉川弘文館
安田喜憲　一九八八「縄文時代の環境と生業―花粉分析の結果から」佐々木高明・松山利夫編『畑作文化の誕生―縄文農耕論へのアプローチ』日本放送出版協会
渡辺　誠　一九八二「動物遺体1　哺乳類」『菜畑　分析・考察編』唐津市教育委員会文化財報告書第五集
渡辺　誠　一九八八「縄文・弥生時代の骨角製漁具」江坂輝彌・渡辺　誠『装身具と骨角製漁具の知識』東京美術

二　奴国（玄界灘沿岸）と東アジア

福岡市埋蔵文化財課長　常松幹雄

私に与えられたテーマは、「奴国（玄界灘沿岸）と東アジア」です。弥生社会と前漢や後漢といわれた紀元前後の中国との関係を中心にお話しさせていただきます。

「奴国」の文字は『魏志』東夷伝倭人条（「魏志倭人伝」）だけでなく『後漢書』にも登場します。

表1に中国の正史に登場する「倭人や倭」の一覧をあげました。撰者の生没年から王朝と正史の順番は必ずしも一致していないことは要注意です。

三世紀に編まれた「魏志倭人伝」に登場する「奴国」は、「伊都国」の東にあたる福岡平野部を中心とする地域です。一方五世紀に成立した『後漢書』倭伝には、建武中元二（五七）年に倭奴国が朝貢して、光武帝から印綬を下賜された一節があります。ここにある印とは、志賀島（福岡市東区）で発見された金印「漢委奴国王」と考えられます。

金印「漢委奴国王」と『魏志』の成立、この両者には二世紀近い時間的な隔たりがあります。にもかかわらず、「奴国」は一世紀、あるいはそれ以前から博多湾岸の福岡平野部にあったことが、自明のように扱われてきました。「魏志倭人伝」と「漢委奴国王」金印に刻まれた、ふたつの「奴国」について近年の発掘成果をもとに考えたいと思います。

文中『魏志』をさかのぼる時期については、「イキ」「イト」「ナ」などカタカナ表記とします。

表1　中国の正史に登場する「倭人や倭」

書　名	撰　者	王朝名	書き出し
『漢書』地理志	班固（32－92）	後漢	楽浪海中有倭人、分為百余国、以歳時来献見云
『後漢書』倭伝	范曄（398－445）	南朝　宋	倭在韓東南大海中、依山島為居凡百余国
『三国志』魏志倭人伝	陳寿（233－297）	西晋	倭人在帯方東南大海之中、依山島為国邑、旧百余国、漢時有朝見者、今使譯所通三十国
『魏略』	魚豢（不詳）	西晋	倭在帯方東南大海中、依山島為国。

一　紀元前一世紀ごろの「ナ」

冊封体制と倭人

冊封《さくほう》の冊とは、皇帝が臣下に封禄や爵位を授ける時に出す書状です。冊封体制は、前漢の皇帝と君臣関係（内臣と外臣）を結んだ国内および周辺諸国の支配者との間に成立させた秩序のことです。もちろん皇帝は、ピラミッドの頂点に君臨しています。

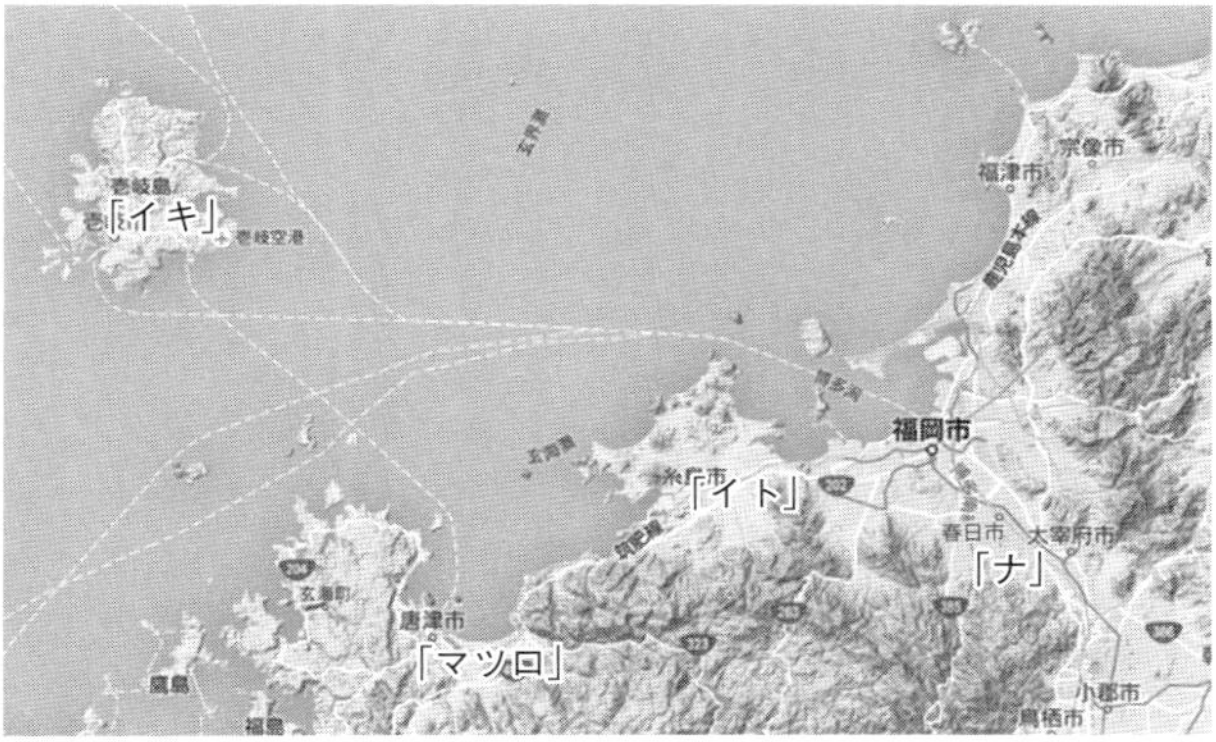

図1　「イキ」「イト」「ナ」の位置

『漢書』「地理志」には、「楽浪海中有倭人、分為百余国、以歳時来献見云」とあり、倭人が絶域から前漢の皇帝の徳を慕って朝貢を行っていたと記されています。『漢書』に記された前一世紀は弥生時代中期後半、北部九州では丹塗土器で知られる須玖式土器がさかんにつくられた時代です。この時、朝貢を主導した北部九州の首長層は、前漢鏡やガラス璧など漢代の文物を百余国に再分配し、権威を継承するシステムを創出しました。

表2は、弥生時代中期後半の有力層墓を、前漢鏡の枚数を主体に副葬品や装身具にもと

づいて類型化したものです。紀元前一世紀頃の甕棺墓には、前漢鏡やガラス製の璧を宝器として副葬しています。これらの文物は、前漢との交渉があってはじめて入手できるわけです。倭人の中でも、前漢鏡や璧など漢代の文物を持つ者と持たない者は歴然としています。つまり倭人社会にも階層によるピラミッドが存在していたようです。前漢の皇帝を頂点とする冊封体制を、倭の首長層が意識していたことのあらわれといえるでしょう。

この序列の頂点に位置づけられるAランクは、大型の前漢鏡を多数保有する「ナ」の須玖岡本《すぐおかもと》遺跡D地点（春日市）と「イト」の三雲南小路《みくもみなみしょうじ》遺跡（糸島市）です。Bランクは、立岩《たていわ》遺跡の一〇号甕棺で、ここでは、前漢鏡六枚と青銅の矛が副葬されていました。Aランクとの違いは、鏡の枚数が一〇枚以下で、ヒスイの勾玉など装身具がみられないことです。それ以下は一括してCランクとしました。Cランクになると前漢鏡は一枚か二枚で、銅鏡も直径一〇センチ前後の小型鏡が多数です。南海産の貝を加工した腕輪は、Cランクに限られた装身具です。

Aランクの須玖岡本遺跡D地点は、古い地形図では道路がクランク状に曲がっている個所が確認できます。これは墓の

表２　弥生中期後半の副葬品の組成から看取される類型

A		◎大型・10面以上	青銅製	ガラス製璧＋硬玉製勾玉	須玖岡本D地点・三雲南小路
B		○大型・５面以上	青銅製	×	立岩10号
C	1	○大型・小型	鉄製	ガラス製璧の加工品	東小田峯10号
	2	○大型	鉄製	×	立岩35号
	3	○中型	鉄製	多量のガラス玉（塞杆状ガラス器）	立岩28号
	4	○中型	青銅製	不明	二日市峯
	5	○中型	鉄製	南海産貝製腕輪	隈・西小田23号
	6	○小型	鉄製	南海産貝製腕輪	立岩34号
	7	○小型	鉄製		吉武樋渡64号
	8	×	青銅製	ガラス製	上月隈・野間門の浦
	9	×	鉄製	南海産貝製腕輪・ガラス製	安徳台
	10	×	鉄製	碧玉製	中原７号
	11	×	鉄製	×	富の原・岸田

◎＝多い　○＝伴う　×伴わない

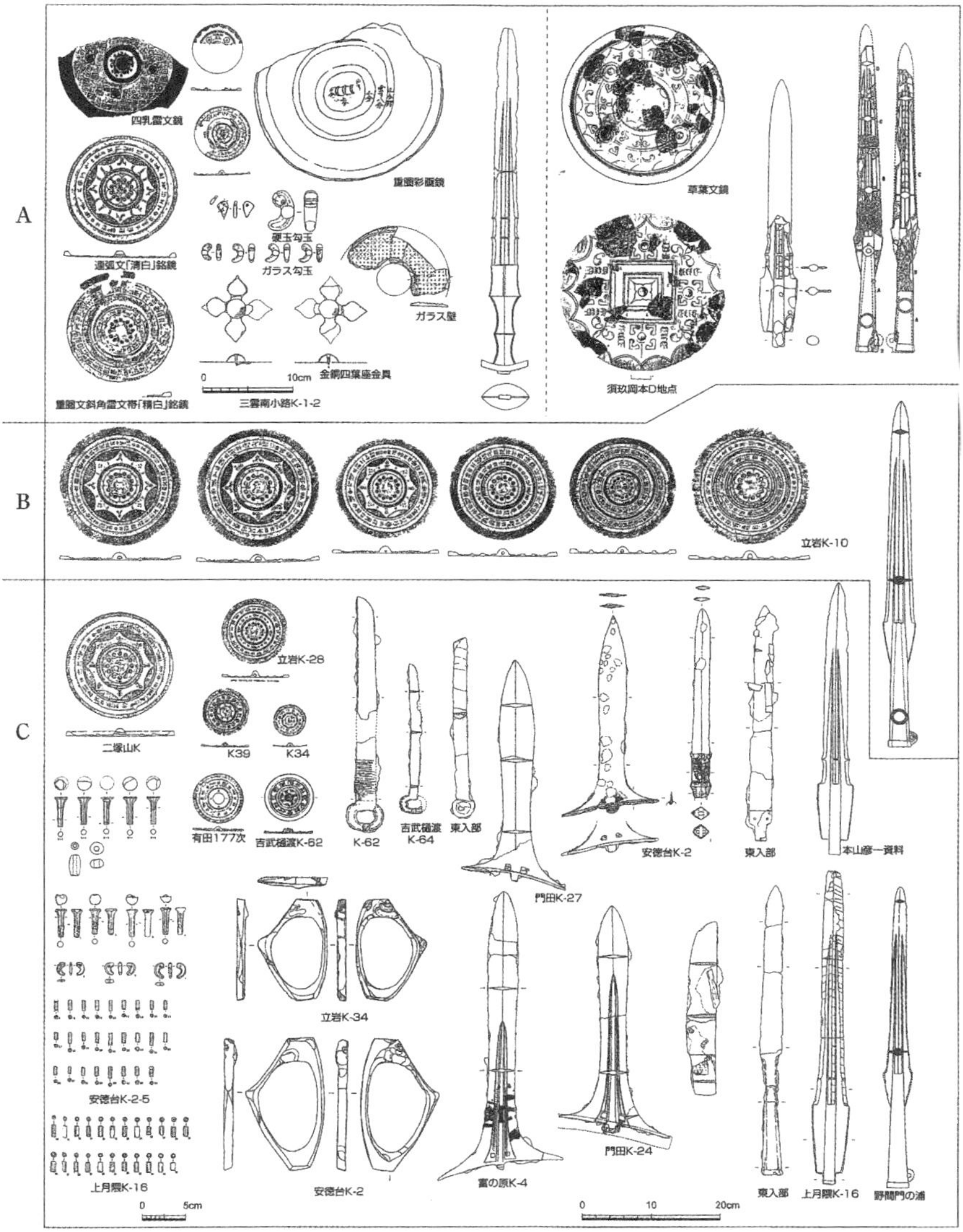

図２　弥生時代中期後半の副葬品の組成図

高まりをよけて道がつくられたためで、区画墓の平面積は一〇〇〇平方メートルほどであったと考えられます。甕棺の上には、花崗岩の大石が標石として置かれていました。須玖岡本遺跡D地点の埋葬施設は甕棺墓一基だけだったようです。ここから出た草葉文鏡《そうようもんきょう》は、直径が二三・三センチもあります。錫の成分が多い白銅質で脆いものですが、類例は中国でも中山王劉勝《ちゅうざんおうりゅうしょう》墓など王侯クラスの墓でしか出土しません。倭人がこれほどランクの高い鏡をもらっていたというのは驚きです。以上は、弥生時代中期後半、前一世紀の北部九州の状況ですから、金印を下賜される一〇〇年ほど前に漢と交渉があったことになります。

弥生土器にみる漢文化—須玖式土器と蒜頭壺—

丹塗り研磨のある土器は、弥生中期後半を代表する器種ですが、このなかにはきわめて珍しい宝珠形の頂部に丸底の胴部をもつ土器があります。今から一〇年ほど前、九州大学伊都キャンパスにある元岡《もとおか》・桑原《くわばら》遺跡群で、この土器の復元に成功し、図3のようなかたちであったことがわかりました。頂部の放射状の線刻が瓢箪の特徴と共通しています。

このタイプの土器が原《はる》の辻《つじ》遺跡、カラカミ遺跡など壱岐、糸島、そして福岡平野の比恵《ひえ》・那珂《なか》遺跡群など拠点集落で出土していることがわかりましたが、伝統的な弥生土器ではありません。倭人は何をモデルにしたのでしょう。私が見つけたのは、石羊漢墓（四川省成都）出土の土器でした。中国では大蒜（ニンニク）を逆さにしたような口縁部の形から蒜頭壺《さんとうこ》とよばれています。蒜頭壺は、秦の統一とともに長江流域など各地に広まった水や酒を

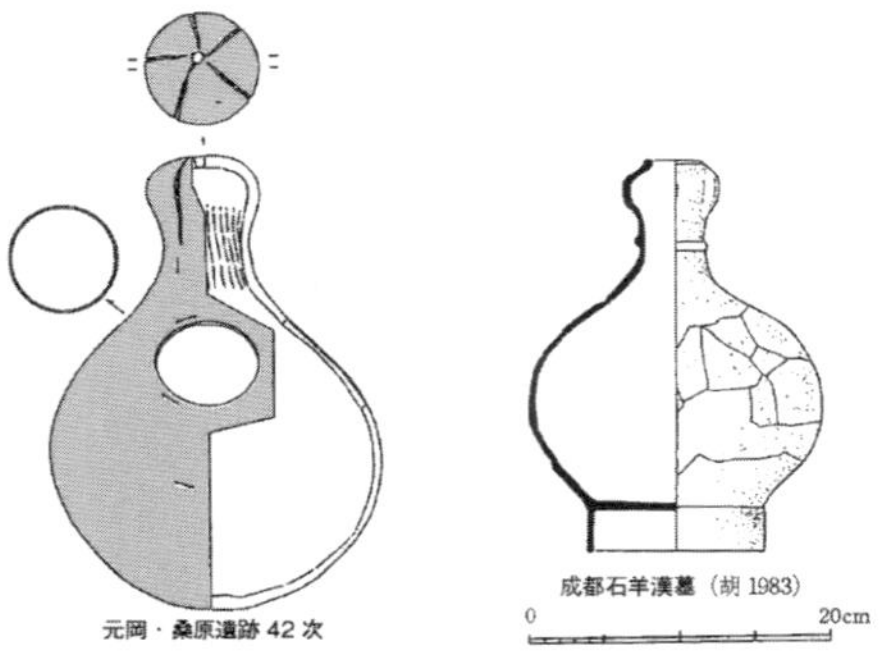

図3　ヒョウタン形土器と蒜頭壺

いれる容器で、明器として墓に供えられました。

李陳奇先生が一九八〇年代に蒜頭壺の形式分類を示されています（図４）。蒜頭壺は、中国の戦国時代晩期に出現し、秦から前漢にわたって、広くつくられたようです。蒜頭壺には中くびれと長頸の二種があります。

長頸の蒜頭壺は、青銅でつくられたものが多いのですが、口縁部の放射状の筋と高台を除けば、福岡市内の板付《いたづけ》遺跡や那珂遺跡で出土した袋状口縁壺と比べると、容量を含めて非常に似ている

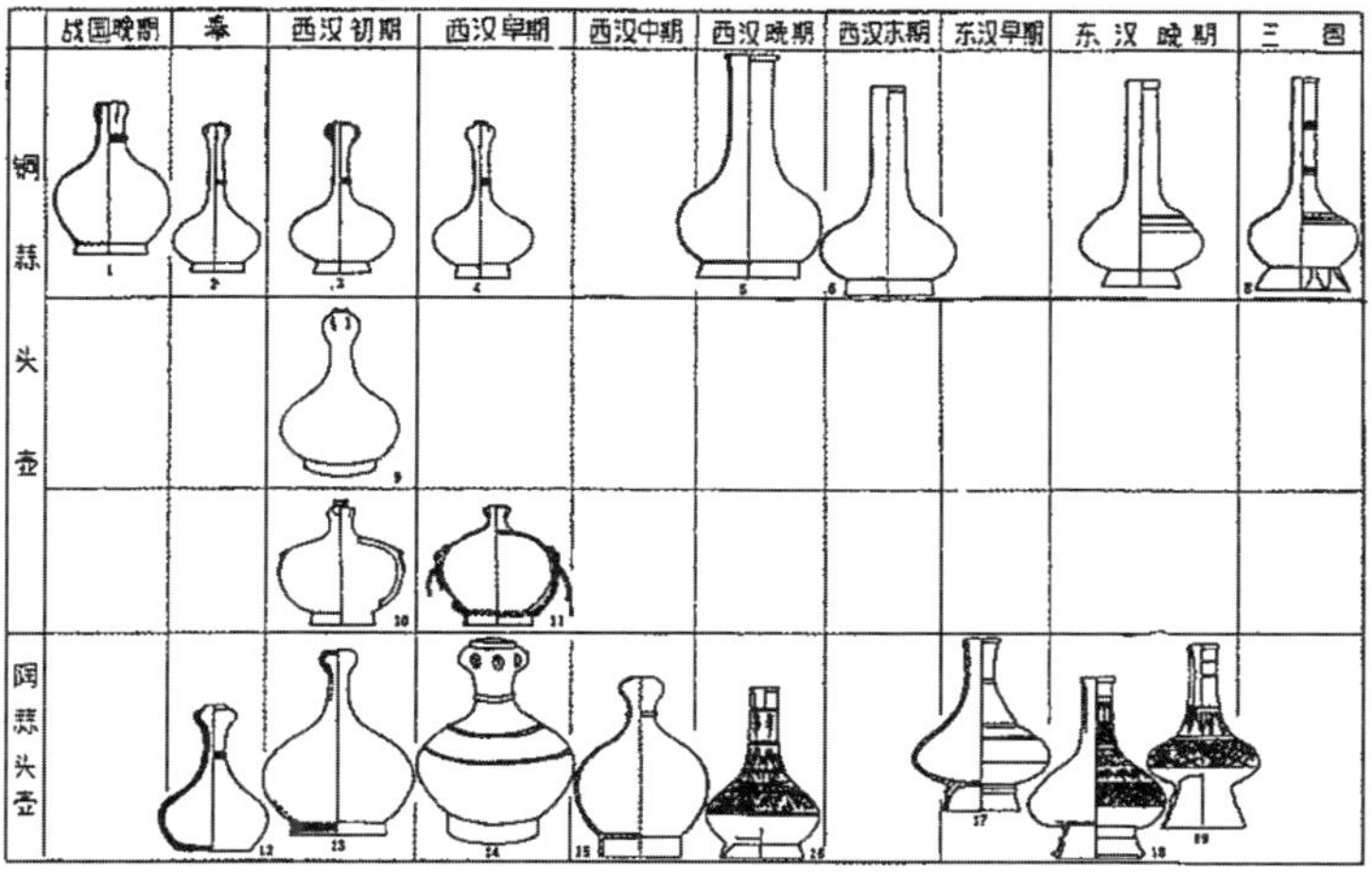

図４　蒜頭壺の編年（李 1985）

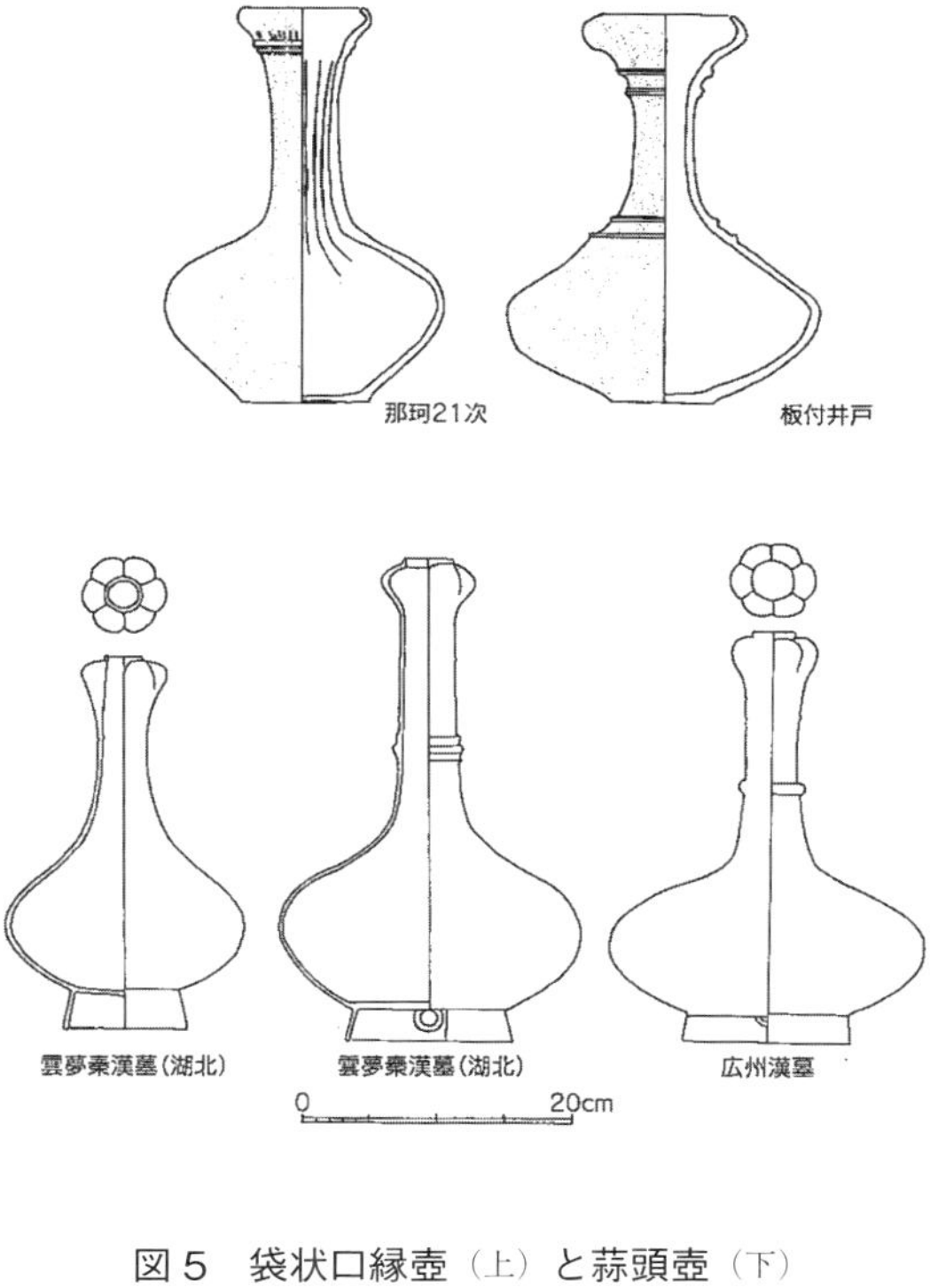

図５　袋状口縁壺（上）と蒜頭壺（下）

ことがわかります（図5）。こういう鶴首の土器が中期後半に突然出現するのも、漢文化の影響ではないかと考えています。

筒形器台と崑崙山

そしてもう一つ、裾広がりの筒形器台も注目される土器です（図6）。丹塗りの祭祀土器のなかでも一際目をひく器種で、大きなものでは高さが八〇センチ以上もあります。これも在来の土器に系譜を見出すことができません。祭祀土坑から丹塗りの壺や甕などと一緒に出土します。

私が注目するのは、筒形器台の側面形が、前漢中期の砂子塘一号漢墓（湖南省長沙）の木棺に描かれた裾広がりの図像に通じているという点です。東洋美術史の曽布川寛氏は、木棺の側板中央にある裾広がりの図像を聳え立つ崑崙山《こんろんさん》と考えています（図7）。崑崙山とは、神話伝説上の神山で、大地の中央に位置してその高さは天にまで達するとされています。

今から半世紀近く前になりますが、馬王堆《まおうたい》一号墓（湖南省長沙）で、埋葬された女性が生きているような状態で発見されたという記事が、大きく報道されました。馬王堆一号墓の被葬者は、前漢初期の長沙国で丞相をつとめ初代軑侯《たいこう》となった利蒼《りそう》の夫人とされています。その内棺の上に置かれた帛画昇仙図に、逆T字形の図像があります。仙界に向かう人物の上に対となる柱状の構造物が描かれているのです（図8）。曽布川氏は、この図像が裾広がりで上部が圭形である点に着目し、崑崙山の入口の門を表したとしています（曽布川、一九八一）。

帛画昇仙図の上段中央には、天帝である女媧《じょか》が描かれています。天帝の右側の円には黒いカラス、左にはヒキガエルが見えます。『淮南子《えなんじ》』精神訓に「日の中に踆烏有り、月の中に蟾蜍有り」とありますから、右の円は太陽で、左のヒキガエルが後足を置いている弧形の図像はまさに三日月を描いたものです。踆烏とは「三足烏」で、太陽の黒点をカラスに見立てたともいわれます。ヒキガエルは、「姮娥奔月《こうがほんげつ》」の伝承に由来します。不死の薬をぬすんで月に逃げてヒキガエルとなったという姮娥は、中国神話の英雄として弓の名手で知られる羿《げい》の妻でした。

崑崙山は天帝の下都で、そこは永遠の命、不死が得られる仙界と考えられていたようです。このように弥生土器のなかには、中国の神仙や昇仙思想の影響下に生まれた器種が存在すると考えています。

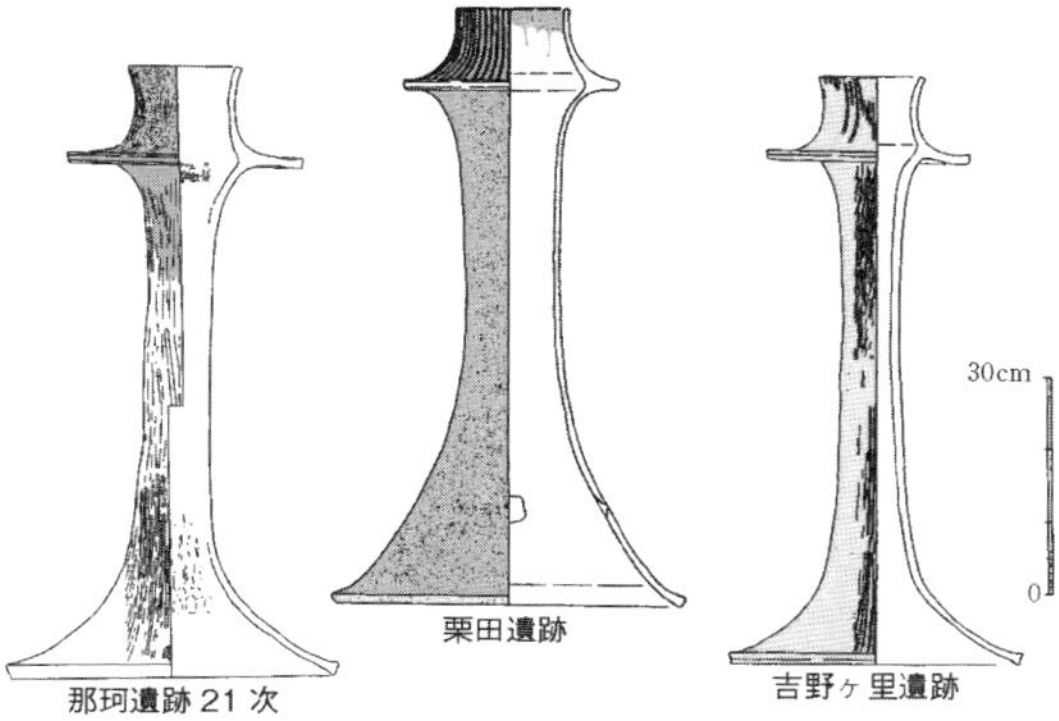

図6　筒形器台

図7　木棺に描かれた崑崙山（長沙砂子塘1号墓）

図8　帛画昇仙図に描かれた門（長沙馬王堆1号墓）

三雲南小路の剣

つぎに、三雲南小路遺跡の銅剣についてお話しします。三雲遺跡は、糸島半島の付け根にありますが、三雲南小路遺跡の墓は、須玖岡本遺跡D地点と時代も規模もほぼ一緒で、一〇〇〇平方メートルくらいの広さです。ここで甕棺墓二基が見つかっています。

銅剣は、甕棺墓を覆う盛土の中から見つかりました。福岡藩の国学者青柳種信の記録には、壁土を取るために掘ったところ、銅剣が切先を上にして出土したと記されています（青柳・鹿島一九七六）。一号甕棺墓では、漢式鏡やガラス璧のほか、金銅四葉座金具という漢代の木棺の飾り金具なども出土しています。

図9が、三雲南小路遺跡出土の有柄銅剣です。私は、把の先端が少し弧を描いている点が気になりました。なぜ、直線ではなく弧を描いているのか、ということです。この銅剣は、重要文化財でふだん実物を見ることはできませんが、所蔵者にお願いして調査させていただきました。そこで、把と剣身の境目の中心に円を描くと、把の先端はその延長上に位置することがわかりました。それは直径二三・五センチの円となり、図9に示すように、その半分や五分の一の径の円で見事に割り付けられていることがわかります。大きな円の十分の一を1とすると柄の見通しは直径三・五のふたつの円が中心で交わった形となります。非常に規格性に富んだものです。

では、基準となる1の長さ二・三五センチはいったいどういう値かというと、実は二・三五センチは前漢から後漢にかけての一寸に相当します。「漢委奴国王」金印の一辺の長さも、まさに二・三五センチです。すなわち三雲南小路遺跡出土の有柄銅剣は、漢代の尺度を採用した銅剣なのです。

しかし三雲の被葬者が倭人の盟主的存在だったとはいえ、漢代の尺度を採用した銅剣を所有する意味はあまりないと思います。私は、この銅剣は倭人が漢代の尺度を咀嚼して、その高い技術を中国に誇示するための外交の手段だったと考えています。もし将来、中国の洛陽などで同型式の有柄式銅剣が発見されれば、この考えを証明できると思います。

糸島半島では鋳造遺跡が見つかっていません。ですから、この銅剣は、春日市周辺など福岡平野で鋳造された可能性が高いと思います。

二〇一六年の三月から五月にかけて、東京国立近代美術館で「安田靫彦展」が開催されます。歴史画の大家安田靫彦先生は、「草薙の剣」と「酒折宮」という絵画を描いておられます。この中でヤマトタケルが握っている剣は、三雲南小路遺跡の銅剣がモデルになっています。安田先生は把の先端を描かれていないので、写真をご覧になって、この銅剣の美を感知されて、作品に採用された、と私は推定しています。幾何学に裏打ちされた造形美が、美術家の感性にうったえたのだと思います。

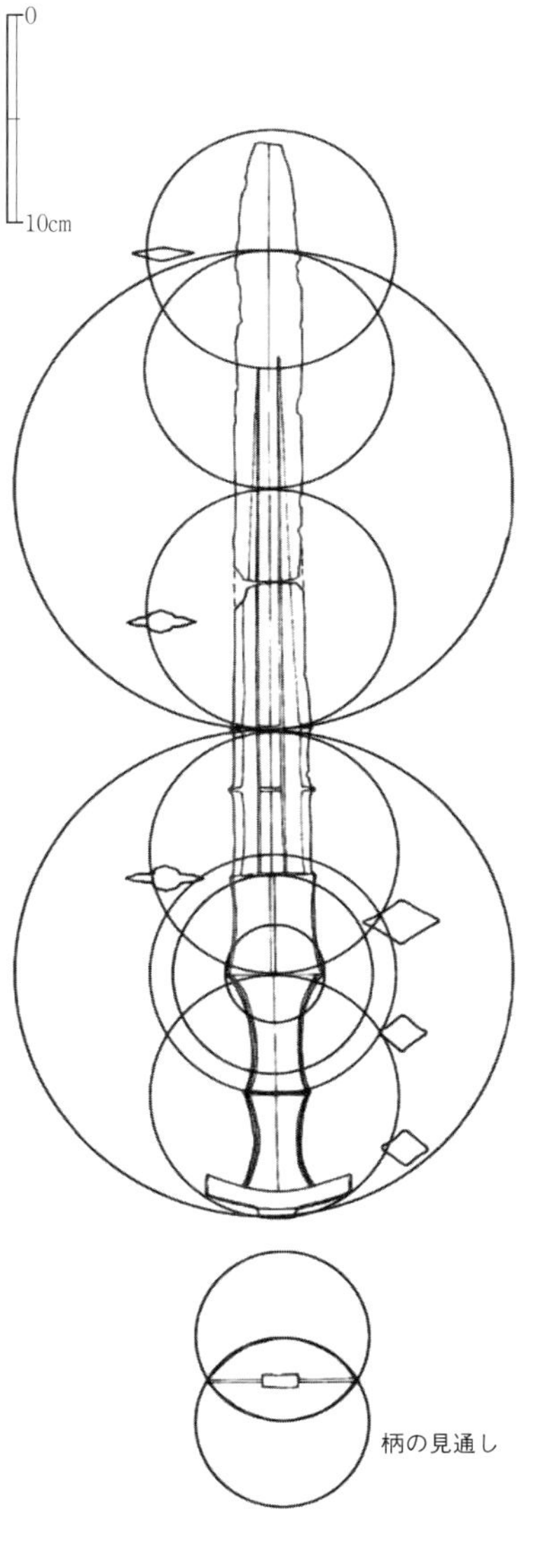

図９　三雲南小路遺跡出土の有柄銅剣

二　一世紀の「ナ」と「イト」

金印の時代—朝貢国から外臣へ—

つぎに、金印についてお話しします。倭人の朝貢ですが、紀元前一世紀の『漢書』地理志の段階、これは三雲南小路遺跡や須玖岡本遺跡D地点の時代です。そして、「東夷王度大海奉國珍（東夷の王、大海を渡りて国珍を奉ず）」という記述が、『漢書』王莽伝の中にあります。この東夷王が倭国王であったなら、一世紀のはじめにも史書に残るような朝貢があったことになります。

『後漢書』倭伝には「建武中元二（五七）年、倭奴国奉貢朝賀、使人自称大夫、倭国之極南界也、光武賜以印綬」とあり、「漢委奴国王」金印は、ここに記された印綬に該当します。倭は、光武帝が泰山において天を祀る儀式を行い後漢の礎が確固たるものとなった直後に使いを遣わしています。まさに外交の時流をつかんで使節をおくっているのです。

弥生時代中期後半までの倭人は、「漢帝国の周縁部の種族」と認知されていましたが、朝貢国の域を出ることはありませんでした。この時期は金印の下賜により、「東夷の外臣」として皇帝を頂点とする秩序（冊封体制）に組み入れられたという点で大きな画期といえます。

図10　「漢委奴国王」金印
（福岡市博物館所蔵、画像提供：福岡市博物館／DNPartcom）

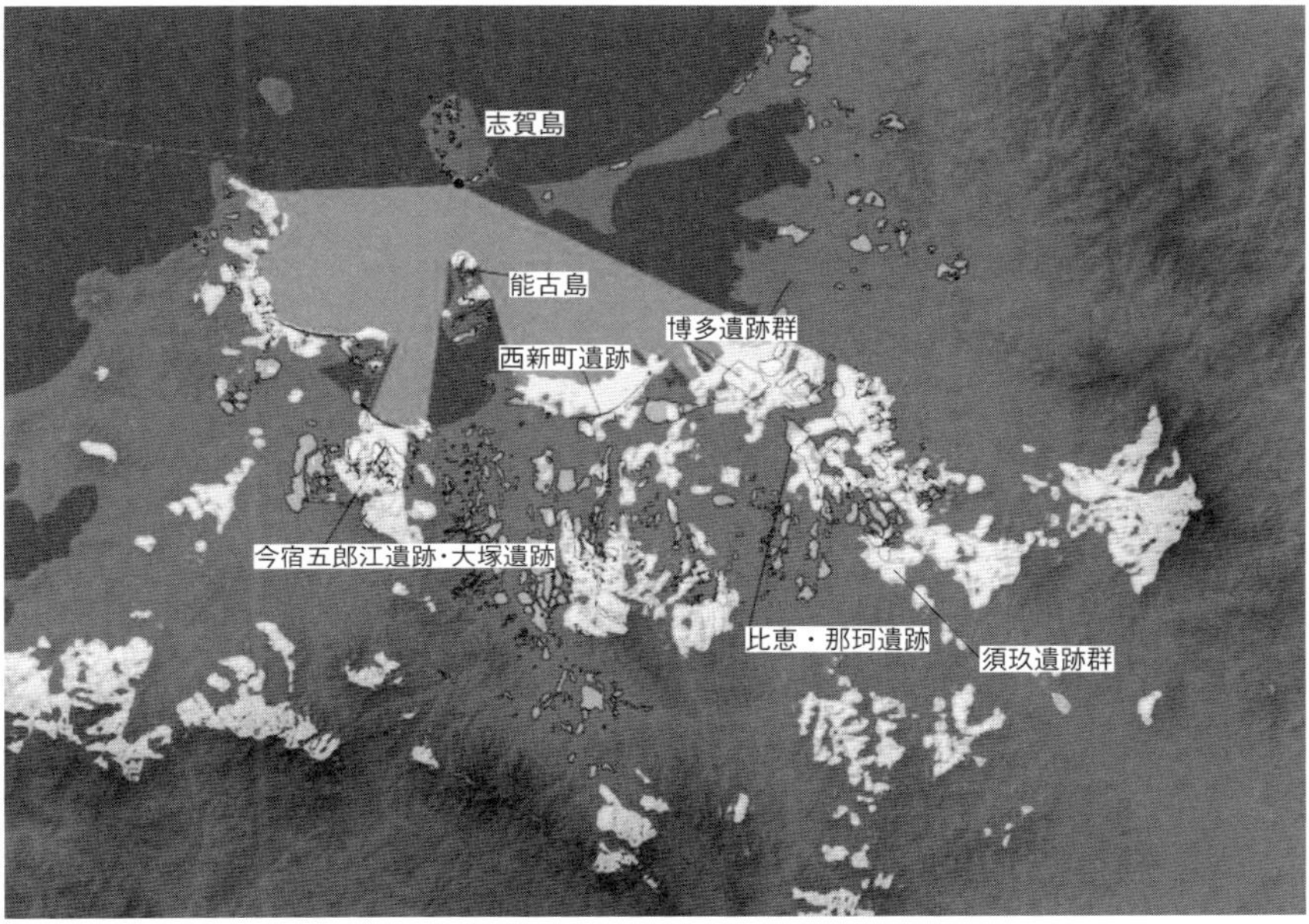

図11　金印出土地から眺望できる範囲（白色）

金印出土地と博多湾岸の集落

金印の出土地とされる志賀島の南西部には、「漢委奴国王金印発光之処」の石碑が建てられています。ここは、寺沢薫氏が著書『王権誕生』のなかで指摘するように、福岡平野と糸島平野東部の主要遺跡を見渡せる博多湾内唯一のビューポイントです（寺沢、二〇〇〇）。

主要遺跡とは、福岡平野では、比恵・那珂遺跡から須玖遺跡群、糸島平野では今宿五郎江遺跡です。湾内の眺望は能古島によって遮られるため、金印出土推定地から東西にどちらか一〇〇メートルでもずれると、一方の拠点集落が視界から外れてしまうのです。金印出土地が「ナ」と「イト」両方を俯瞰できる唯一の場所であることは、金印が埋められた状況を考えるうえでとても重要だと思います。

三　二世紀の「ナ」と「イト」

二世紀の対外交渉

『後漢書』倭伝に「安帝永初元（一〇七）年、倭国王帥升等献生口百六十人、願請見」とあり、西暦一〇七年の倭国王帥升等による遣使は、金印「漢委奴国王」の下賜からちょうど半世紀後にあたります。

二世紀はじめの「倭国王」が「倭国王帥升等」として登場します。「□□等」という表現は「倭国」を代表する盟主のひとりと読むこともできますが、『翰苑』では「倭面上国王師升」、北宋版『通典』では「倭面土国王師升」など文献によって表記は異なります。

生口とは、戦で捕虜となった人という意味ですが、特殊な技能をもつ人とする説もあります。一〇七年に奉献された生口「百六十人」は、景初三（二三九）年に卑弥呼が魏におくった男女計「十人」や壱与が西晋におくった「男女生口三十人」と比べても破格の人数で、この時の朝貢が倭国内の同盟関係に支えられて挙行されたことを暗示します。

倭人と銅鏡

漢式鏡の出土数は、権威と外交力をはかる物差しとされてきました。ここで銅鏡の分布傾向を福岡平野と糸島で比べてみたいと思います（図12）。

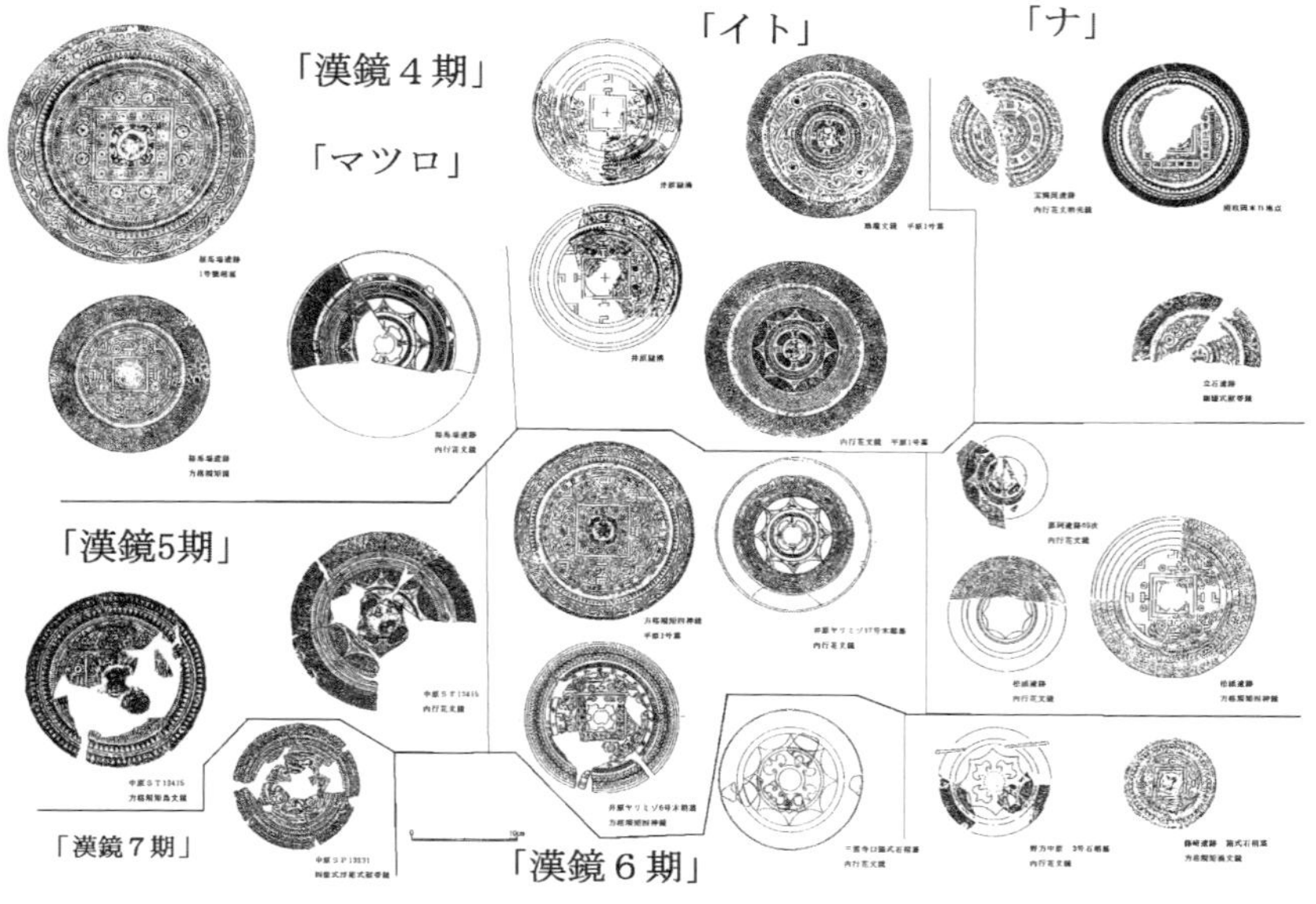

図12　「マツロ」「イト」「ナ」における漢式鏡の分布（常松 2013c）

漢式鏡の分布「ナ」　「ナ」の領域とされる福岡平野で、前漢末から王莽期にかけての漢鏡4期の鏡は、春日丘陵周辺と月隈丘陵で出土しています。春日丘陵の須玖岡本B地点出土の方格規矩鏡（島田、一九三〇）は、銘帯に六言句「日有憙月有富、憂患樂巳未央」を鋳出した方格規矩博文鏡です（樋口、一九七九）。立石《たていし》遺跡の細線式獣帯鏡は、後期に降る時期とされます。月隈丘陵の宝満尾《ほうまんお》遺跡（福岡市博多区）では、四号土壙墓の頭位付近で異体字銘帯鏡が鏡面を内にして割れた状態で出土しました。銘帯の文字から「明光」銘帯鏡に分類されます。

一世紀中頃から後半にあたる後漢前期の漢鏡5期では、松添《まつぞえ》遺跡（春日市）で方格規矩鏡と内行花文鏡が一緒に出土しました。内行花文鏡の鏡背には赤色顔料が付いているので、墓の副葬品が何らかの要因で流出したのかもしれません。このように「ナ」の領域では、弥生時代後期の漢式鏡の多くは一面で出土しています。二面以上で出土した例はほとんどないというのが実情です。

漢式鏡の分布「イト」　一方、「イト」において漢式鏡が集中する墓は、糸島平野南部の三雲《みくも》・井原《いわら》遺跡周辺と曽根丘陵上に位置しています。漢鏡4期の鏡には、天明年間に井原鑓溝《いわらやりみぞ》で出土した方格規矩鏡二一面があり、「漢有善銅」や「黍言之（紀）」、「新（有善銅）」など前漢末から王莽期にかけての銘文がみられます（梅原、一九三一）。

曽根丘陵の平原一号墓は、径四六・五センチの大鏡など四〇面もの鏡の出土で知られています。漢鏡4期・5期の鏡との銘文の比較などから、北部九州でつくられたとする考えもあります。

弥生時代中期までの漢式鏡の枚数は、「イト」と「ナ」でほぼ拮抗しています。「イト」と「ナ」の鏡の枚数はあまり変わらないようですが、金印を下賜された弥生時

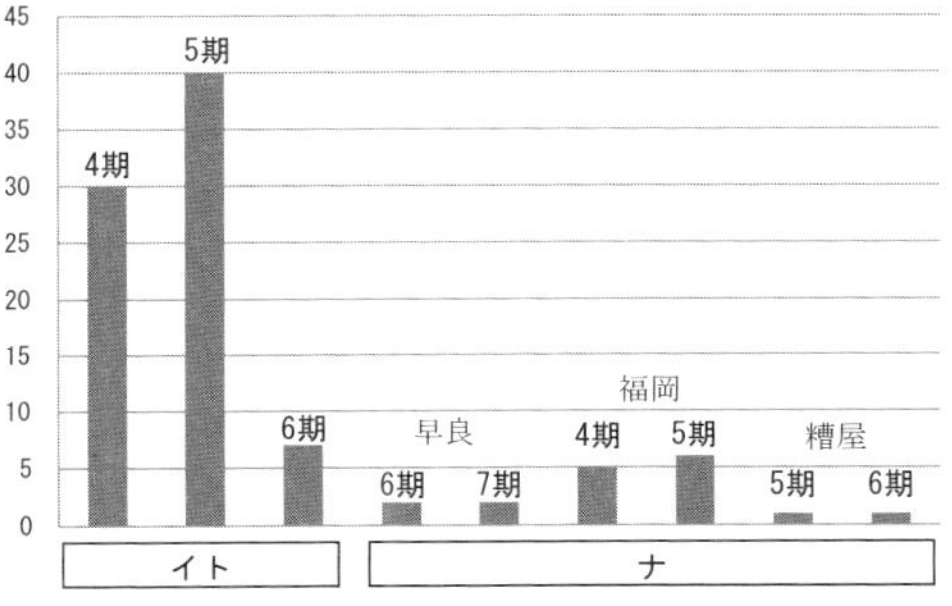

図13　「イト」と「ナ」における漢式鏡の出土数

代後期以降になると、断然「イト」に集中傾向が見られます。出土数をグラフにすると（図13）、左側が「イト」の漢鏡4期・5期・6期の枚数で、右が、「ナ」の4期・5期の枚数です。枚数は「イト」の70に対して「ナ」は17で「イト」が「ナ」の約四倍となり、漢式鏡は「イト」に集中していることが一目瞭然です。

東アジアにおける弥生時代後期の墓制

墓や拠点集落の分布（表3）から、糸島地方と福岡平野、「イト」と「ナ」を中核とする「王」の存在が指摘でき、その王が一世紀中頃の五七年に「漢委奴国王」金印を下賜されたと考えられます。そして二世紀初頭の一〇七年には、より広域な連合を統合した「倭国王」による遣使が挙行されました。この時も「イト」と「ナ」が、遣使に主導的役割をはたしたと考えられます。

二〇一〇年に那珂遺跡群で出土した巴形銅器の鋳型（久住、二〇一二）は、天明年間に井原鑓溝で出土した巴形銅器ときわめて似た特徴があります（図14）。同じ鋳型と断定はできないにしても、「ナ」で製作された青銅器が「イト」の厚葬墓へ副葬されたことを示す資料です。

また「魏志倭人伝」には「其死有棺無槨、封土作冢」とあり、「人が死ぬと棺はあるが（棺をおさめるための）槨はなく、土を大きく盛った墓をつくった」と書かれています。東洋史の渡邉義浩氏は、この記述について棺や副葬品をおさめるための「槨」をもたない倭人の墓制を貶めているのではなく、薄葬が尊ばれるようになった三国時代の風潮の中で倭の墓制を高く評価したものとみています（渡邉、二〇一二）。「イト」で発見された弥生時代後期の有力層墓は、漢式鏡を集中的に保有するが、区画墓としては小規模であるという点で、「魏志倭人伝」の記述とも矛盾しません。

表３　「マツロ」・「イト」・「ナ」における副葬品の様相

時期＼地域	「マツロ」唐　津	「イト」糸　島	「ナ」早良・樋井川流域		「ナ」福岡平野・月隈丘陵
中期後半	中原 K7（鉄器 2）	◎三雲南小路 K（35・22、ガラス璧、金銅四葉座金具、青銅武器）	吉武樋渡 K（1・鉄器）・丸尾台 K（2・鉄器）有田 177K1（1）		◎須玖岡本 D 地点 K（≒ 30、ガラス璧、青銅武器）・上月隈 K（銅剣・ガラス玉類）
後期前半	桜馬場 K1（2・巴形銅器・銅釧）	平原５号墓（2+ α） ◎井原鑓溝 K（21・巴形銅器・鉄器類） 飯氏３次 K7（2） 三雲・井原ヤリミゾ地区 M1・M7（鏡・ガラス小玉） 三坂七尾 M（ガラス小玉・貸泉）	有田 177K2（1）	カルメル修道院５次（ガラス小玉）	須玖岡本 B 地点・宝満尾 D・立石 K（1）・宮の下 K15（1）鉄剣・銅製円盤（5） 松添（2）
後期後半	中原 ST13415（3） 中原 ST13414（1）	◎平原１号 M（40・鉄器類）・三雲・井原ヤリミゾ地区 M6・M17（鏡・ガラス小玉） 泊熊野 K（水銀朱）東二塚 K（ガラス釧） 三雲寺口 S2（1）	飯倉 GD（1） 藤崎（1） 野方中原・塚原 S（1）		臼佐原 SD（1）

◎有力層墓　（　）内の数字は銅鏡の数
K：甕棺　M：木棺墓　D：土壙（木棺）墓　S：石棺墓　SD：石蓋土壙墓　（網掛け）小型仿製鏡

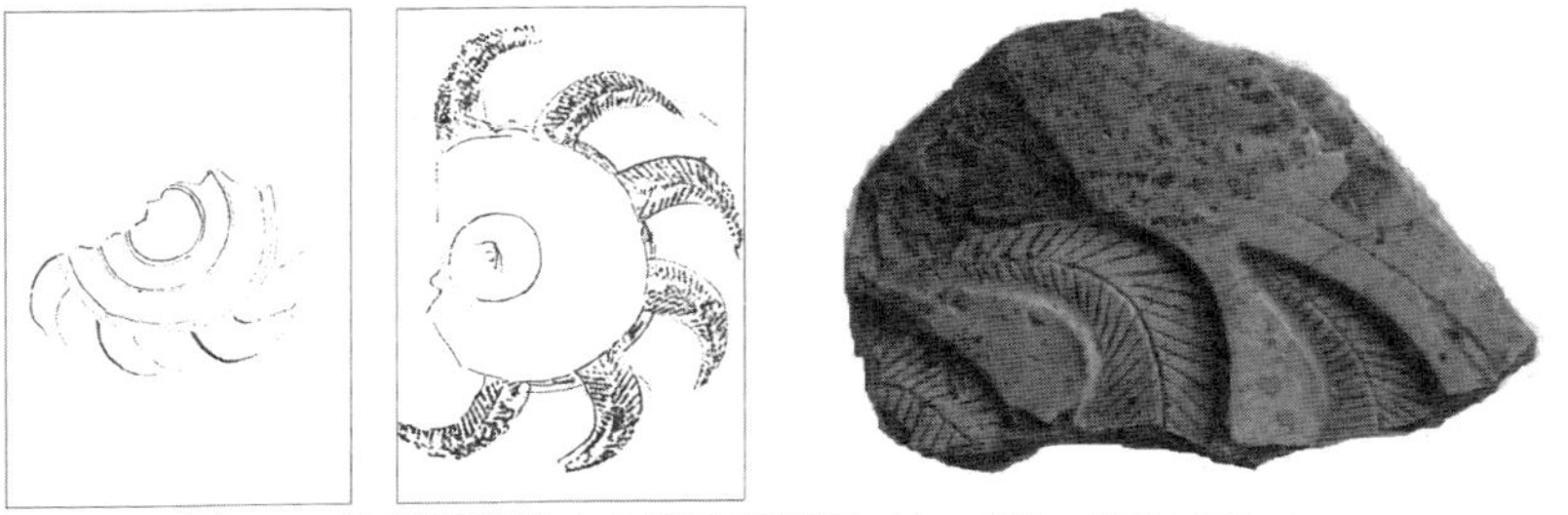

図 14　井原鑓溝出土の巴形銅器図（左、青柳・鹿島 1976）と
那珂遺跡出土の巴形銅器の鋳型（右）

四　ふたつの「奴国」

「漢委奴国王」金印の印文に示された「奴」と『魏志』に登場する「奴国」には、二世紀以上の時間的な隔たりがあるにもかかわらず、当然のように博多湾岸の福岡平野部の同一国として扱われてきました。

金印の「漢の委の奴の国王」の読みは一〇〇年以上前、東京文理科大学長を歴任した三宅米吉氏が本格的な発掘調査が行われる前に示した説です（三宅、一八九二）。近年、中国法制史を研究している冨谷至氏は、三宅氏の説である「漢委奴国王」金印の「漢の委の奴の国王」の読み方について、二つの点で批判しています（冨谷、二〇一二）。

第一点は「国王」の部分で、漢皇帝が封建した国や属国、冊封国に与えた王号は「王」であって「国王」ではないと指摘します。つまり「滇王之印」や「広陵王璽」も「王」だけですから、「王」の直前の文字は「国」という文字の有無にかかわらず国名で、「漢委奴国王」は「委奴国」＋「王」と読まねばならない、というのです。

また冨谷氏は、范曄の『後漢書』東夷伝のなかで「建武中二年、倭奴国奉貢朝賀、使人自称大夫」につづく「倭国之極南界也」の一節は「魏志倭人伝」に記された最南の「奴国」を念頭に書かれたと推定しました。そして金印の印文を「漢の委奴国の王」、「委奴国」は「倭国」と同義で、「奴」の文字を東夷の民族に対する卑辞と捉えました。

前一世紀の倭人や一世紀の「倭」の主体は、文物の流入を考慮すれば壱岐・対馬など島嶼との行き来が可能な地域と考えられます。発掘調査の成果から拠点集落や墓域の分布をみると、青銅器やガラス製品の工房址が集中する「ナ」と多数の漢式鏡を副葬する「イト」、対外交渉は、両者が合体することで機能したと考えられます。

一〜三世紀の「奴国」

江戸時代にさかのぼる発見や一九六〇年代以降の発掘調査によって、弥生時代後期を通して、青銅器やガラスの生産拠点は福岡平野「ナ」が主体で、銅鏡を副葬する厚葬墓は、糸島半島の基部の「イト」、三雲・井原遺跡群に集中することが明らかとなりました。

金印「漢の委奴国の王」の印文にある「奴」の文字を東夷の民族に対する卑辞と解釈することで、一世紀の「倭奴国」＝「倭国」で、その中心を「ナ」と「イト」を合わせた糸島から福岡平野と捉え、三世紀代の『魏志』に登場する「奴国」を福岡平野と分けて考えれば、すっきりと整理できます。

一世紀代に北部九州を中核とした「倭奴国」＝「倭国」は、対外交渉の主導権を握り、ついに金印を下賜されたのです。二世紀のはじめ、列島内のより広域な同盟関係のもとに「倭国王」はふたたび後漢に使いを遣わします。二世紀後半、「倭国乱」といわれる軍事的緊張を経て、「倭王」卑弥呼を頂点とする機構の再編が行われました。三世紀前半の北部九州は、女王国から遣わされた大率[1]によって分断・解体され、かつての「イト」と「ナ」、「マツロ」そして「イキ」・「ツシマ」が連携した勢力は、「倭」の外交機能の一部となったと考えられます。

『魏志』倭人伝に登場する「奴国」は、北部九州の一拠点として書かれており、大率が置かれた「伊都国」に重点が置かれていたことは、史書の文字数や記述からも明らかです。「漢委奴国王」金印は、女王によって機構再編が断行された三世紀のはじめまでに志賀島に埋納された、と私は推定しています。

註

（1）渡邉義浩氏は、一大率について、交易を監督した「大倭」とそろえて一人の「大率」と読むのが対句を重視する漢文の読み方とする（渡邉、二〇一二）。

引用・参考文献

青柳種信・鹿島九平太　一九七六『柳園古器略考・鉾之記』（復刻版）文献出版

梅原末治　一九三一「筑前国井原発見鏡片の復原」『史林』一六―三、史学研究会

江崎靖隆・楢崎直子　二〇〇六『三雲・井原遺跡』前原市文化財調査報告書第九二集、前原町教育委員会
江崎靖隆　二〇一〇『三雲・井原遺跡Ⅵ』糸島市文化財調査報告書第一集、糸島市教育委員会
岡部裕俊・牟田華代子　二〇〇二『三雲・井原遺跡Ⅱ―南小路地区編―』前原市文化財調査報告書第七八集、前原市教育委員会
岡村秀典　一九八四「前漢鏡の編年と様式」『史林』六七―五、史学研究会
岡村秀典　一九九三「後漢鏡の編年」『国立歴史民俗博物館研究紀要』第五五集、国立歴史民俗博物館、三九－八三頁
久住猛雄　二〇一二『那珂六〇』福岡市埋蔵文化財調査報告書第一一五五集、福岡市教育委員会
境　靖紀　二〇〇二『立石遺跡』春日市文化財調査報告書第三四集、春日市教育委員会
島田貞彦　一九三〇『筑前須玖史前遺跡の研究』京都帝国大学文学部考古学研究報告第一一冊、京都帝国大学文学部
曽布川寛　一九八一『崑崙山への昇仙』中公新書六三五、中央公論社
高倉洋彰　一九九五「倭の王・王と漢」『金印国家群の時代』青木書店
東京国立博物館　二〇〇五『東京国立博物館図版目録　弥生遺物篇（金属器）増補改訂』中央公論美術出版
常松幹雄　二〇一三ａ「弥生土器の東漸」『弥生時代政治社会構造論』雄山閣
常松幹雄　二〇一三ｂ「墓と副葬品からみた北部九州の弥生社会」『新修 福岡市史 特別編』福岡市
常松幹雄　二〇一三ｃ「玄界灘沿岸の青銅鏡の動向」『弥生時代後期青銅鏡を巡る諸問題』平成二五年度九州考古学会大会
寺沢　薫　二〇〇〇『日本の歴史02　王権誕生』講談社
冨谷　至　二〇一二『四字熟語の中国史』岩波新書一三五二
樋口隆康　一九七九『古鏡』新潮社
三宅米吉　一八八二「漢委奴国王印考」『史学雑誌』三七、史学会
柳田康雄 編　一九八五『三雲遺跡　南小路地区編』福岡県文化財調査報告書第六九集、福岡県教育委員会
柳田康雄　二〇〇〇『平原遺跡』前原市文化財調査報告書第七〇集、前原市教育委員会
渡邉義浩　二〇一二『魏志倭人伝の謎を解く』中公新書二一六四
李　陳奇　一九八五「蒜頭壺考略」『文物』一九八五―四、文物出版社

三　佐賀の弥生文化にみる中国の文化要素

佐賀城本丸歴史館長　七田忠昭

先ほど常松さんから、主に奴国から出土した遺物に関して、中国との関わりを詳しくお話しいただきました（第Ⅰ章二）。私は、どちらかというと遺跡や遺構―当時の建築物や集落のかたち、景観といったものに視点を置いて、中国との関係を探ってみたいと思っています。

水稲農業の開始につきまして、田島さんからお話しいただきまして、中国の長江中流域、あるいは下流域辺りで発祥した水稲稲作文化が、まずは九州の北岸に入ってきただろうということは、すでに定説になっております（第Ⅰ章一）。それとともに、しばらくしたら、環濠集落や松菊里《しょうきくり》型と呼ばれる竪穴住居、あるいはその後、青銅器、鉄器、染織文化といったものが、徐々に入ってくるわけです。そういったものは、ほとんどが朝鮮半島を経由して入ってきたと考えられています。ただ、その源流は中国文化であったことは間違いありません。

常松さんから福岡を中心としたお話がありましたが、佐賀平野の弥生文化も同じ九州北部として似通っています。ただ、いくつか違いもあります。佐賀では、朝鮮半島系の土器を持つ集落が非常に多いということがあり、それが継続的に続いています。福岡は数も少なく、一時的な集落で終わっているわけですが、佐賀平野においては、渡来した人々が営んだ集落が長く継続する、という点で違いがございます。また、それに伴って青銅器の鋳造が、佐賀平野で始まったということが、今のところ言えると思います。最近、福岡平野の春日市須玖《すぐ》タカウタ遺跡でも、朝鮮系の多鈕鏡の鋳型など、これまで須玖遺跡群で出土した鋳型よりも少し古い時期の鋳型が出土しました。ただ全体的には、佐賀平野のほうに古い鋳造遺跡が集中しています。

もう一点、弥生中期後半以降、中国の文物―鏡や鉄の武器など―が出土しているのは両地方共通ですが、とくに集落の構造、当時の建物や施設の構造といったものに、中国的な色合いが濃いのが佐賀平野の特徴ではないかと思っております。遺物を中心とした研究と、土に刻まれた遺構、遺跡の研究の両方を一緒に進めていけば、中国との関係に関する研究が深まるのではないかと考えられます。

常松さんのお話にもありましたように、紀元前一世紀から、中国との間で正式な外交が行われています。そのときどきの外交の過程では、中国式城郭や都市に関する見聞や迎賓儀礼も受けるなど様々な体験が蓄積されていきます。物だけでなく、そういった様々な体験が、集落のかたちであるとか、建物のかたちに表れるのではないか、と私は考えました。とくに今回お話ししたいのは、祭祀を含めた集落のかたちの変化です。吉野ヶ里遺跡は、ご存知の通り広い範囲を調査することができましたので、ある部分の遺構が、遺跡全体の中でどういった役割を持っているかということが、わかりやすい遺跡です。そういった成果をもとに、祭祀の変化であるとか、集落の構造の中国化ということについてお話ししたいと思います。

ちょうど紀元前後の境くらいの時期までには、地域的なまとまりができています。有明海北岸に位置する吉野ヶ里遺跡を頂点としたクニの範囲というのは、おそらく律令時代の神埼郡と三根郡の範囲だろうと考えられます。『肥前国風土記』を読むと、三根郡という郡が、神埼郡のすぐ東にありますが、こちらの郡はもともと神埼郡から分かれたということが書いてありますのでこの二郡くらいの範囲が、吉野ヶ里のクニのおおまかな範囲であったと考えております。

水稲稲作は、長江中流域、あるいは下流域辺りではじまり、いろいろなルートを経て日本に渡ってきただろうと言われています。

水稲稲作の始まり

最近の中国の研究で放射性炭素（^{14}C）によって出土した炭化米を分析し作られた年代別分布図でも（図1）、長江の中流域に古い段階の稲作遺跡が集まっていて、長江河口にも一部、広がっています。この辺りから日本へ渡ってきたと考えられています。

ただ、日本の縄文時代のかなり古い遺跡からも、イネの痕跡は見つかっています。その痕跡がどのような人々の行動を反映しているかはなかなか判断が難しいところがありますが、イネはやはり縄文時代から入ってきたと考える研究者も多くなっています。かなり前ですが、中国の雲南に行ったときに、水稲と陸稲が実った現場を見ることができました。やはり陸稲は実の入りが悪く収量がたいへん少ないことがわかりました。このような陸稲による稲作が、縄

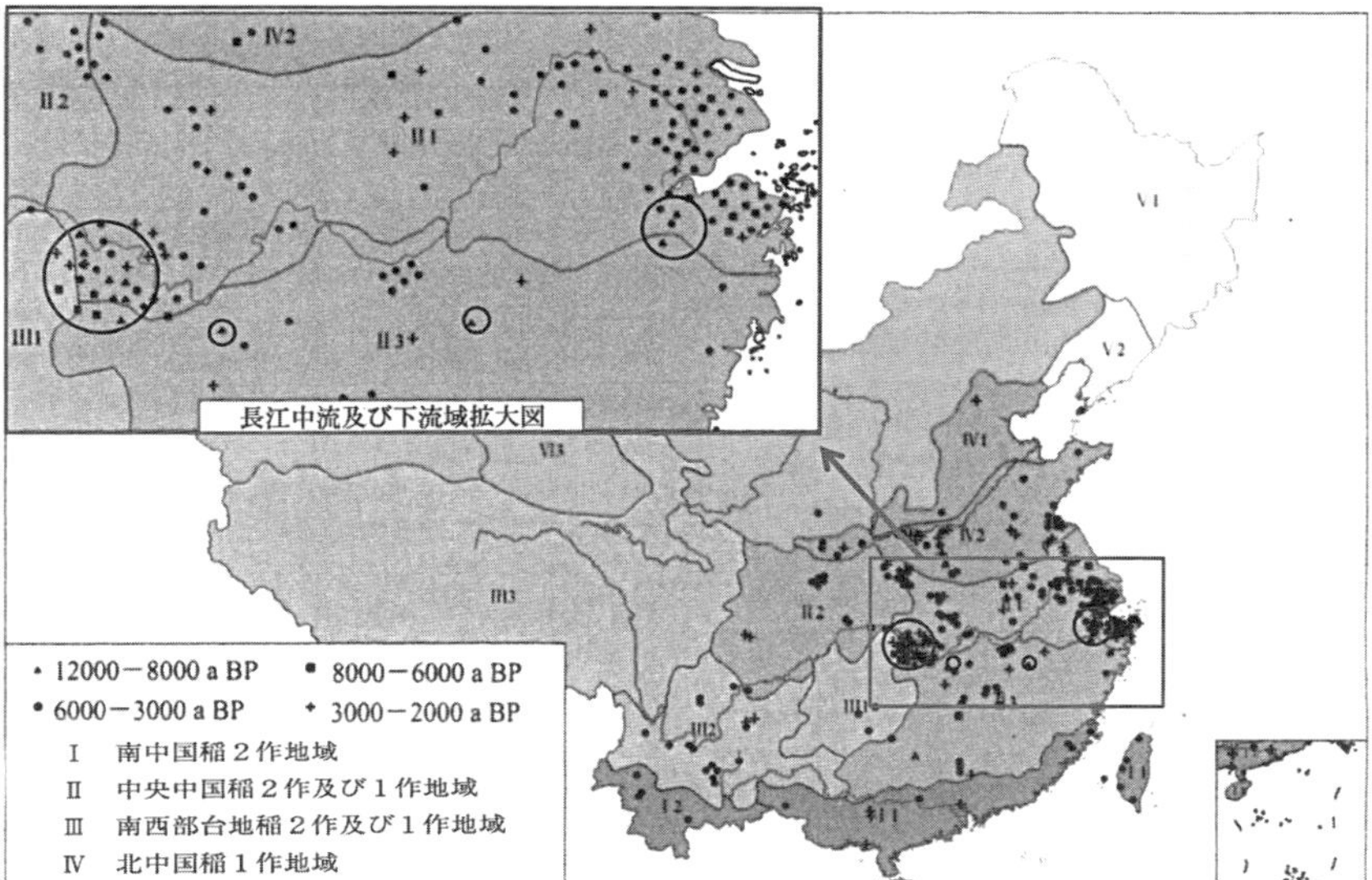

図１　中国における古代米の分布

（龔子同ほか 2012「中国における古代稲の時空的分布とその意義」『肥料科学』34 号掲載図を改変）

文時代にも一部、行われた可能性があるのではないかと思っています。

さて水田稲作は、基本的には菜畑《なばたけ》遺跡をはじめ板付《いたづけ》遺跡など、唐津から福岡にかけての玄界灘沿岸部に、まず流入しただろうと考えられています。菜畑遺跡で今のところ一番古い稲作遺構、水田が見つかっているわけです。ところが、有明海北岸を見てみても、かなり古手の石包丁などの遺物がありますし、水田の可能性がある遺構が、吉野ヶ里遺跡のすぐ近く田手《たで》二本柳《にほんやなぎ》遺跡で見つかっています。縄文時代晩期後半の夜臼《ゆうす》式土器の時期で、調査範囲が狭かったので確認までには至りませんでした。このようなことから、同時期あるいはわずかに遅れて佐賀平野にも水稲稲作が入ってきただろうということが、今のところ予測されます。

菜畑遺跡や板付遺跡では、当初から、出来上がった形の水田の景観を持っています。ですから、技術とともに伝わってきたということが言えます。

菜畑遺跡から出土した柱状片刃石斧と呼ばれるノミのような石斧や、穂摘み具の石包丁は、韓国で出土するものと見分けがつきません。木製の農具を含めて、初期の日本の稲作で使った農具は、ほとんどが朝鮮半島系のもので占められています。同時期の中国の石包丁は朝鮮半島や日本のものとはかたちが異なりますから、稲作は朝鮮半島で一段階を経て日本に入ってきたと考えるのが一般的ではないかと思っています。

佐賀平野の弥生文化の特徴

佐賀平野では、弥生時代中期以降—紀元前二〇〇年くらい以降に、無文土器と呼ばれる朝鮮系の土器が多く出土する遺跡が広がります。その最たる遺跡と考えられるのが、佐賀市の西隣、小城市の土生《はぶ》遺跡です。ここからは、朝鮮半島系の土器が大量に出土します。長期間、継続した集落であることがわかります。このような遺跡が、佐賀平野には多く存在しています。

福岡平野など玄界灘沿岸との違いを述べます（表1）。まず自然環境の違いとして、広い平野があるということが挙げられます。次に土器のかたちをみると、甕形土器はどちらかというと縄文土器の形を引き継いでいるような感じがします。また、佐賀大学におられた和佐野喜久生先生の研究成果によると、コメの形状も、同じジャポニカなのに、福岡平野のほうは短粒で、佐賀平野は長粒が多いということです（和佐野、一九九五）。

さらに、青銅器の生産が挙げられます。吉野ヶ里遺跡の弥生時代前期後半の環濠跡から、溶けた銅の滓やフイゴの羽口（先端）、取瓶のような土製品が出土していますので、前期後半から始まっていることは間違いありません。その後、青銅器の生産が中期前半になって、吉野ヶ里遺跡周辺へとその範囲が広がります。ただ、基本的に武器製作が中心です。

青銅器の副葬品として、多くの鏡が出土するということを、先ほど福岡での状況としてお話しいただきましたが、佐賀では鏡の数は少ないのです。中国の鏡を副葬する墳墓の数では福岡よりむしろ多いのですが、一つの棺に副葬されている数は少ないのです。またあとで詳しくお話しします。

吉野ヶ里遺跡では、朝鮮半島系の土器の破片が多く出土します。朝鮮半島の土器と同じかたちのものと、少しかたちを変化させたもの（擬無文土器）が、日本の弥生土器と共存しています。集落全体の

表１　玄界灘沿岸と佐賀平野との自然・文化の違い

	玄界灘沿岸	佐賀平野
地理的条件	荒れる海、狭い平野	波静かで干満の差が大きい海、広大な平野
初期弥生土器の形態	如意形口縁甕 	突帯文甕 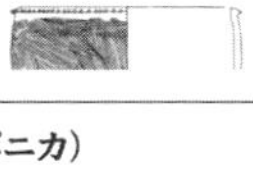
稲の形状	短粒（ジャポニカ）	短粒・長粒（ジャポニカ）
半島系無文土器出土数	少ない（半島無文土器）	多い（半島無文土器⇒擬無文土器）
青銅器生産	中期後半から開始（祭器が主、春日市）	前期から開始（武器・武具が主、一部祭器、鳥栖・神埼・佐賀・小城）
青銅器副葬	多数副葬例（断続的）	1棺1点副葬（継続的）
中国製鉄製武器出土数	少ない	多い
環壕集落の主な形態	一重環壕	多重環壕、環壕に突出部あり

様々な場所から出土します。

初期の鋳型として、佐賀では矛や戈、剣の鋳型が出土していますが、ほぼ同じ紀元前二〇〇年頃に、珍しい中国の鉄器が入ってきています。福岡平野でも弥生時代中期前半に鉄器が入ってきていますが工具が主です。ところが、吉野ヶ里遺跡から出土したものは竹簡・木簡を削る文房具である青銅の環がついた上質の刀子や、棺本体と蓋の間につける蝶番《ちょうつがい》です。ほかの地域からは出土しない、かなり珍しいものだと思います。

朝鮮半島系の土器が出土する遺跡の分布は佐賀平野が中心で、初期の鋳型が出土する遺跡の分布も佐賀平野が中心になります（図2）。前述の須玖タカウタ遺跡で弥生時代中期前半の鋳型が出土していますが、この後、中期後半になると、福岡平野の春日市の須玖遺跡群が生産地の一大センターになっていきます。ただ、その前のセンターは、佐賀平野であったといえます。

図2　朝鮮系無文土器をもつ集落（上）と初期青銅器製作集落の分布（下）
（大阪府立弥生文化博物館1997文献の図を改変）

小郡市の片岡宏二さんの研究で、福岡平野では、渡来した人々が長く居ついてないのに対して、佐賀平野では長期間、渡来系の人々が住んでいたことがわかっています（片岡、一九九九）。
佐賀平野の弥生人は、一部、海岸部で縄文系の人々も見つかっていますが、ほとんど渡来系と呼ばれる人骨で占められています。

稲作の伝播と吉野ヶ里の祭祀

稲作農業に端を発したいわゆる〝天鳥船《あめのとりふね》信仰〟という、とくに船と鳥を対象とした信仰が日本の弥生文化でも流行しています。この源流は長江文明です。吉野ヶ里遺跡の近辺からも、鳥形木製品や、盾と武器を持ち、頭に鳥の羽をつけた戦士を描いた銅鐸形土製品が出土しています。吉野ヶ里遺跡からはゴンドラ形の船の木製品が出土しており、櫂をすえる櫂座が表現されています。これらは鳥と船を対象とした祭祀道具だろうと思います。

鳥取県稲吉角田《いなよしすみた》遺跡から出土した、土器に描かれた絵画は有名です。ゴンドラ形の船の上で、鳥の格好をした人々が漕いでいる、という図柄です（図3下）。

ちょうど日本の弥生時代にあたる、中国雲南省の石寨山《せきさいざん》遺跡の青銅器に描かれた絵画もまったく同じで、ゴンドラ形の船の上で、鳥の羽をつけた鳥人が漕いでいる図柄です（図3上）。弥生時代の日本がまさに同じ長江文明の文化圏にあったことがわかります。

おそらく稲作の伝播とともに、鳥と船に関する信仰も一緒に伝わって

中国雲南省石寨山遺跡（青銅器）

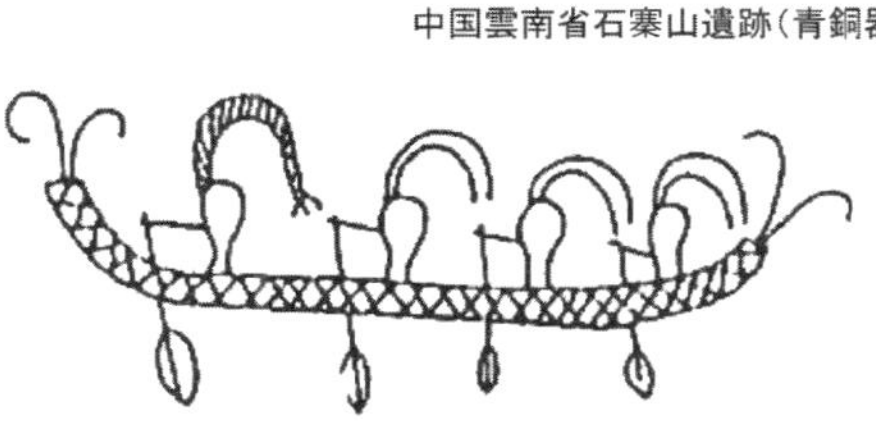

鳥取県稲吉角田遺跡（弥生土器）

図３　中国と日本の鳥人が漕ぐゴンドラ形の船

きたと考えて良いかと思います。その伝播の途中、韓国にも伝わったと見えて、鳥の木彫りが出土しています。鳥竿《ソッテ》といって現代まで残っている、村の入口などに立ててある鳥形木製品を乗せた竿についても、日本の縄文時代晩期にあたる朝鮮半島の青銅器に、二つに分かれた枝の上に鳥が二羽乗っている図柄が、すでに描かれています。おそらくこのように、朝鮮半島を経由して日本に伝わってきた文化現象だと考えられます。

日本の神話にも、こういった天鳥船という神話があります。現在も天鳥船を祀る神社がいくつか存在しております。

その他の祭祀道具としては、武器形をした木製品や、大型化した青銅器である銅戈が出土しており、これらを用いた祭祀が行われていました。これは、戦争とか悪霊を除くための一般的な祭祀です。銅鐸も、吉野ヶ里遺跡から、九州ではじめて出土しました。その銅鐸と同じ鋳型で作った兄弟銅鐸が出雲（島根県）から見つかっています。また、九州独特の銅矛を用いた祭りも島根県まで分布を広げます。刃部を研ぎ分けた、祭器としての機能を高めた佐賀産の銅矛が島根県荒神谷《こうじんだに》遺跡から出土しています（図4）。

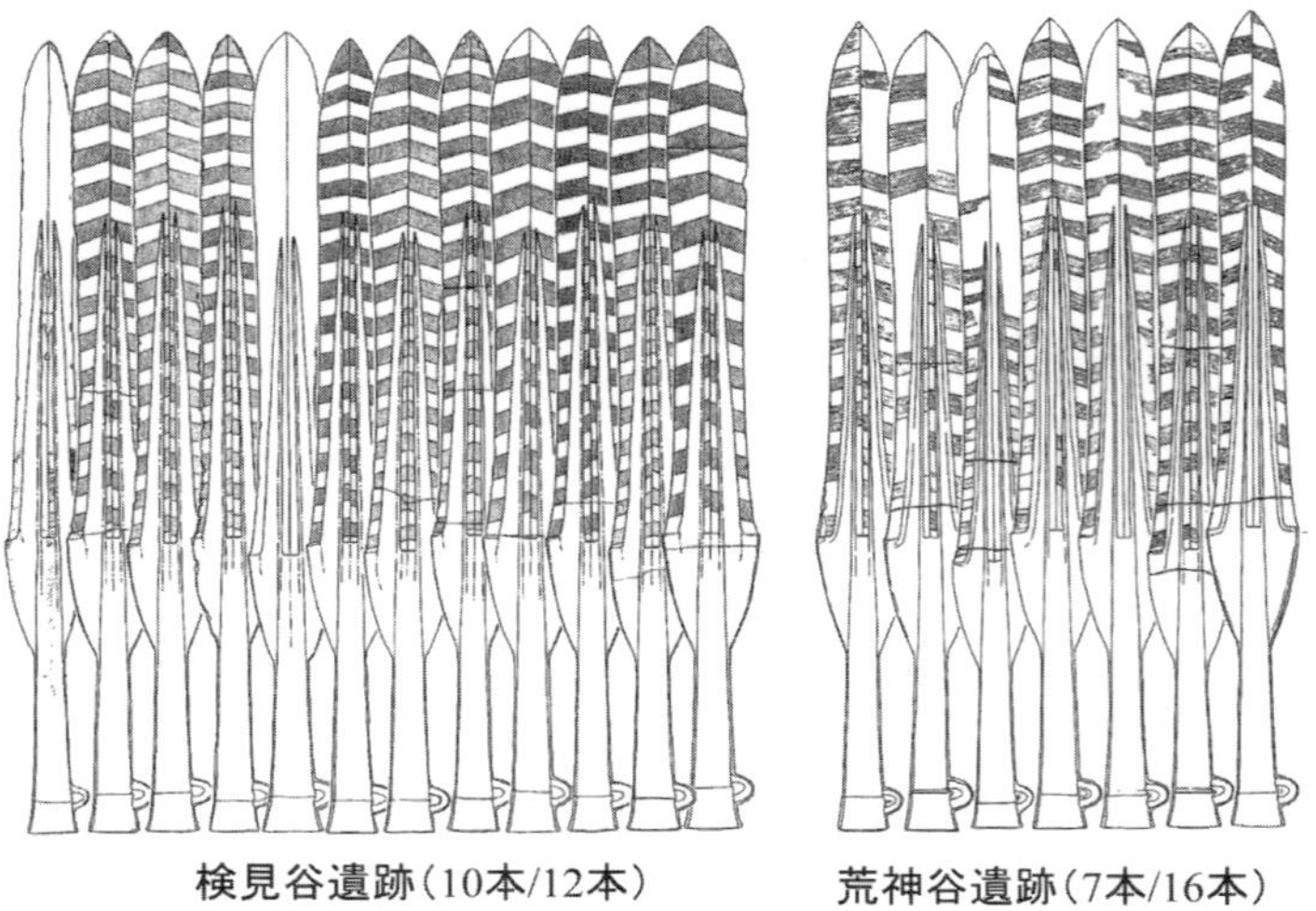

検見谷遺跡（10本/12本）　荒神谷遺跡（7本/16本）

図４　佐賀県検見谷遺跡と島根県荒神谷遺跡の研ぎ分け銅矛

また、吉野ヶ里遺跡では貝の腕輪をつけた司祭者と考えられる一人の老女の人骨が発掘されました。甕棺の中の土を取り除いたら、イモ貝という沖縄辺りで獲れる貝を割って磨いて作った腕輪が、左腕に一一個、右腕に二五個着いたままの状態でした。同じ貝殻ですが、輪切りと縦切りがあり、左右で同じ長さになるように装着しています。前もってこの甕棺の石蓋をあけたところ、甕棺の口と蓋の間に鏡面を外側に向けて鏡が置いてありました。蓋の重みで鏡は欠けていましたが、欠けた部分は中に落ち込んで出てきました。

この鏡は、前漢の八センチくらいの小型鏡で、「久不相見長毋相忘（ひさしくあいまみえずながくあいわするるなからんことを）」と銘が鋳出されています。このような司祭者、腕輪を着けて祭器を持った人が、佐賀平野では多くみられます。

吉野ヶ里集落の構造

弥生時代後期終末期の吉野ヶ里集落には、北に集落の中心となる北内郭、南の少し西に南内郭があり、貴重な文物を持った集団がいました（図5）。南内郭の西の低いところに高床倉庫を設けています。集落規模は南北約一キロで、北から西、南を環濠で囲み、東側は川を用いて防御ラインを形成していたと思います。この環濠で囲まれた中に、様々な施設を作っていました。最も北に中期前半に作られた首長たちを埋葬した墳丘墓があり、最も南に同じく中期前半に作られた、おそらく天を祭る祭祀場、

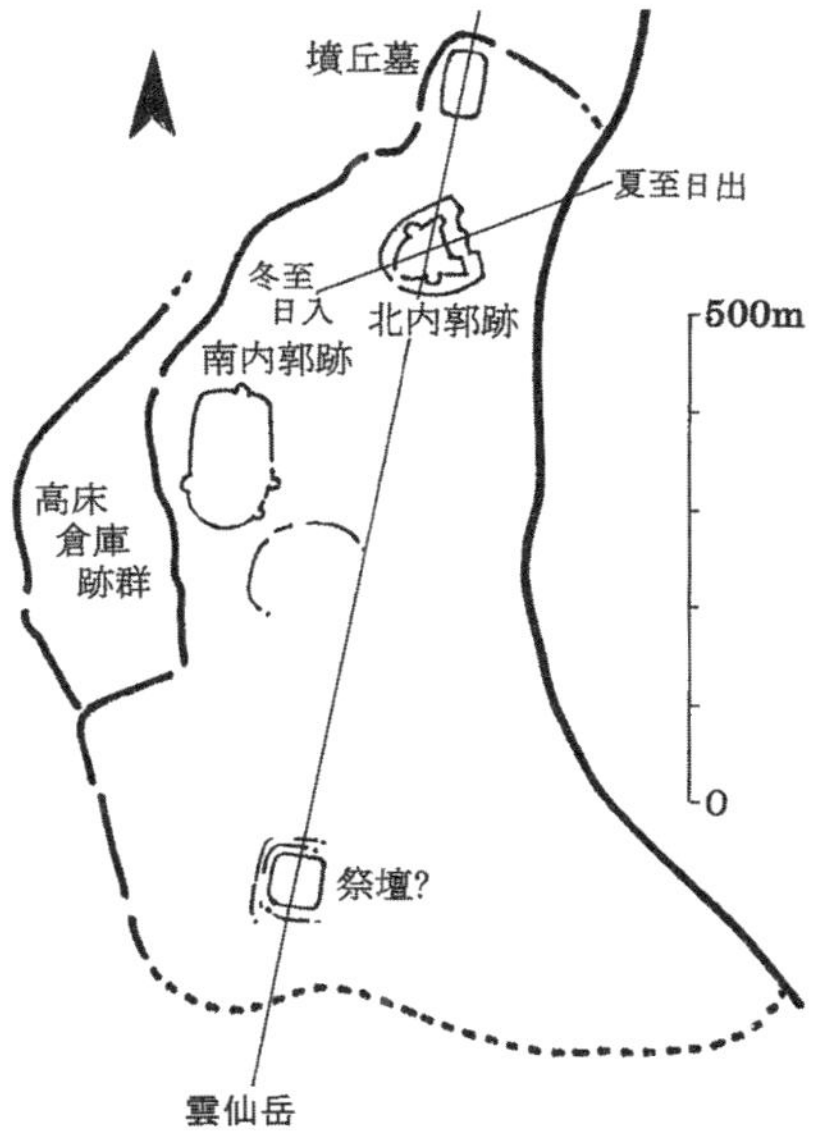

図５　弥生時代終末期の吉野ヶ里の構造

祭壇と呼んでいる盛土遺構が存在します。そして、墳丘墓と祭壇を結ぶラインのはるか南に雲仙岳の頂きが位置します。

この四〇〇年後の弥生時代終末期に、墳丘墓の南に同じような二重の環濠で囲まれた空間を設け、その中にひときわ大きい建物を建てています。一二・五メートル四方を超す建物です。四〇〇年後に、意識的にこのラインに合わせて高い建物を建てているわけです。さらに同じく終末期に、このライン上の、墳丘墓に近いところに小さい建物と一本柱が建てられています(図6右)。

同じような配置は、弥生時代中期後半の鳥栖市柚比本村《ゆびほんむら》遺跡でも見つかっています(図6左)。ここでは日本の弥生時代の建物の中でも一、二番の大きい建物が数回、建て替えられています。この建物の周りには祭祀用の土器が大量に埋まっていました。巨大な建物と小さい建物と一本柱があって、その先に墳墓が配置されています。柚比本村遺跡の墳墓からは、銅剣をもった墳墓群が集中して出土しました。おそらく墳丘墓だろうと思います。

このように佐賀平野では、過去の首長たちのお墓と、それを祀るような祭祀用の大きい建物などが、一直線上に並ぶという構造が、中期後半にはすでにできあがっていたことがわかります。

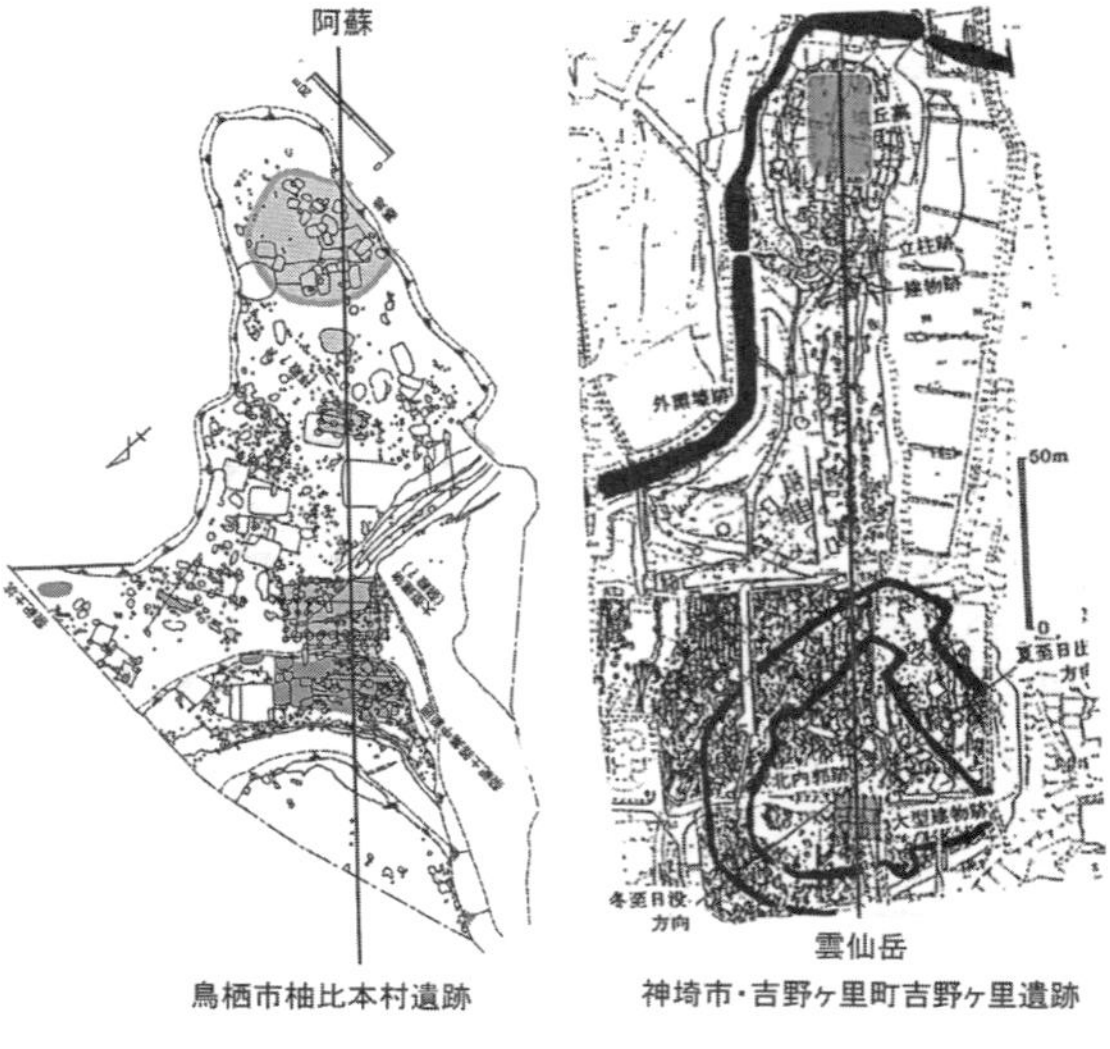

図6　吉野ヶ里遺跡と柚比本村遺跡の施設配置

中国の世界観と吉野ヶ里

以上のように吉野ヶ里遺跡では、南北軸を中心にして北から墳丘墓、立柱、小型建物、大型建物、祭壇、雲仙岳という配列があったと考えられます。同時に、この弥生時代の終わりぐらいに、二重の環濠で囲まれた北内郭と呼ばれる空間が形成されます。アルファベットのA字に近い平面形を二分する中軸線は、夏至と冬至の日の出、日の入りの方向を正確に向いています。このことからは、中国的な世界観や宗教観を感じ取ることができます。

中国の都では、前漢までは、東西軸が首長と臣下の配置構造になりますが、後漢になると、北に皇帝がいて南に臣下が侍るという構造に変わります。座西朝東から、座北朝南へと変わっていくわけです。これは、中国のどの城郭、都を見ても、このようなつくりです。

このことに関連して吉野ヶ里遺跡を見てみると、ちょうど前漢にあたる弥生時代中期の段階は、南に大きな集落をつくりますが、その辺りの丘陵の尾根に中心があって、大きい竪穴住居が多くみられ、掘立柱建

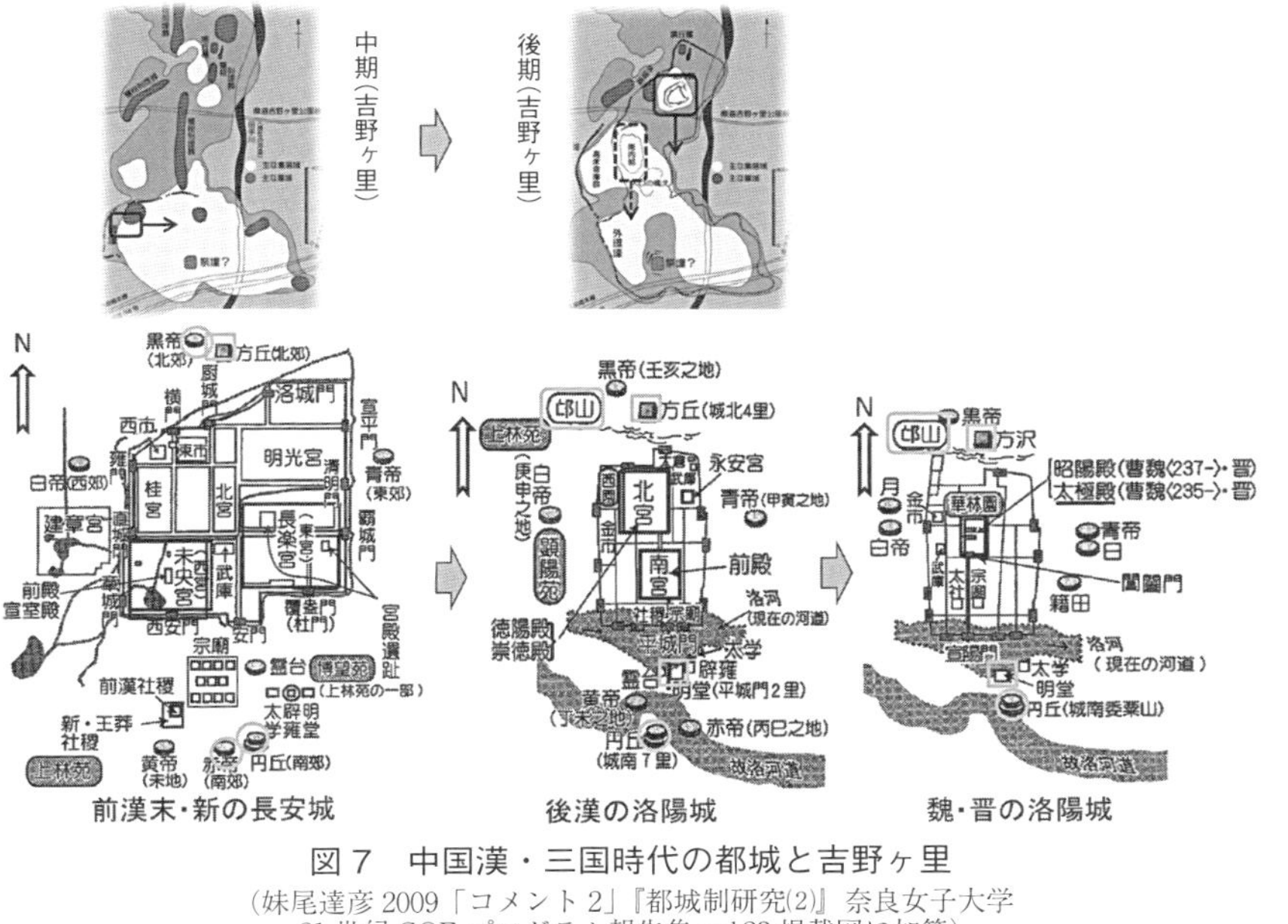

図７　中国漢・三国時代の都城と吉野ヶ里
（妹尾達彦 2009「コメント２」『都城制研究(2)』奈良女子大学 21 世紀 COE プログラム報告集 vol.23 掲載図に加筆）

物もあります。そして、東側のゆるやかな斜面に小さい建物が集まります。西に比較的大きな建物があり、東に小さな建物群があるということで、実は中国と似たような配置を取っていた可能性があります。

そして後期になると、北に墳丘墓―過去の首長たちを埋葬した墳墓があり、その次におそらく吉野ヶ里遺跡で一番の重要人物がいた北内郭、次いで身分の高い大人層がいた南内郭、そして最も南に多くの一般の人々がいます。このように、東西から南北へと首長と大人・住民層の位置関係が変わったことが、吉野ヶ里遺跡でも読み取ることができます。これが、中国の礼制の変化の影響を受けたものかどうかは、まだ検討しなければいけませんが、時期的には整合しています(図7)。

纒向《まきむく》遺跡は佐賀の影響をうけた?

初期ヤマト王権の中心地、今の奈良県桜井市には、邪馬台国の中心集落ではないかと言われている纒向遺跡があります。纒向遺跡の大型建物など三棟の建物は中軸を揃えてほぼ東西方向に建てられていますが、中軸線の延長が斎槻岳《ゆづきがたけ》の頂上を向いています。また、卑弥呼の墓とも言われる箸墓《はしはか》古墳や、初期大和王権の古墳群の前方後円墳の主軸も、この斎槻岳や視界にそびえる龍王山の五二〇メートルの山頂を向いています。つまり、初期の天皇や皇族を葬った前方後円墳は、ある山の頂上を目指してつくられています。このようなことは、それまでの近畿地方ではみられないため、九州北部、おそらく吉野ヶ里遺跡を中心とする佐賀平野の配置を参考にしたのだろうと考えられています。東海大学の北條芳隆先生が、最今、このような研究をされています(北條、二〇一三)。

吉野ヶ里集落内の施設と環濠

次に集落施設の構造の問題です。南の中心部である南内郭は、外側に大きな深い環濠を作り、内側の一番高いところを一重の環濠で囲み、数ヶ所の環濠を外側に突出させて、その内側に物見櫓を作っています（図8）。北の中心であり、二重の環濠で囲まれた北内郭は、左右対称形のかたちをしており、中軸線が冬至・夏至のラインにあたることは先ほど紹介しましたが、ここでも環濠を突出させその内側に建物を作っています。日本の弥生時代集落の中では、非常に特異なかたちです。

北内郭唯一の入口は環濠を掘らずに、土橋にして入口にしています。二重の環濠のそれぞれの土橋は左右にずらされており、真っ直ぐには入れないように作り込まれ、この鍵形の通路には柱を立てて頑強な塀を作り、中への侵入を防いでいます。このような特異な構造物が、吉野ヶ里遺跡にはあるのです。

吉野ヶ里遺跡では環濠のあちらこちらに突出部があり、そのすべてに物見櫓が建っています。吉野ヶ里遺跡以外に、物見櫓は建っていないものの、このような環濠突出部をもった環濠が佐賀平野を中心に分布していることは注目されます（図9）。

環濠に突出部をもつ集落の分布については、吉野ヶ里遺跡周辺の佐賀平野で一一遺跡と集中しますが、佐賀平野から遡った筑後川の上流にあたる大分県の日田にもこのような環濠突出部を持った集落が一ヶ所、筑後川下流の久留米や八女でそれぞれ一ヶ所ずつ見つかっています。

最近でも、全国あちこちで新たな環濠集落跡が見つかっていますが、このような突出部はなかなか見つかりません。近畿地

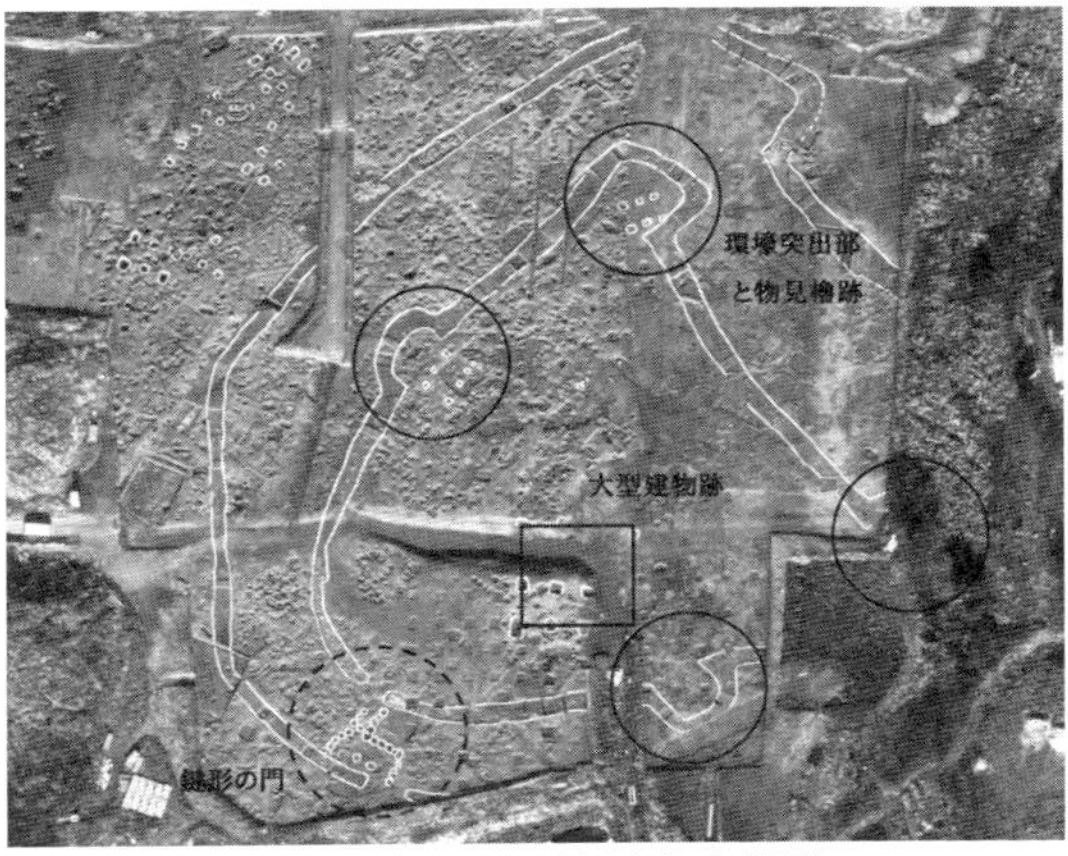

図8　吉野ヶ里遺跡北内郭跡
（佐賀県教育委員会 2015『吉野ヶ里遺跡―弥生時代の集落跡―（第2分冊）』に掲載写真に筆者加筆）

方にも少し突出させたように見える環濠跡もありますが、不明瞭で、佐賀の環濠のように意識的に突出させてはいないようです。

佐賀に多い突出部を持った環濠集落ですが、物見櫓が建っているのは吉野ヶ里遺跡のみです。その他の集落では櫓はありません。吉野ヶ里遺跡以外の集落では環濠が突出しているのみなので、集落間で格差があったのかもしれません。物見櫓については、弥生時代中期前半の福岡県小郡市の一ノ口《いちのくち》遺跡で、濠ではなく柵で囲まれた集落の一部に、柵を半円形に突出させて、そこに櫓を作った跡が見つかっています。ですから、いち早く有明海沿岸に中国的な施設が導入されたという感じがします。佐賀平野でも、古いものが見つかる可能性は十分にあると思っています。

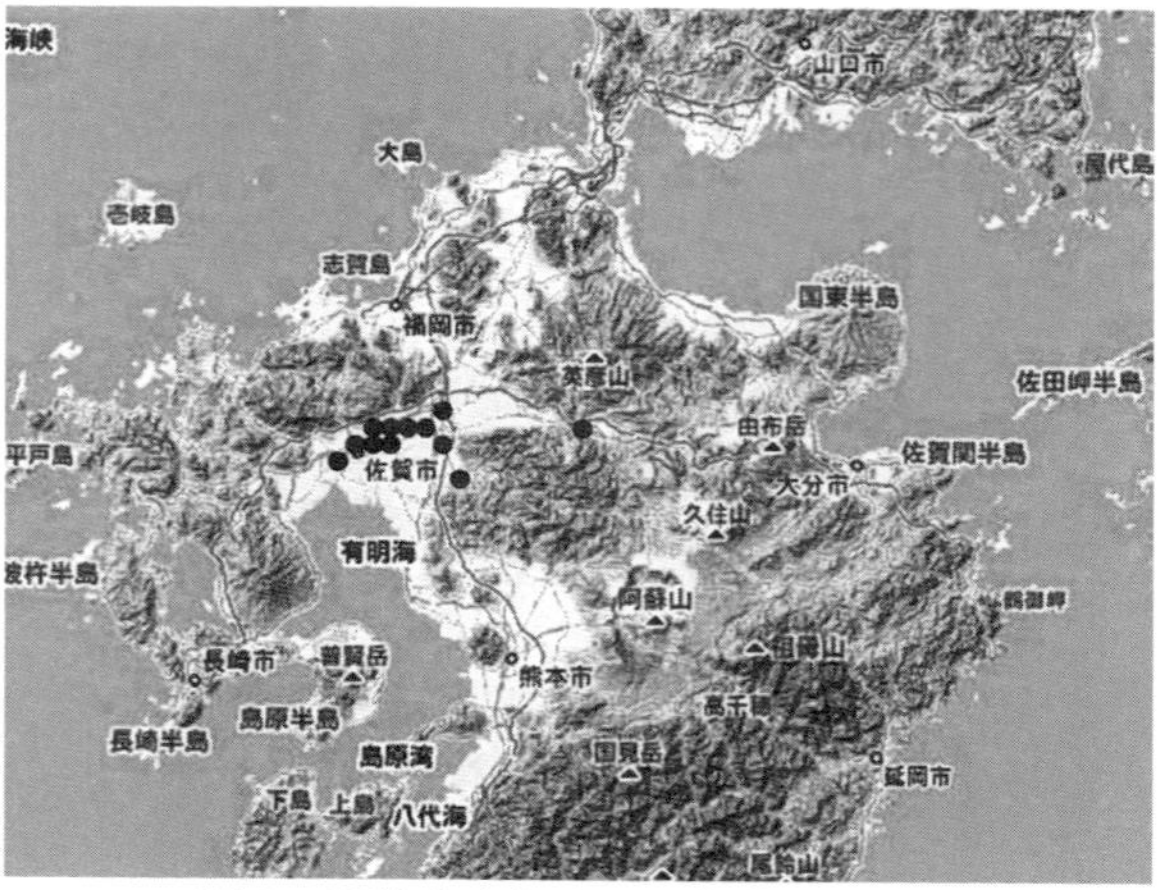

図９　環壕突出部をもつ集落跡分布図

中国の集落や城郭の構造

国内では例を見ない吉野ヶ里遺跡の環濠突出部と物見櫓の組み合わせや、鍵形の出入口の源流はどこにあるかというと、やはり中国しか考えられません。中国の集落や城郭では、古くから入口を鍵形に折り曲げたり、突出部を設けて防御したりしています（図10）。これが次第に定型化して、長方形基調に変わった城郭の入口や城壁の構造として一般化していくわけです。そして、必ず入口は折り曲げ、城壁の途中や角には突出部を設けるという構造に変わっていきます。このような鍵形の付属の入口を甕城《おうじょう》や護城《ごじょう》墻《しょう》と呼んでいます。突出部は、城壁の角に設けられたものが角楼《かくろう》、城壁の途中のものが馬面《ばめん》と呼ばれます。

中国では、『墨子』に「守城編」というものがあって、この中に城の作り方、守り方が事細かく書いてあります。これをもとに、のちの中国の城郭は造営されています。

朝鮮半島の城郭の構造

朝鮮時代の韓国の城郭は中国の城郭をモデルにしていますので、今、韓国各地に残る邑城《ゆうじょう》などを見てみると、城壁の付属施設である甕城や、護城墻、馬面、角楼などの構造がよくわかります。このような防御施設で内部を守っていたということです。

『魏志』東夷伝を読むと、中国の東の国や地域それぞれの集落構造や住居の形態などの違いが記されています（表2）。このことについて、日中韓で分担して、もっと研究を進められないかと思っているのですが、日本に関する記述を見ると中国的な施設の名称が列挙されています。高句麗にもそのような施設が少しあるくらいで、その他の国は簡単な記述で終わっています。

朝鮮半島については、とくに南の韓国でについては、馬韓に城郭なし、弁韓に城郭あり、辰韓に城柵あり、と記されており、地域によって区別されているのです。このことは、近年の韓国の発掘調査の成果と合致しています。環濠集落が発見されるか否かの状況と、非常に合っているのです。

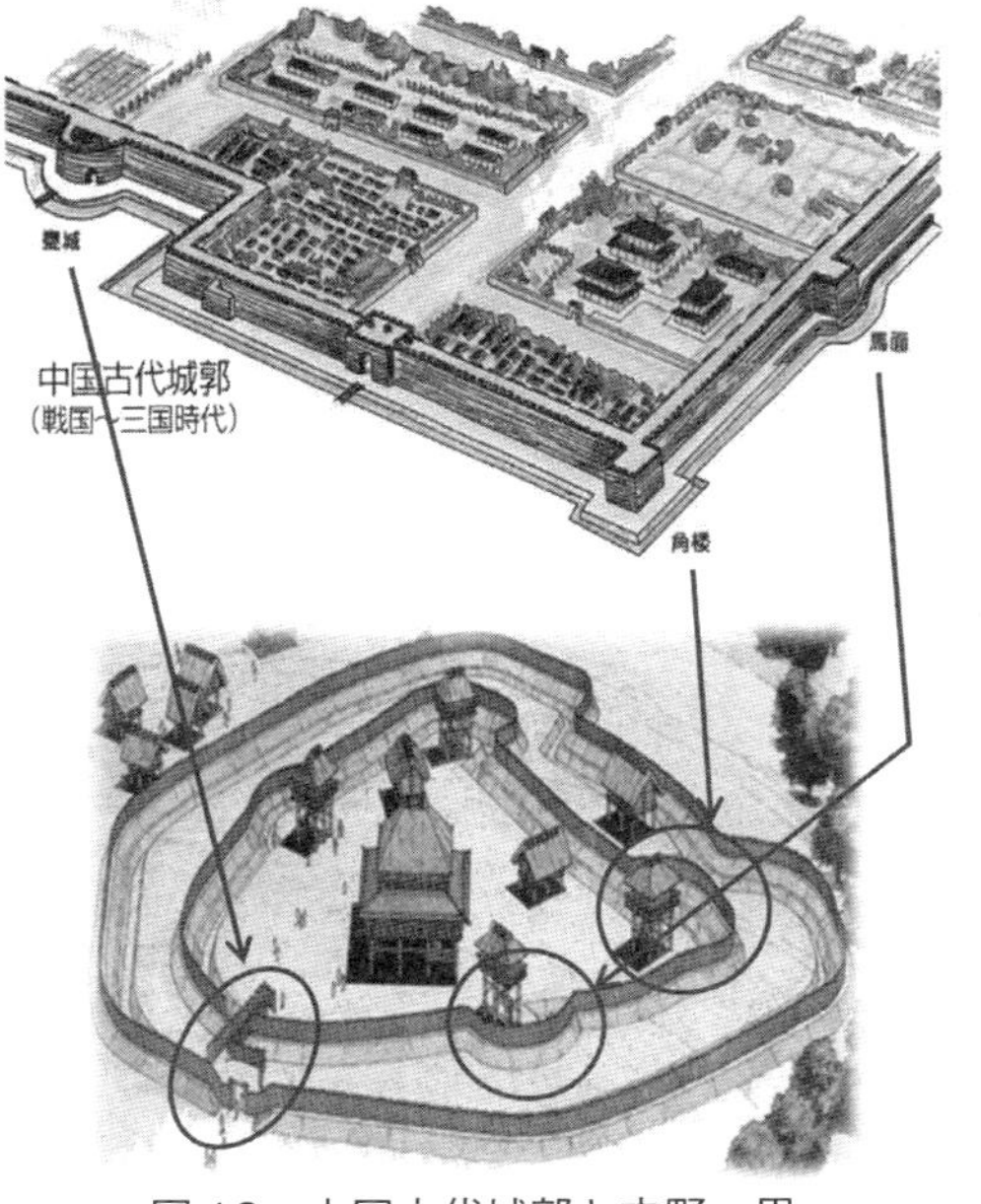

図10　中国古代城郭と吉野ヶ里
（上：来村多加志編 1994『戦略戦術兵器事典①』掲載原図を改変、下：国土交通省 1996『国営吉野ヶ里歴史公園建物等復元検討調査報告書』掲載原図に加筆）

漢時代の高句麗の国内城も、中国の城郭とまったく同じ構造で、城壁には甕城や護城墻といった入口や、角楼や多くの馬面を設けています。

楽浪郡治跡は、今はほとんど壊されて、マンションが建っていると聞きましたが、古い地形図を見てみると、高まった部分があちこちに残っているので、馬面とか角楼といったものが配置されていたことは間違いないと思っています。

韓国釜山の少し東のほうの梁山というところの平山里遺跡は、今のところ韓国で唯一、少し中国の城のまねをしている感じがする遺跡です。濠を一幅分、前後にずらして片方をL字形に突き出しています。おそらく護城墻のような構造の入口を作ったのではないかと思っています。環濠の内側に柵を並べて、外側に掘り上げた土を積んでいましたが、入口を入ったすぐ左側に、物見櫓のような建物が発掘されていました。韓国では、今のところ、これが唯一、中国式城郭の構造を一部取り入れたものと考えています。

吉野ヶ里遺跡では、外側の環濠についても、中国の城郭をかなり意識したつくりが見て取れます。濠を大きく突出させたり、入口左右の濠の掘り方を前後にずらしたりするようなつくりは、やはり中国の城を見ていないとできないつくりではないかと思っています。

表２　『三国志』魏書東夷伝の主な内容（集落・施設関係のみ）

地　域		国数・戸数	首長・官吏等	集落構造関連の記述
夫余	中国吉林省一帯	八万	君主	宮室・倉庫・牢獄あり
高句麗	中国遼寧・吉林省北朝鮮北部	三万	王あり。大君主なし。	都、宮室、小城、宗廟、大倉庫なし。牢獄なし、大屋をたてて鬼神を祭りまた霊・星・杜稷を祀る
東沃沮	北朝鮮咸鏡北道一帯	五千	大君主無し、長帥	居処は句麗に似る
挹婁	中国吉林省・ロシア	—	大君主無し、大人	常に穴居す
濊	朝鮮半島東半部	二万	大君長無し、侯・邑君・三老	疾病で死亡すれば旧宅を捐棄し新居を作る
韓　馬韓	朝鮮半島南西部	五〇余国、一〇余万	長帥、臣智・邑借	城郭無し、草屋・土室、居処は冢のような草屋・土室をつくるが出入り口は上にある。諸国には別邑あり。
辰韓	朝鮮半島南東部	二四国、四～五万	渠帥、臣智・険側…	城柵有り、小別邑。
弁韓	朝鮮半島南部			城郭有り、居処は辰韓と同じ。かまどを設けるにみな戸の西にあり
倭	西日本	三〇国（七国で二〇万戸超）	女王・一大率・大倭、諸国に長官、副官	都、宮室・楼観・城柵、邸閣、屋室、国々に市あり

吉野ヶ里遺跡の倉庫群

南内郭の西の斜面、低地からは多くの高床倉庫が見つかりましたが、そこにあったのは高床倉庫群だけではないと思います。「魏志倭人伝」に「国々市有り」と記してありますので、市があった空間ではないかと考えたわけです。当時は船が輸送の基本的な運搬手段であります。『史記』や『漢書』には、市と大きな倉との深い関係が述べられています。また、市楼と呼ばれる市を管理する建物の記載も多くみられます。

このようなつくりを吉野ヶ里遺跡に当てはめると、南内郭西の高床倉庫群がある辺りと似ているのではないかということです。高い身分の人々が住んでいるすぐ西の低いところです。これらの倉庫群は、すべて同時期ではありませんが、おおよそ弥生時代の終わりくらいの倉庫群が集中して見つかりました。とくに南内郭すぐ西の外環濠と溝との間の細長い部分は、大きい倉庫で占められています。また、倉庫群の中で高層建物の跡が見つかっていますが、おそらく市を管理する目的で建てられた可能性があります。

集落の構造について、中国的な色合いが濃いと考えて検討すると、中国から影響を受けたのではないかと思われる空間が多いことがわかってきました。

倭の貢納品「生口」

志賀島の金印については、常松さんから詳しいお話がありましたが、そのときの日本からの貢納品が何であったかについては、『後漢書』に記載がありません。その後一〇七年の倭国王帥升《すいしょう》の遺使から以後に、貢納品についての記述があります。日本から贈った主なものは、生口です。生きた人間を贈っています。最初は倭国王帥升が一六〇人の生口を贈りましたが、金印は下賜されていません。倭国王帥升という人物は、『通典』など後の中国の様々な記録に引用された『後漢書』によると、「倭の面土国王師升」や「倭の面土地王師升」とあります。面土といえば、米多です。米多というと、吉野ヶ里周辺の地名で、現在、米多《めた》とか目達原《めたばる》という地名として残っています。米多国造《めたのくにのみやつこ》が、古墳時代に吉野ヶ里周辺の地をまとめた国造です。いずれにせよ、面土と米多は関係深いと思っています。帥升が吉野ヶ里の王であった可能性が高いと思っています。この遣使以後、吉野ヶ里集落の中国化が急速に進みます。そのあとの卑弥呼や壱与も、引き続き外交の貢納品として生きた人間である生口を納めています。生口はこれまで通常、奴隷あるいは技術者などと考えられてきました。

『論語』には、孔子が、中国では道徳がなくなったから、道徳を守っている東のほう（九夷）に行って住みたいという一節があります。この九夷はどこの国でしょうか。『漢書』地理志を読むと、有名な「夫れ楽浪海中に倭人有り」と初めて日本が外交をした記述がありますが、実はその直前に、孔子が道徳を守っているところへ行きたいと言ったという『論語』の内容が書いてあるのです。そのようなわけで、やはり孔子が行きたかったのは日本だったのではないかと考えられはじめています。京都大学の岡村秀典先生は日本から贈られた生口というのは、道徳を守っている人々ではないかという考えを示されています（岡村、一九九九b）。私もまったく同感です。

遣唐使の記録によると、中国の地元の下級役人が日本の遣唐使に対し、礼儀に厚い君子国と認識している記述がみえます。下級の官人でさえ認識しているのです。そういった記述が、『日本書紀』などに残っています。

共立された吉野ヶ里のクニの王

生口などを貢納した弥生時代の対中外交の見返りの下賜品として、銅鏡や鉄製大刀などをもらっています。吉野ヶ里遺跡周辺でも中国の鏡が出土しますが、確かに、奴国や伊都国に比べると数は少ないです。一人一面しか持っていません。佐賀平野全体でいうと四十数面見つかっていますが、一人の棺からは一面しか出土しません。それでは彼らが首長ではなかったかというと、わたしはそうではないと思っています。当時の中国の最新式の武器、素環頭大刀とともに出土するものがあるのです。

吉野ヶ里遺跡周辺では、弥生時代中期の終わりから後期後半にかけてのあちらこちらの墓地から、順を追って鏡が出土します。しかし、吉野ヶ里遺跡の近辺からは大きな鏡は出土しません。そこで、わたしは、吉野ヶ里集落に君臨した首長は、吉野ヶ里のクニ全体の集落から選ばれたのではないかと考えました。地域全体で王様を共立する、適当な人を選ぶという社会であったかと思います。選ばれ共立された人物がクニの王になって吉野ヶ里集落へやって来て、亡くなったり、王の身分を譲った時に出身の集落へ帰る、という構図です。佐賀平野では権力が分散してまとまりがなかったとする考え(岡村、一九九九a)には同調できません。

常松さんは以前、九州北部の各地域の首長の動向について表にまとめられましたが(表3)、その研究でもわかるように、佐賀では、中期後半以降後期後半まで、中国の鏡が出土します。しかしどの墳墓からも、出土するのは一面のみです。ところが、福岡や糸島など他の地方は途中の時期が空いていますが、佐賀では途切

表3　地域ごとの主要弥生時代墳墓の様相

時期	唐津	糸島	早良	福岡	筑紫	佐賀	糟屋・宗像	遠賀川流域
前期(後)		志登・新町	藤崎	伯玄社・金隈	中寺尾		久原	
中期前葉(前)	徳須惠	飯氏、石崎	吉武高木・大石、岸田、有田、野方久保	板付田端	大木 三沢ハサコの宮	東山田一本杉、尼寺一本松、本村籠	馬渡東ヶ浦、皇石	
中期前葉(後)	宇木汲田	久米　向原、西古川	吉武大石、岸田	諸岡		吉野ヶ里墳丘墓、高志神社	朝町竹重、田熊石畑	原田
中期中頃	宇木汲田	(+)	吉武樋渡・浦江	須玖岡本		吉野ヶ里墳丘墓	久原	鎌田原
中期後半(前)	中原	三雲南小路	吉武樋渡、東入部・岸田	須玖岡本D地点・上月隈	東小田峯 隈西小田	吉野ヶ里墳丘墓	冨地原梅木SK-1	立岩 鎌田原
中期後半(後)	(+)	(+)	有田 117 次、丸尾台	門田		二塚山K-15 吉野ヶ里K-2775	冨地原梅木 朝町竹重	立岩
後期(前)	桜馬場	井原鑓溝、井原ヤリミゾM-17、飯氏K−7	有田 117 次K-2	須玖岡本B・宝満尾・宮の下		二塚山 K-46・76　三津永田K-104・105 二塚山 D29 石動四本松	朝町竹重	五穀神社 笹原石棺墓
後期(後)	中原	平原１号墓、東二塚、三雲寺口	野方塚原、野方中原S-3	日佐原石蓋土壙墓	良積K-14	松葉、横田S、一本谷、椛島山、原古賀、城原三本谷	徳重高田石棺墓	原田S-1

このころ吉野ヶ里周辺には特別な中国製品が流入

朝鮮系文物

中国系文物

※福岡市教委 常松氏作成(一部七田加筆)　K:甕棺墓　M:木棺墓　S:箱式石棺墓　D:土坑墓

れ目がない状況で継続して出土しています。佐賀ではまだ発掘が盛んではないので、おそらくもっと出土すると思います。このような点も、福岡や糸島地方との大きな違いです。

中国洛陽の、とくに後漢の高官を葬った墳墓群での鏡の副葬数を、「洛陽焼溝漢墓」の報告書（中国科学院考古研究所編、一九五九）をもとに見てみました。一人で埋葬されていた四〇例を見たところ、鏡を一面副葬した人が三六例で、ほとんどを占めています。二面を持った人が三人、三面を持った人は一人です。つまり、中国の高官も副葬する鏡は、一面が基本だということです。ですから、須玖遺跡や三雲遺跡群の三〇枚、あるいはそれ以上の枚数の鏡を持った人物は、その身分が、本当に首長なのか司祭者なのか、つまり世俗的な首長なのか、祭祀的な首長なのかを、もう一度考え直さなければいけないと思っています。中国の風習などを知っていたら、やはり副葬する鏡は一面だろうと思うのです。

おわりに

このように、佐賀平野は中国の文物を受け入れてはいますが、さらに遺跡や遺構の構造的な面でも中国文化が見て取れる、特異な地域だということが言えるのではないかと思います。ただ、福岡平野や糸島もかなり早い時期から開発が進んでいて、広い範囲を面的に発掘できる機会がないと思います。両者が同じ条件で遺跡を発掘できたら本当の比較ができるのですが、佐賀の方が開発が遅れたので、このようなことがわかったのかもしれません。

そうであってもこれまでに発掘された遺跡を比べてみると、やはり佐賀平野のほうが、より思想的にも中国に近い地域であったと思っています。これは、中期以来、渡来人がたくさん住んでいたということにも起因しているのではないかと考えています。佐賀の中の中国文化の特徴を述べました。ありがとうございました。

引用・参考文献

大阪府立弥生文化博物館　一九九七『青銅の弥生都市―吉野ヶ里をめぐる有明のクニグニ―』

岡村秀典　一九九九ａ『三角縁神獣鏡の時代』吉川弘文館

岡村秀典　一九九九ｂ「漢帝国の世界戦略と武器輸出」『戦いの進化と国家の生成　人類にとって戦いとは1』東洋書林

片岡宏二　一九九九『弥生時代　渡来人と土器・青銅器』雄山閣

蒲原宏行　一九九五「九州２（佐賀県）」『ムラと地域社会の変貌―弥生から古墳へ―第三七回埋蔵文化財研究集会発表要旨資料』埋蔵文化財研究会

佐賀県教育委員会　一九九二『吉野ヶ里遺跡―神埼工業団地に伴う埋蔵文化財発掘調査概要報告書―』佐賀県文化財調査報告書第一一三集

七田忠昭　一九九六「日本の弥生時代集落構造にみる大陸的要素―環壕集落と中国古代城郭との関連について―」『東アジアの鉄器文化』韓国国立文化財研究所

七田忠昭　二〇一〇「拠点集落の首長とその墳墓―弥生時代中期から後期の地域集落群の動向の一例」『日韓集落研究の新たな視覚を求めて』日韓集落研究会

田中　淡　一九八九「「墨子」城守諸篇の築城工程」『中国古代科学史論』京都大学人文科学研究所

中国科学院考古研究所 編　一九五九『洛陽焼溝漢墓』科学出版社

寺澤　薫　一九九九「環壕集落の系譜」『古代学研究』一四六

北條芳隆　二〇一三「纒向遺跡　古墳群の配列は祭祀の空間設計に基づいていた！」『邪馬台国と卑弥呼の謎』週間新発見！日本の歴史八　朝日新聞出版

楊寛　一九八七『中国都城の起源と発展』学生社

和佐野喜久生　一九九五「東アジアの古代稲と稲作起源」『東アジアの稲作起源と古代稲作文化』文部省科学研究費による国際学術研究報告・論文

四 「魏志倭人伝」における諸国の里程問題について

龍谷大学教授
徐光輝

ここでは、三国時代の魏国と邪馬台国との交渉、女王卑弥呼が率いる諸国の位置関係とその里程問題について考えてみたいと思います。

周知のとおり、「魏志倭人伝」を含む『三国志』は三世紀の後半、西晋王朝の史官である陳寿が編纂した、後漢末に起きた黄巾の乱から三国時代についての史書です。この史書は正史として、司馬遷の『史記』と班固の『漢書』に次ぐ「前三史」の一つとして高く評価されていますが、文学史の上でも重要な文献です。陳寿は現在の四川省生まれで、自国の蜀漢が滅んでから西晋の都―洛陽に上京し、史官を務めました。彼が『三国志』を編纂する際に、主に西晋王朝が持っている魏の実録をもとに史料整理を行い、また蜀漢、東呉両王朝の実録なども多く読んだと推定されます。したがって『三国志』はかなり後に完成された『後漢書』とは違い、実録を含む一次史料の面においても信憑性が高いでしょう。一方、後世の『三国志演義』は小説として面白いところがたくさんありますが、『三国志』とはかなり異なり、史実理解には程遠いです。

このような経緯から考えると、「魏志倭人伝」も信憑性が高いように思われます。魏国側の記録係が、魏国の高官と卑弥呼の使いが面会する際に通訳の話を記録した内容が、実録の一部になったでしょう。もちろん、魏側の使いや商旅が往復する際に残した見聞や帰国報告なども重要な材料になったと思います。

しかし、「魏志倭人伝」を読んでみますと、本来ならば朝鮮半島の東南部から北東へ弓状に長く伸ばしていくはずの日本列島の一部、少なくとも西日本が、逆に南向きになっており、さらに約六〇〇年前の李氏朝鮮時代に描かれた古地図を読むと、日本列島全体が完全に南行し、現在の台湾島近くまで下がっています（図1）。漢魏時代には、すでに発達した羅針盤で方向を測定する技術があり、渤海や黄海を渡る船があったのにもかかわらず、なぜこのような誤りがあったのか、実に興味深い問題です。

まず、「魏志倭人伝」に出てくる邪馬台国に属する諸国の相対位置や里程の部分を見てみましょう。

Ａ　倭人在帯方東南大海之中、依山島為國邑。舊百餘國、漢時有朝見者、今使譯

図1　混一疆理歴代国都之図（龍谷大学図書館蔵）

所通三十國。

冒頭に倭の所在を示す方位の地理座標を、前漢時代以来の楽浪郡ではなく、帯方郡の名称を使っている。（筆者の簡単な意訳と解説、以下同じ）

B　從郡至倭、循海岸水行、歴韓国、乍南乍東、到其北岸狗邪韓國、七千餘里。

次に帯方郡から倭に至るには海岸に沿って七千里あまり水行する。

C　始度一海、千餘里、至對馬國、其大官日卑狗、副日卑奴母離。所居絶島、方可四百餘里。土地山險多深林、道路如禽鹿徑、有千餘戸。無良田、食海物自活、乗船南北市糴。

韓国東南部の海岸から対馬国に至るに千里あまり、この国には千戸あまり、約五千人の人口がある。

D　又南渡一海、千餘里、名日瀚海、至一大（支）國。官亦日卑狗、副日卑奴母離。方可三百里、多竹木叢林。有三千許家。差有田地、耕田猶不足食、亦南北市糴。

また南へ千里あまりの海を渡り、一支国に至る。三千戸あまり、約一万五千人の人口がある。

E　又渡一海、千餘里、至末盧國。有四千餘戸、濱山海居。草木茂盛、行不見前人。好捕魚鰒、水無深淺、皆沈没取之。

また南へ千里あまりの海を渡り、末盧国に至る。四千戸あまり、約二万人の人口がある。民は海の深浅を問わず、みな潜って魚介類を捕る。

F　東南陸行五百里、到伊都國。官日爾支、副日泄謨觚柄渠觚。有千餘戸、世有王、皆統屬女王國、郡使往來常所駐。

これから方向が変わり、東南へ五〇〇里行くと伊都国、人口は意外に少なく、千戸あまり、五千人あまりの人口だが、代代に王あり、女王国に属し、帯方郡の使節がよく駐在する。

G　東南至奴国百里。官日兕馬觚、副日卑奴母離。有二萬餘戸。
さらに東南へ百里で奴国に至り、伊都国との距離は短いが、二万戸、約一〇万人の人口がある。

H　東行至不彌國百里。官日多模、副日卑奴母離、有千餘家。
方向が少し変わり、東へ百里で不弥国、五千人あまりの人口がある。

I　南至投馬國、水行二十日。官日彌彌、副日彌彌那利。可五萬餘戸。
これから方向は南へ変わり、水行二十日で投馬国、五万戸あまり、二五万人の人口がある。「水行」のみ書いている。陸行は不便だったのか。

J　南至邪馬壹國、女王之所都。水行十日、陸行一月。官有伊支馬、次日彌馬升、次日彌馬獲支、次日奴佳鞮。可七萬餘戸。
さらに南へ水行十日か陸行一月で女王の都がある邪馬台国に至る。高級官階とみられる四つの職名が目立つ。特に七万戸あまり、約三五万の人口があるという。私が住んでいる滋賀県大津市の人口とほぼ同じくらい。

K　自女王國以北、其戸數道里可得略載。其餘旁國遠絶、不可得詳…次有斯馬國…次有奴國。此女王境界所盡。
今度は方向が一変し、女王国の北にある諸国については国名程度、または不明という表現で終わるが、女王国の果てだそうである。

上記のA～K条をよく考えると、帯方郡から女王のいる邪馬台国までは、途中わずかのところを除けば、長距離の移動は全部南行です。それが突然、邪馬台国から逆に北へとなり、どうも東海地方から本州島が次第に北折していくところまで至ったような気がします。
次の文を見てみましょう。

L　其南有狗奴國、男子為王。其官有狗古智卑狗、不屬女王。自郡至女王國、萬二千餘里…計其道里、當在會稽東治之東…所有無與儋耳、朱崖同。

その南に狗奴国があり、男性の王がいる。女王国に属しないということから邪馬台国には編入されていない国に違いない。次のM条には両国の不睦について明確に書いてある。L条では、続いて帯方郡から女王国まで計一万二千里あり…その道里においては会稽、東冶の東にあたるというので、長江下流域の浙江省やさらに南方にある福建省の東方までに至り…その物産は儋耳、朱崖と同じ、今の海南島一帯と同じだと記している。

L条に二つの問題があります。一つは、如何なる計算法でも「一万二千里あり」についての解釈は難しいです。もう一つは、女王国までは南方にあり、かつ三国時代の東呉王朝の版図に近いということだが、あとの国々は北にあるということです。

解釈として唯一考えられるのは、意図的に距離を長く捏造し、「親魏倭王」の卑弥呼が率いる邪馬台国の領土が魏王朝の敵である東呉王朝の近くまで広がっているとし、魏側にとって都合のいい位置関係を示そうとしたということでしょう。

結局、魏と倭のどちらがこのような誤った距離や領土を主張したのかが問題ですが、私は両方とも嘘をついた可能性があると思います。まず、魏から見た場合、全国統一のため、敵対国呉、蜀に同盟国があることを誇張する、所謂宣伝攻勢が必要です。なお、邪馬台国に三五万の人口があるなど、その軍事勢力をアピールする狙いがあったでしょうが、実際三五万の人口が生活するには広大な農地、大量の食料などの物資が必要なので、今後再検討する余地があります。

一方、卑弥呼からすると、二三八年に司馬懿らによって公孫氏一族が一掃され、帯方郡が魏の直轄となったことを注意深く確認してから翌年にすぐ使節を送り出すなど、魏の都合に合わせたい考えがあったと考えられます。
次に、卑弥呼と仲が悪かった隣国のことについて見てみましょう。

M　其(正始)八年太守王頎到官。倭女王卑弥呼與狗奴國男王卑弥弓呼素不和、遣倭載斯烏越等詣郡、説相攻撃状。遣塞曹掾史張政等因齎詔書、黄幢、拝假難升米為檄告喩之。

正始八年(二四七年)に王欣が帯方郡太守に赴任した。女王卑弥呼は兼ねてから狗奴国の男王である卑弥弓呼と仲が悪く、使いを帯方郡に送って、狗奴国との攻守状況を申したため、太守は張政らを派遣するなど、男王を告諭させた。

この記事から、魏が明確に女王の立場に立っている性格が読み取れますが、なぜ男王国と争っていたのかは問題です。男王国が現在の中部一帯にあったと考える説もあり、可能性がないとは言えません。ただ、魏の外交利益に直接関係しない限り、女王が支援を求める可能性は小さいでしょう。個人的には、まず、倭の魏への外交に大きな脅威となり得る地域を考える必要があると思います。前に分析した通り、「魏志倭人伝」は現在の福岡平野を中心に数国の状況を簡単に記してから邪馬台国に至るまでの諸国を記していますが、脊振山を境とする九州山地以南の状況についてはほとんど触れていないようです。個人的な推測ですが、有明海に面する佐賀平野を含む山南諸国も魏国と外交関係を結ぼうとしたが、女王が喜ばず阻止するため、関係が悪くなったと考えられます。結局、魏国はより大きな勢力を持つ邪馬台国を同盟国として選んだのではないでしょうか。

以上、「魏志倭人伝」に見られる、誤った里程記事問題において、魏と倭が一方的に、または両方とも、偽情報を作り出し、敵対国の呉などへの発信を狙った可能性があります。なお、女王国と仲が悪かった男王国の所在については、今後、九州山地以南の大国、または諸国連盟体のような地方勢力を想定する必要があると思います。

引用・参考文献

佐賀県教育委員会　一九九二『吉野ケ里』佐賀県文化財調査報告書第一一三集等
田中俊明　二〇一二「魏志倭人伝を読む」『歴史読本』四月号
中華書局　二〇〇一『点校本　二十四史　三国志』
長崎県埋蔵文化財センター　二〇一一〜二〇一六『原の辻遺跡』長崎県埋蔵文化財センター調査報告書第一・五・六・九・一二・一八集等

第Ⅱ章　日本神話と稲作文化

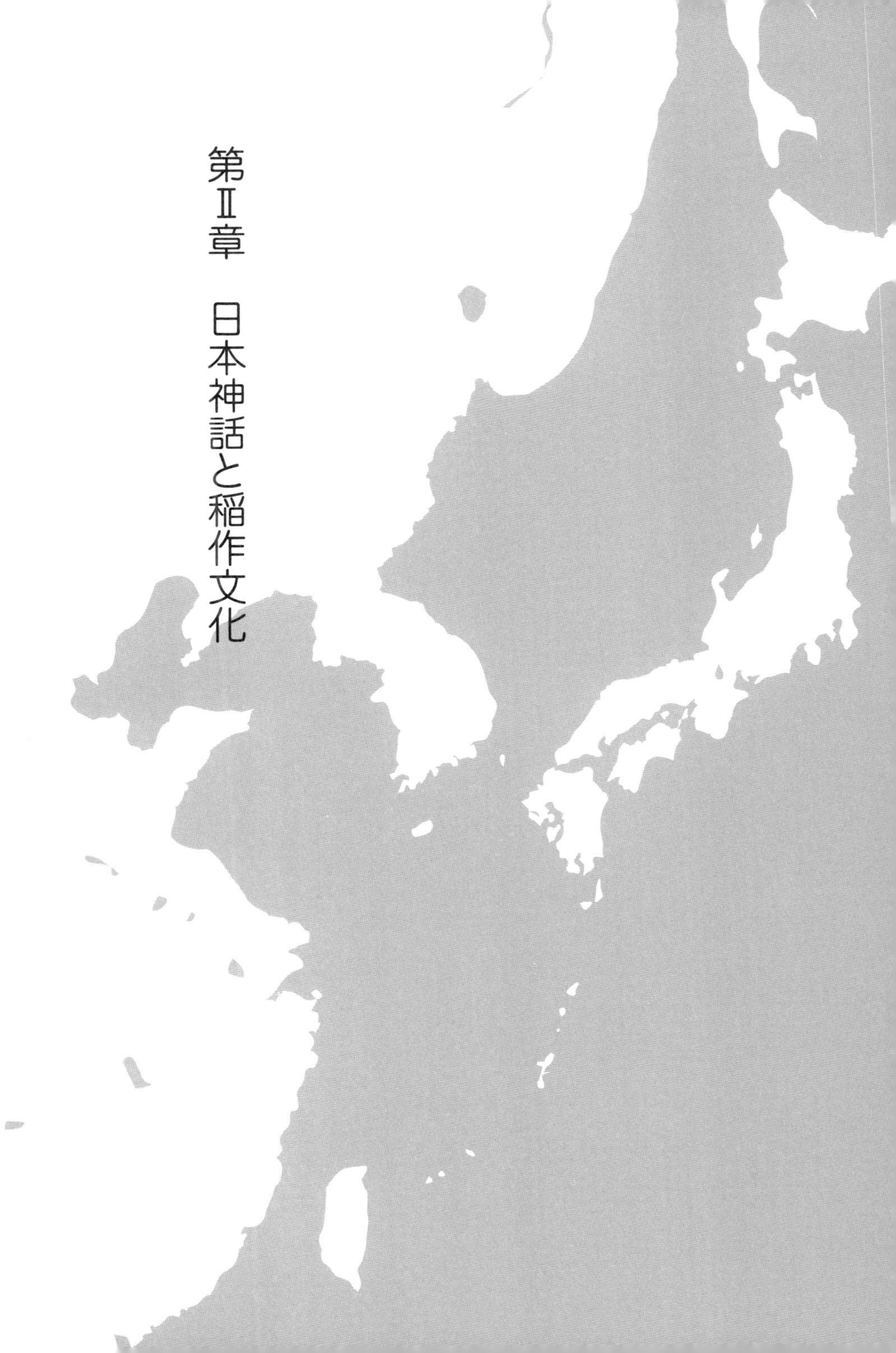

一　日本神話と雲南の神話―稲魂信仰をめぐって―

麗澤大学名誉教授　欠端　實

はじめに

私のテーマは「日本神話と雲南の神話」ということですが、サブタイトルといたしまして「稲魂信仰をめぐって」ということで、お話しさせていただきます。まず、今回どんなことをお話しさせていただくのかを申し上げておきたいと思います。

照葉樹林文化圏、あるいはモンスーン稲作地帯における稲作儀礼は、たいへん似ております。私は今まで雲南省、タイやラオス、インドネシアのバリ島や沖縄などを調査させていただきました。そして、たとえばバリ島はヒンドゥー教、タイは仏教、雲南の少数民族は、いろいろありますが、自然崇拝が多かろうと思います。このように宗教は違いますが、実際の稲作儀礼を見せていただきますと、非常に似ています。ほとんど同じである、といっても差し支えないと思います。当然、日本もその中に含まれております。今回は私が主として雲南でフィールド調査をいたしました結果と、日本の『古事記』『日本書紀』等に記されている神話の関係を見ていきたいと思います。

今日申し上げたいことは「大嘗祭《だいじょうさい》が、なぜ新嘗《にいなめ》の日に行われなければならないのか」ということです。

御存じのように、日本の場合、天皇の代替わりの時には、まず新しく天皇位を継承する践祚式が行われ、ついで内外の人々に即位の事実と決意を示す即位礼が執り行われます。その上さらにまた新嘗の日に大嘗祭が執り行われなければならないわけです。これはなぜでしょうか。そこに、私は、宗教性を見たいと思います。祭祀王としての天皇の姿が現れていると思います。

雲南の少数民族は国家を形成したことがありません。ですから、雲南省の少数民族の文化と、日本の文化を比較する場合には、政治的側面の比較は難しいと思われます。雲南の少数民族の新嘗祭には宗教的側面が強く見られますので、その点に限定して、雲南の少数民族の新嘗祭における宗教性と、日本の大嘗祭に見られる宗教性の比較をしてみたいと思います。結論として深い共通性が見られるということを申し上げたいと思います。

照葉樹林文化―雲南と日本の比較―

雲南も日本（西日本）も照葉樹林文化圏に属しておりまして、文化の面で様々な共通要素があるとされてきました。照葉樹林として、カシとかシイとかタブとかクスノキ、ツバキ、サザンカなどがあげられます。日本で神棚に供えられるお榊も仏壇に供えられる樒《しきみ》も照葉樹です。したがって日本人の信仰とか宗教の起源の一つは、特定の照葉樹を崇拝したところにあるようです。今日でも「御神木」として、注連縄が張られた大樹をいたるところで見ることができます。樹木の崇拝から後に柱の崇拝が生まれます。伊勢神宮で最も神聖視されているのは「心御柱《しんのみはしら》」です。

雲南の少数民族のハニの人々は、春先に聖樹祭を執り行います。アマトゥとかプマトゥといいます。アは天神、マは女性、トゥは祀ることです。プは村の意味です。天神である（あるいは村の神である）女神をお祀りする、という意味です。聖樹には女神が宿るとされている村が多いようです。

聖樹を村の守護神として祀るようになった由来に関しては、多くの神話、説話が残されています（雲南省民間文学集成辦公室編、一九九二）。ハニ族のアマトゥは、村人と家畜全体の無病息災と穀物の豊作を祈願して現在も毎年執り行われていますが、ハニ族以外にもプーイー族、イ族、ナシ族、ミャオ族など、多くの民族が聖樹祭を執り行っています。聖樹として祀られる樹木の種類は、大青樹、松、柏、栗、ツツジなど多様で、自分たちの御先祖として、家の神として、あるいは村の神として祀られています。日本と同じように、注連縄が張られた聖樹を見かけることもあります。

樹木崇拝から柱の崇拝が生まれてきて、「村の柱」を祀る祭りも多く行われています。

二〇〇九年一二月、私はワ族の村で、二九年ぶりに立て替えられる「柱立て」の行事を、一部始終見ることができました。この村は二度目でしたが、村の心臓ともいうべき柱の位置がほんの少しズレているということで、柱の作り替えと立て替えが行われることになったのです。今でも柱の崇拝は受け継がれています。

文明の十字路、雲南

雲南省は、日本よりもやや広い面積を持っております。昆明の南が稲作地帯で、ベトナム、ミャンマー、ラオスと国境を接しておりますし、タイとは一〇〇〜一五〇キロくらいの距離です。昆明より北は、チベット文化につながるところです。コメではなくムギ、ソバの世界であり、仏教もチベット仏教ということになってまいります。私が今回取り上げますのは、南のほうです。昆明より南の稲作地帯についてお話しします。

雲南省にいらっしゃったことのある方は、どのくらいおられるか存じませんが、雲南省と聞くと、山奥の一番奥の、本当に外界から閉ざされた場所である、というふうにお考えかもしれません。しかし、実際は違います。文明の十字路にあたるところです。雲南省西北部には、大きな河川が三つ、平行して流れています。非常に接近して三つの河川が、北から南へと流れております。そこを三江地方と呼んでおります。一つ目の金沙江は揚子江(長江)の上流です。二つ目の瀾滄江はメコン川の上流になり、雲南省からラオス、タイ、カンボジアを通ってヴェトナムで海に流れ注ぎます。そして三つ目の怒江はサルウィン川の上流で、雲南省からミャンマー領を南下しアンダマン海に流れ出ます。こうして雲南の河川は、はるか外海に向かって流れております。したがって雲南は決して閉ざされてはおりません。海の世界とつながっています。では、船はいったいどうするのかということですが、雲南地方は、竹が何百種類とございまして、ものすごく太い竹もあります。その太い竹を一〇本横に並べて束ねれば筏になります。皆さん、筏という字を思い浮かべてください。竹冠です。そういった筏は、今でも使われています。この筏の上には、車もウシも乗ります。したがって、船がなくても筏に乗れば、雲南の山奥からずっと海まで下っていけます。私は、そういうことを雲南の土地を歩いて初めて思い知らされた次第であります。

さらに、哀牢山脈から出ているソンコイ川(紅河)はハノイに流れています。哀牢山脈には、昔、夜郎という国がありました。「竹取物語」の発祥の地です。「竹取物語」が日本にまで伝播していることはご存知の通りです。

そればかりではありません。雲南は、西南シルクロードの基点といったらよろしいでしょうか。北の四川省と雲南省が、西南シルクロードの起点になっております。そして、絹、お茶、さらに竹製品を馬の背に乗せて—馬幇(マーバン)といいますが—西へ西へと運ぶわけです。どこまでいくのでしょうか? アフガニスタンまで行きます。紀元前一〇〇年代に、前漢の武帝が張騫という人物を派遣します。張騫は途中、匈奴に捕まったりしましたが隙をみてそこを逃れて、西へ西へと行って、今のアフガニスタンの北の国境をなしておりますアムダリア川まで辿りつくわけです。私もアムダリア川の河岸に立ったことがありますが、実に大きな川です。

そこで、張騫は何を見たのでしょうか。それは、雲南を通って運ばれてきた絹、それから竹製品です。お茶は記されていません(『史記』大宛列伝)。ただ、お茶は『法顕伝』には記されておりますので、間違いなく運ばれていたと思います。張騫は北のシルクロードを通れば匈奴に苦しめられるので、南の西南シルクルロードで大月氏その他の国々と手を握っていこうとしましたが、雲南の人々の反対にあって、結局もう一度北回りで西に行くことになったわけです。このことからも、雲南省は決して孤立した場所ではないことがわかります。大きな川で結ばれておりますし、西南シルクロードがアフガニスタンまで通じています。お茶が陸地を運ばれていきましたので、チャイハナ（チャイハネ）という、お茶を飲ませる店が、トルコのイスタンブールまで、ずっと点在しております。中国からアフガニスタンまで、最近にいたるまで緑茶を飲むことができました。雲南は文明の十字路にあたるといって差し支えないと思います。

稲魂信仰の宗教性

前述の雲南も日本も照葉樹林に恵まれ、樹木に対する崇拝が強まっていきました。その後、稲作が伝来してくると、稲の生命力に対する信仰が芽生えてきます。照葉樹林地帯、あるいは稲作モンスーン地帯では、稲に宿る神、稲魂信仰は非常に強く、かなり一般的に見られるといってよろしいかと思います。

この稲魂信仰が、それまでの聖樹崇拝に結び付いて雲南や日本の今日まで続く文化が形成されてきたわけです。イネに神が宿る—稲魂が宿るという考え、あるいは風俗、習慣というものは、現在の日本では見られなくなってきています。佐賀県でも新嘗祭を行っているというお話を聞き有田で見せてもらいましたところ、本当に核心のところだけが少し残っておりました。残っていたのは、新嘗の日に土地の皆さんが神社へお米を持っていき、神社からお餅をもらって帰るということのみでした。あとのことはすべて、なくなってしまっているという感じでした。

雲南省でお米を作っている人々には、様々な民族がいますが、強固に稲魂信仰が残っており、家ごとに、あるいは村ごとに新嘗祭が執り行われております。雲南には二五の少数民族があり、そのうち二〇の民族において、依然として稲魂信仰が保持されているということです。なぜそのようになったのでしょうか。

私は二〇一一年に皇居奉仕をしまして、天皇陛下が植えておられるマンゲツモチというもち米のモミを手でしごいてモミ取りをする作業をいたしました。その方法は、雲南の新嘗祭の時の新しい稲穂からモミを取るときの方法とまったく同じでしたので、大変印象に残りました。私は東南アジア各地の稲作儀礼の調査をしているものですから、正直、一粒欲しいなと思いました。そこで、友人に「一粒これをもらうわけにはいかないだろうか」と相談しましたら、友人いわく、「『それは陛下のものでございます』という返事が返ってくるにきまっているよ」ということで、諦めて黙って作業を終えた次第であります。しかし、どうしても欲しかったんですね。それで、宿舎へ帰る道すがら、目を皿のようにして、とうとう一粒拾いました。その一粒が嬉しくて、岐阜県の友人に送りました。それを、友人が翌年、まいてくれました。そういたしましたら、何と一粒のモミから芽が出て、二五〇〇粒実りました。驚きました。さらに翌年、それをまきましたら、二四キロの収穫です。また翌年、それをまきますとなんと三〇〇キロになりました。一粒の米が、三年後に三〇〇キロになるんですね。私は稲作の伝播ということに関しましても、それ以来、考えが変わりました。一粒でいいんですよ。一粒だけあれば、十分なんです。気候風土さえ許すならば、稲は芽を出して、大変な生命力を発揮することがわかりました。

マンゲツモチは粒は小さいようですが、食べると非常においしいです。陛下は二種類、植えていらっしゃって、モチ米はマンゲツモチで、ウルチはニホンマサリです。私はこういう体験をして、稲の生命力というのはすごいな、ということを感じた次第です。しかし、私たち人間も、結局は同じなんですね。すごい生命力を、宇宙、自然から与えられているわけです。ただ、それに気づかないだけだろうと思っております。

稲は至高最上の作物

雲南の少数民族は、今でも稲が作物として最大最高のものであり、これにかなうものはないと確信していますし、「稲なしには人間は生きていけない」、そして一粒一粒の米の中に稲魂が宿っていると確信しています。私は雲南のハニ族の村を五〇以上訪ねまして、多くの人から伺いました。文献にも、稲は至上無上のものであり、神聖で一切を支配するとあります。多くの作物の中で、稲は別格なのです。私は、どうしてそういうふうになってしまったのかと思っていたのですが、さきほどのマンゲツモチを一粒拾ってきた体験から、やはり稲というものは、他の作物とは違う感動を人に与えるだろうと考えるようになりました。それで、多くの作物の中から稲が特別視され、神聖視され、ということになってきたのではないかと思います。日本の『日本書紀』『古事記』でも、米はタナツモノとして特別視されています。他の作物は、ハタケツモノとして、稲とはきちんと区別されています。アマテラスオオミカミの子はオシホミミノミコト、それから孫はホノニニギノミコトです。以下、ずっとホがつきます。「神聖な穂」という意味のホがつくということです。高天原から、ホノニニギノミコトが稲を持って地上に下りてくるというのが、日本のはじまりとされているわけです。そういう意味では、今日雲南の少数民族の人々に伝わっている考え方と、非常に似通っているということがいえるかと思います。

天与の稲にカミが宿る

天から与えられた稲には、当然、カミが宿るということになります。雲南省の少数民族ハニ族も、新嘗の日に新米を食べます。これを「チェラ・ホ・シ・ザ」といいます。言葉の意味は、「稲魂がこもっている新しいご飯を食べる」—チェラ(稲魂)・ホ(ご飯)・シ(新しい)・ザ(食べる)です。したがって、ハニ族の人々は、稲にはカミが宿っていることを確信しております。昨年八月に、久し振りに石垣島のオンプール(御嶽《うたき》でおこなわれる豊年祭)を見せてもらいました。女性のカンツカサ(神司、カンツカサは皆、女性です)によって奉納された稲—モミを用いた占いを見せてもらいました。そこからも、稲にはやはり神聖な力があるということがわかります。雲南省の少数民族、沖縄の人、それから古代日本、いずれもモミ—稲はカミが宿る非常に神聖なものである、神聖なパワーを宿したものである、というふうに見なされているのです。

人間は稲魂の子孫

それがさらに進みますと、我々は稲魂の子孫である、という考えが出てきます。これも実際に、私は現地で聞いてきましたし、また書物、神話・伝説にもそのことが記されています。したがって、ハニの人々は新嘗の日に、ご先祖の様々な形見の品が大事に保管されている祖先棚という棚の下に、田んぼから持ってきた稲穂を下げます。ですから、祖先棚の下は稲穂、上はご先祖の形見の品ということになるわけです。日本でいうと、下は神棚、上は仏壇というように、一緒に祀っているということになろうかと思います。なぜ、一緒に祀っているのでしょう。それは稲の先祖と人間のご先祖は一緒だという考えからです。

そして、ご存知のように日本の皇室もアマテラスオオミカミをお祀りしています。アマテラスは、稲魂に仕えた巫女さんです。それが後にアマテラスそのものを稲魂と考えるようになってきたわけです。同時に、皇室は、アマテラスオオミカミをご先祖と仰いでいます。つまり、人間のご先祖と稲のご先祖は一緒だと考えられているのです。こういう考えが、雲南省、それから日本の皇室の間で共通しています。日本の農村各地でも、こうした考えがあったと思います。ただ、残念なことに、日本では稲作儀礼が廃れてしまいました。先ほど有田の話のとおりです。しかし、文献で見ますと、日本の農村でもごく最近までそれが残っていたことがわかります。

新嘗の日は、あらゆる霊が集まるおめでたい日

この新嘗の日は、雲南の少数民族の人々の間では、あらゆる霊が集まってくる、たいへんおめでたい日です。つまり、稲の稲魂が田んぼから家に戻ってくるだけでなく、自分たちの祖先―ご先祖の霊も戻ってきます。あるいは自分たちが使っていて、もう死んでしまったウシの霊も戻ってきます。ありとあらゆる霊が戻ってくる、たいへんおめでたい、にぎやかな日です。そして、そのおめでたい日に、新米を用いたお米でご飯を炊いてご先祖

にお供えし、多くの霊を慰めるというのが、雲南の人々の新嘗の日のお祝いの仕方です。少し前までは、この新嘗の日にウシを殺していました。雲南の人々にとっては、一番の大きなおめでたい日であったわけです。ところが、二〇一四年の新嘗の日に伺って新嘗祭を見せていただきましたが、もうウシは殺していませんでした。中国政府は「あなたがたはお金が無いんだから、祭りに高価な牛を殺すのは止めなさい」と指導しているそうです。そのためもうウシを殺すことはなくなりましたが、御主人が「これは牛肉です」という料理を一皿出してくれました。「昔はウシを殺したんですけどね」ということでしょうね。自分の家に関わった多くの霊が集まってくる、たいへんおめでたい日である、ということです。

新嘗の日はよみがえりの日

新嘗の日というのはたいへんめでたい日であり、稲に宿る稲魂を食べる日です。そして、新しい命をいただいてよみがえる日です。自分たちの祖先と稲の祖先は同じですから、その新しい稲のパワーをいただいて、私たちは甦るということです。二〇〇一年三月〜四月にインドネシアのバリ島のクラビタン村で、二〇年ぶりの村を挙げての盛大なお祭りを見せてもらいました。それは各家のご先祖と、各家に祀られている稲魂をすべてお寺に集めるという、盛大極まりないお祭りでした。私はそのお祭りを、一週間連続してビデオ撮影いたしました。各家のご先祖と、各家に祀られている稲魂（デワ・ニニ）をお寺に集めて、山の神聖な水を取ってきて、バーッと全部清めます。そして翌日には、それをすべて神輿に担いで海岸に持っていきます。その後、船で海に漕ぎ出して、海の沖に真水が涌く処があり、その水をくみ上げてきて、また、バーッとすべて清めていくのです。それをもう一回、お寺に運び入れて、そこでもう一回、清めます。ご先祖の霊を清めて、稲魂を清めて、それから各家々の人々を清めて、清められたお米を人々に配ります。人々は、ほんのわずかずつそのお米をいただいて、各家庭で食べ、清められた新しい命のよみがえりを図るのです。

大嘗祭

新嘗祭は、日本でも一八七四年以降は、毎年一一月二三日に行われていたわけです。ただし戦後は、新嘗の日が勤労感謝の日に改められ、この日に新嘗が行われています。従来、毎年執り行われていた新嘗祭で用いられる稲は、特定の田んぼが決められているわけではありません。しかし、天皇即位時の新嘗祭である大嘗祭のときには悠紀田、主基田という田んぼが決められます。ここから納められるお米を使って、陛下が大嘗祭を執り行います。

大嘗祭も現在はこれを執り行う法的な義務はありません。旧憲法期の皇室典範には規定がありまして、それに基づいて執り行わなければなりませんでしたが、現在は法的な義務はありません。しかし、陛下の意向を汲んで検討いたしました結果、やはり日本の伝統的な、非常に大事な、日本文化のアイデンティティを守るという意味でも、これは継続しなければいけないという結論に達して、天皇に即位された年に大嘗祭が執り行われています。

稲を作っている人々は、稲が持っているパワー、稲が持っている神聖な力に対して、まだ信念を持ち続けていると思います。私は結論的に申し上げますと、こういう日本文化の伝統を、もう一度、見直すべきではないかと思います。私自身、一粒のモミを拾いあげ、その生命力に驚かされた結果、ある意味で人生観がガラッと変わってしまいました。この体験をふまえ、これから若い人々、あるいは年配の方々にも考え直してもらいたいと私は思っています。

私たち日本人は、神棚と仏壇の両方を祀るお宅が多いのではないでしょうか。神棚の中心は、お米です。そしてお榊、これは照葉樹です。仏壇に供える樒も照葉樹です。雲南から関西のほう、そして千葉県くらいまでずっと繁茂していた照葉樹です。ですから、神棚は、照葉樹林文化を代表するようなものです。お榊があって、真ん中に米があって水があって、塩です。なぜ、こういうものが選ばれたのでしょうか。四面海に囲まれ、七〇％近い森林を保持している日本、そして海と森のはざまに拓かれた水田、こうした日本の風土の縮図を表すのに相応しいからだと思います。そこにもう一回、魂をこめる必要があるのではないかと思います。

「稲魂おばあさん物語」と天岩戸神話

それから、雲南省のダイ族に「稲魂おばあさん」（「ヤーホァンハオ」）という物語があります。「ヤー」はおばあさん、「ホァン」は稲、「ハオ」は魂です。この物語は、雲南省のダイ族のみではなく、ハニ族にも広がっています。その内容は、日本の天岩戸神話と同じです。こういう物語が、雲南省と日本との間で共有されているのはたいへん面白いと思います。三品彰英氏は、アマテラスオオミカミとスサノオノミコトの稲魂信仰をめぐる争いについて、アマテラスがもっぱら稲魂を大事にし、スサノオは稲以外の様々な穀物を大事にする従来の多神教的な神であるために起こった衝突だったのではないかという、たいへん興味ある論考を発表しています（三品、一九七〇）。

ついでに、先ほど申し上げましたバリ島のクラビタン村では、お祭りの日にウシを殺して、ウシの皮を何枚も干していました。そして、稲魂をお寺で清めて、次に海岸で清めて、もう一回お寺に全部集めて、その稲とご先祖の霊を祀っているところへウシの皮を敷きます。「これはなんのためですか？」と聞いたら、稲のカミはウシの皮の上を通って、自分が祀られる場所に行くということでした。『日本書紀』『古事記』に新嘗の日の出来事として、アマテラスが機織をしているときに、スサノオが天斑駒―馬の皮を剥がして投げ入れたという話があります。それで、アマテラスは怒って岩戸篭りをするわけです。しかしこれは乱暴狼藉ではないかもしれません。バリ島のクラビタン村で聞いた、稲魂が歩いていかれる道にウシの皮を敷くというのと同じ考えがもとになっている可能性はないでしょうか。私はそういう解釈を見たことがありませんが、もしかしたらそうかもしれません。このように、神話も日本と雲南、あるいはインドネシアのバリ島といったところと、非常に共通性があるのです。

「祖先棚物語」の日本への伝播

雲南には「祖先棚物語」があります。祖先棚というのは、小さい木の板で御先祖を祀っている棚ですが、新嘗の日には田んぼから摘み取ってきた稲穂を掛けておきます。何かあっても、この稲穂さえ持って逃げれば大丈夫だと、ハニ族の人々は話してくれます。

この祖先棚は、実はお母さんの化身なんです。そのためこの物語は「祭母物語」ともいわれています。雲南省の哀牢山の麓の村々では、いまでも「祭母」活動を執り行っています。「祖先棚物語（「祭母物語」）」とはこんな内容です。親不孝の息子とお母さんがいて、毎日毎日お母さんが畑仕事をしている息子のところへお弁当を運ぶと、その度に息子にひどい目に遭わされていました。息子はあるとき、木の上で親鳥がヒナに餌をやっている姿を見て、「自分は親不孝だった、今日から改めよう」と決心します。そんなことを知らないお母さんは、またお弁当を持っていきます。そうすると、息子は飛び出してお母さんのほうへ向かっていくわけです。お母さんはびっくりしてしまって、何かまたひどいことをされるのではないかと思い、川へ飛び込み自殺してしまいます。息子もビックリして、慌てて自分も飛び込んで探しましたが、お母さんは見つかりませんでした。ところが、そこに木が流れてきたので、それを家に持ち帰って祖先棚（神棚）にした。簡単にいうと、そういう内容です。ですから祖先棚はお母さんの形見なのです。

ところで、この話が雲南からずっとソンコイ川を下ると、途中に昔、夜郎という国があったところを通ります。そのあたりは、この「祖先棚物語」を今でもしっかり伝えています。そこを通ってハノイに出るわけですが、この夜郎という国は竹取物語の発生地でもあります。ですから、竹取物語もそこを通って日本にまでやってきているというわけです。

私は雲南からとハノイまで伝わった「祖先棚物語」の行く先を調べてみました（欠端、二〇〇七）。そうしましたら、広東へ出て上海近くまで海岸地帯に沿って北上しています。そしてそこから沖縄に渡ります。これにはビックリしました。与那国島、宮古島、さらに沖縄本島へと伝わっていきます。そして最後に長崎に到達します。私は今朝も、郵便局の前の図書館まで歩いてみました。この「祖先棚物語」が佐賀にきているのではないかと思って、図書館で調べたのですが、出てきませんでした。したがって、雲南での「祖先棚物語」は、ハノイまで下って、ずっと海岸伝いに遡って、上海より少し南のところから、今度は与那国島、宮古島、そして沖縄本島へ出て長崎まで来ている、というところまで明らかになっています。

それから、このタナという字です。タナという字は、いったい日本語なのかどうかということです。最初にこの「タナ」が出てくるのは、イザナギノミコトからアマテラスオオミカミが首飾りをもらう場面です（『古事記』）。「この首飾りを御倉板挙之神《みくらたなのかみ》といいます」と記されています。この首飾りは何かというと、今の研究では稲魂—稲だということです。つまり、稲を棚の上に祀ったということを表しているのです。ここから、現在の雲南省の人々と同じように、タナというものを捉えていたことがわかります。したがって、この「祖先棚物語」と「御倉板挙之神」は、やはりどこか共通した背景をもったものではないかと思います。

祖先棚と大嘗祭

さて、雲南省には、モポーという人がいます。モポーは、祭事をつかさどっている男性です。各家々のお祭をどうしたらいいか、そして村全体のお祭をどうしたらいいかということを指導する人です。

雲南では、お坊さんもそうですし、このモポーという人もそうですが、国境を自由に越えます。つまり、雲南省のモポーは、ミャンマーやベトナムからも依頼があります。そうすると、国境をスタスタと越えて向かいます。そういう普通の農民ではなく、非常に権威があり、多くの人々を指導しているモポーから話を聞きました。

雲南省では、祖先棚を家に作って、毎年新嘗の日にはお祭をしているわけですが、子どもたちが独立して家を出ても、自分の家にはこの祖先棚を作ることができません。作ってはいけないのです。ところが、家のお父さん―家長が死んだ場合、初めて作ることができます。家長が死んだ後の初めての新嘗の日に限って、子どもたちが自分の家に祖先棚を作ることができるのです。作るのはあくまで新嘗の日です。祖先棚がかなり厳格に祀られていることがわかります。

今回の結論になりますが、日本の大嘗祭についていつやってもよさそうなものですが、必ず新嘗の日に行うわけです。なぜ、新嘗の日なのか、ということですね。先ほどいいましたように、大嘗祭では陛下がアマテラスオオミカミと共に、悠紀田、主基田の新米を―平成の大嘗祭のときには、悠紀田は秋田県、主基田は大分県のお米を使いましたが―食べるわけです。悠紀田、主基田というのは、全国の田んぼという意味合いです。つまり、全国の田のカミ・稲魂、それから土地のカミ―日本全国のカミを、祭祀王として、全部引き受けてお祀りする権利を、私は獲得いたしましたよ、ということを表明する日ということです。日本文化のアイデンティティ、日本皇室のアイデンティティは、やはりこの稲にあると思います。したがって、この非常に重要な大嘗祭は、新嘗の日にあわせて執り行われるのが、最も相応しいと考えています。ご清聴ありがとうございました。

引用・参考文献

雲南省民間文学集成辦公室 編　一九九〇『哈尼族神話伝説集成』中国民間文芸出版社

欠端　實　二〇〇七「説話が運ばれた道―雲南から日本へ―」『比較文明研究』一二

三品彰英　一九七〇『日本神話論』三品彰英論文集第一巻、平凡社

二　九州の伝統菓子と長江文明

株式会社村岡総本舗代表取締役社長　村岡安廣

私は本来はこの場に立つようなものではございませんが、特別のご指名をいただきまして、今回、九州の伝統菓子と長江文明に関わるお話をさせていただきたいと思います。

この佐賀の地で、一〇年前に『肥前の菓子』という本を出版いたしました（村岡、二〇〇六）。手に入りにくくなっておりますが、興味がある方はお探しいただいて、お読みいただければと思っております。

一　佐賀の伝統菓子と中国

うるち米の団子「白玉饅頭」

皆さんよくご存知のとおり、佐賀市大和町川上に與止日女《よどひめ》神社があります。この神社は肥前一宮でございます。近くには肥前国府跡があり、肥前の奈良朝以来の文化が残されています。ここに「白玉饅頭」という餅菓子があります。

皆様おなじみの、うるち米の団子です。佐賀県内には「綾部のぼた餅」とか、「白石の餅すすり」という習慣があり、これらはもち米で作られたものです。綾部には三つのぼた餅店があり、白石では年末に餅をついたときの行事として、「餅すすり」が行われています。

「白玉饅頭」とそっくりの餅が、中国南部・長江流域の「紹興団子」です。「紹興団子」は元来胡麻餡で、長江流域では今でも食べられており、中国には紹興だけでなく、さまざまにこのような餅菓子が存在しています。

この「紹興団子」を元にした「けいらん」は、北海道の江差に存在しています。江差の五勝手屋という羊羹店に伺うと、中身は昔は小豆の餡であったけれども、今は「羊羹」を入れているということです。これも、「白玉饅頭」と同じくもち米ではなくうるち米の団子です。後述する玄海地方の浜崎にある「けいらん」と名前は一緒ですが異なる菓子です。団子につゆが加わっており、この「けいらん」が「白玉饅頭」の原型と推定しています。この「けいらん」は日本海側の、北海道の西南地方、そして岩手県に残されています。この「けいらん」は中国江南地方の餅を象徴していると考えられると思います。

この「けいらん」はなぜそのような地域にあるのでしょうか。このことを考えていくと、非常に興味ある事実が出てくるのではないかと思います。近い事例として、「雑煮」が挙げられます。「雑煮」は地域によって様々な特徴がありますが、長崎県から新潟県まで、日本海側に「小豆雑煮」というものが残されております。日本海側の「小豆雑煮」は浄土真宗の影響があるともいわれておりますが、私はこの「雑煮」を食べる習慣には、さらにさまざまな要素が関係していると思っております。「小豆雑煮」は「ぜんざい」の元になったともいわれていますが、中国の影響が強いと私は推定しています。これらの餅の文化は、比較的日本海側に集まっている

図１　餅ふみの図（鈴田照次作）

ことが一つの特徴です。

「絵に描いた餅」「花より団子」「棚からぼた餅」など、餅は生活に溶け込み、様々な文献にも記されています。佐賀出身の歴史学者久米邦武は、近代日本を作るために明治初期、岩倉使節団の一員として欧米を視察しています。帰国後、視察報告書としてまとめた『米欧回覧実記』は、明治の百科事典といわれています。その久米邦武は、「白玉饅頭」について面白い記録を残しております。郷土雑誌に「惣座いで餅」と「出羽饅頭」について記しているのです。今から一〇〇年近く前になります。その頃、既に「白玉饅頭」はありましたので、「惣座いで餅」は白玉饅頭」のことです。それでは、「出羽饅頭」は何でしょうか。

小麦を蒸した「岸川饅頭」

佐賀県多久市に日本最古級の孔子廟である「多久聖廟」があります(図2)。「出羽饅頭」はこの地域にある「岸川饅頭」同様の蒸し饅頭のことです。この饅頭は「酒蒸饅頭」で、小麦を蒸した饅頭です。佐賀市大和町の惣座地区と出羽地区は近接しており、この近接した地域にうるち米の餅と小麦の「酒蒸饅頭」が共存していました。これが佐賀県の典型的な状況だと思います。南蛮菓子も含め、いろいろな菓子がさまざまに、現れては消え、消えては現れて、今に残っているわけです。この伝統菓子の力が、「岸川饅頭」にもつながっているということです。

この「岸川饅頭」は、朝三時から起きて小麦を酒種と合わせて蒸しています。森上菓子店では、三〇年来、女性店主が努力して、伝統の「岸川饅頭」を作っています。

図2　多久聖廟

小麦を黄河文明の象徴と考えることができます。饅頭と儒教のつながりも推察され、饅頭の分布には儒教も関係すると考えています。

それに対して道教の影響も推察されます。小麦の食文化の地域は儒教に近い風土があり、米の食文化の地域は道教に近い風土があるといえるのではないでしょうか。一七〇八（宝永五）年、今から三〇〇年以上前に、儒教が多久に招来され、同時に女山大根や女山西瓜、「岸川饅頭」が伝わってきたといわれています。女山西瓜は遠くへ持っていかなければならないので、途中で割れないように皮が厚い大きな西瓜です。これらが中国からきたわけです。

同じく小麦の饅頭そして団子が沖縄の首里城にもあり、それぞれ「宜保《ぎぼ》饅頭」「山城《やまぐすく》饅頭」といいます。これらと同じ饅頭が、多久市にもあるわけです。多久市の孔子廟と、儒教の影響を受けた首里城の周りに、同様に小麦の饅頭と団子があります。小麦団子はのちほど大分県のものにも触れます。小麦団子も多久市相浦地区の祭のときに、地域の行事食として作られておりました。多久と沖縄は似た饅頭文化があり、小麦の食文化圏でもあります。小麦のグルテンの力が強いところに、このような食文化が育まれているわけです。佐賀県では米も小麦もさまざまな地域で作り、そしてまた数多くの加工食品が存在しており、素晴らしい状況だと思います。

本来の「岸川饅頭」には餡がありません。ここが沖縄の「宜保饅頭」とは違うところです。酒の博士の小泉武夫さんが、最近、全国銘産菓子工業協同組合の機関紙「あじわい」（一九一号、二〇一六）にこのことを書かれ、やはり餡なし饅頭が全国にあることがわかりました。全国に「酒饅頭」は数多く、とくに西のほうに存在し、北のほうにもかなり数多いということです。このことからも小麦食を中心とする黄河文明が、わが国においてどう伝播したかがわかるのではないかと思います。今のところ詳しく調べ切れておりませんので、小麦の饅頭については、ここまでで終わらせていただきます。佐賀県も含め、「酒蒸饅頭」は全国各地で多様に作られています。

「蒸羊羹」と「煉羊羹」

小著『肥前の菓子』(村岡、二〇〇六)に以下のことは詳しく説明しておりますが、江戸時代、一六八四(貞享元)年に『小叢林略清規』という、禅の作法書ができました。この中に、禅寺でお茶を勧めるときにまず、「羊羹」と「饅頭」を差し上げるというマニュアルがあります。差し上げる「饅頭」は、これまで紹介した「酒蒸饅頭」だと思われます。「羊羹」は「蒸羊羹」であったと思われます。いずれにしろ、このような菓子が禅の作法の中で使用されていました。道教の第一人者といわれた福永光司先生は、日本文化の三要素として禅と茶道、そして陶磁器—この三つがたいへんに大きな要素であるといわれておりました。確かにその通りであろうと思います。禅、仏教のふるさとは、中国長江流域の寧波であろうと思います。日本はこうした禅を中心とした文化をいろいろと展開しながら作法までしっかりと伝えてきました。その中で食文化も残されてきたと思います。

名古屋の「上り羊羹」は、尾張徳川家が愛好されたといわれる「蒸羊羹」です。「煉羊羹」と違いまして、寒天が使われておりません。葛や小麦を用いてつなぎ、三時間で蒸上げるという、製造面の労力がいる「羊羹」です。元は「ういろう」といわれています。「羊羹」は、もう一つのルーツとして羊の肉のスープの中身が煮凝りになって、固まったとの説もありますが、「蒸し羊羹」の元は「ういろう」であると思います。中国では、年糕《ネンカオ》といい、独特のシズル感(舌ざわりのみずみずしさ)があり、この南の「ういろう」の「羊羹」、そして北の小麦の「酒蒸饅頭」は、いわゆる道教と儒教の違いが影響していると推測いたします。

村岡総本舗の「煉羊羹」をご紹介します。現在の「煉羊羹」はアルミケースで包装されています。このアルミケースは一九三〇(昭和五)年にニューヨークで発明されました。この発明は日本にすぐ伝わり、一九三五(昭和一〇)年頃からアルミケースの原型が作られて、現在に至っています。皆様方が食べる「羊羹」は、この「煉羊羹」のかたちです。これ以前の「煉羊羹」は一棹一棹切り分ける製法で素晴らしい味わいですが、今これを作るところはわずかとなっています。佐賀県小城の地ではそれが続けられてきて、「切り羊羹」といわれて残っているわけです。江戸時代、寒天で昔の「煉羊羹」が作られ始め、寒天が非常に大きなポイントでありました。揚子江流域の仏教との関係があるとされています。黄檗宗（これも禅の一つですが）の開祖とされる隠元禅師が日本へやってきてわが国に布教しました。隠元禅師は「羊羹」の原料である隠元豆を持ってきました。寒ざらしところてん、すなわち羊羹の原料である寒天の名前をつけた人としても知られています。この黄檗の普茶料理の菓子への影響は非常に大きく、現在「羊羹」の日本一の購買額の地域は、黄檗宗が伝播し今もその食文化が残る佐賀県となっております。

この「煉羊羹」の歴史については、京都で一番初めに寒天を使った「煉羊羹」が作られました。そして長崎でも作られます。江戸時代後期に田中信平が書いた「卓袱《しっぽく》式」という卓袱料理（長崎風中国料理）の本にも長崎の寒天の「羊羹」が出てきます。この本は「煉羊羹」の製造法を示した本として一番古いといわれています。次に江戸で作られています。この京都・長崎・江戸の三都の中で、なぜ比較的長崎が早いかというと、やはり六万人いた長崎の江戸期の市民のうち、約一万人は中国人であり、中国から南蛮菓子の「カステラ」等も含めた数多くの菓子が、製法も併せて伝えられたためとされています。

村岡総本舗羊羹資料館は、国の有形登録文化財で二一世紀に残す佐賀県遺産となっています（図3）。また一年前に村岡総本舗の「切り羊羹」は農水

図３　村岡総本舗本店・村岡総本舗羊羹資料館

省関連機関である食品産業センターの「本場の本物」という伝統食品の認定を受けました。菓子ではまだわずか四件だけですが、その中の一つに入りました。「本場の本物」として、「羊羹のふるさと小城」といわれる小城で村岡総本舗の「切り羊羹」が認定を受けています。「羊羹」そのものが、長江文明の影響の強いこの地域に伝承され、日本の南の地域では佐賀県だけが、他の地域の「羊羹」の平均購買額を上回っている状況となっています。

「けいらん」

玄界灘地域の唐津市浜崎の名産菓子です。長江関連の食文化ではありますが、前述の北海道や岩手の「けいらん」とはまったく異なります。唐津市浜崎諏訪神社の前に現在も四～五軒の「けいらん」店があるといわれています。「けいらん」は上海南京東路の沈大成餅店で見ることができます。以前は赤米で作っており、大きな餅屋だったのですが、六年くらい前に行ったときは店も小さくなり赤米で作られたけいらんは見ることができませんでした。約二〇年前の中国では、赤米の菓子が割合多く売られておりましたが、赤米を原料とした菓子の存在は今では非常に貴重な状況であると思います。

この「けいらん」は唐津市呼子にもあったのですが、今はほとんど消えています。私は上海の他に武漢でも見ました。長江の上流へ行くときに武漢から出発したのですが、武漢では白い米の「けいらん」がありました。豆沙条斗糕《とうさじょうとうこう》という言葉で表されており、「けいらん」の語源は、「餡を中に入れて餅を卵の形に巻いている」ことと推察しています。

「あめがた」・「ノンキー」

図4の写真は皆様ご存知の「あめがた」を延ばしているところです。「あめがた」は「千歳飴」のことです。日本では、現在あまり食べられなくなりましたが、こういう飴が佐賀には残されています。私は中国蘇州で「ノンキー」を見ま

した。「あめがた」で黒糖を巻いて、「金太郎飴」のようにノミで切ることから「のみきり」すなわち「ノンキー」と呼ばれます。蘇州で見たのは一五〜二〇年前のことでした。「千歳飴」は長生を祈願するわけですが、佐賀県出身の江崎グリコ創業者江崎利一の「おいしさと健康」という思想が、ここに宿っております。同じく佐賀県出身者で森永製菓の創業者である森永太一郎は、二〇一五年生誕一五〇年でありました。二〇一四年、佐賀県立博物館で一五〇年展が行われました。新高製菓の創業者森平太郎は台湾で活躍し、戦前に菓子の大メーカーをつくりました。このように、創業者が明確に示されている戦前の三大菓子メーカーの創業は三社とも佐賀出身者によるものでありました。

「松原おこし」

この菓子は、唐津の虹の松原の名産です。中国では、東北部瀋陽の「サーチーマ」という菓子が類似しています。北のほうの菓子ですが、元々南にあった菓子が北へ移ったといえると思います。小城にも、「大門おこし」がありますが、唐津の「松原おこし」を紹介させていただきました。「粟おこし」という、関西の小さな粒の「おこし」は、韓国と同じ系統です。松原おこしとはいささか異なる風合いの菓子であると思っております。朝鮮の伝統食になっています。

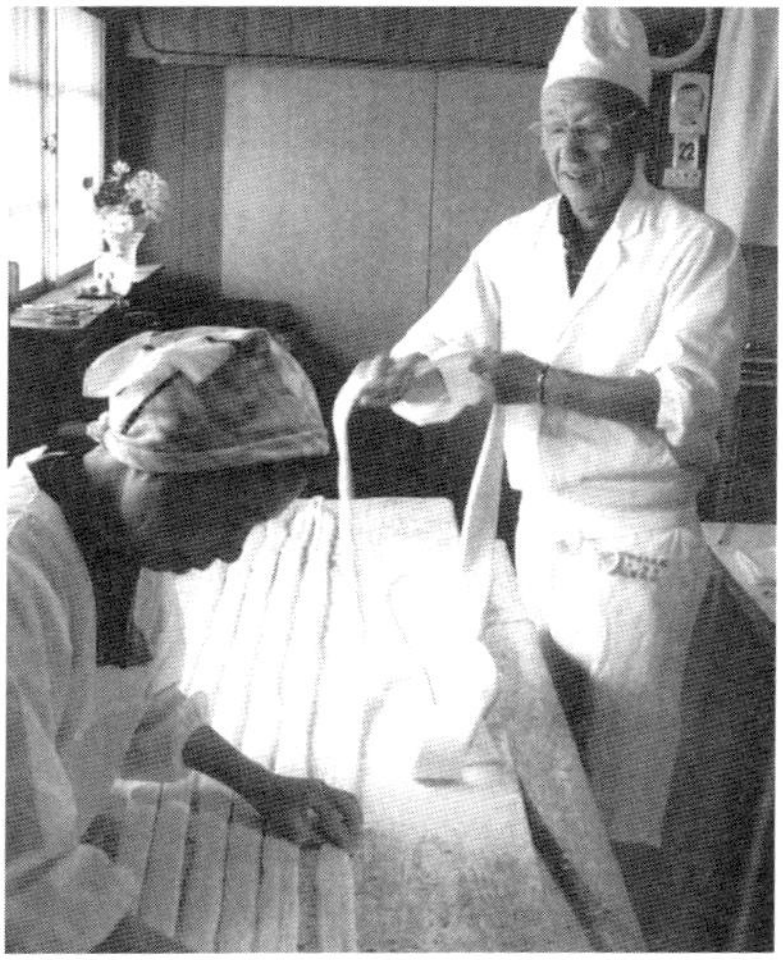
図４　あめがたの製造

二　菓子の歴史

菓子の起源

菓子はどのようにして生まれ、育まれてきたのでしょうか。今日は午前中、吉野ヶ里遺跡を見学してまいりましたが、約二〇〇〇年前の弥生時代にあたるころ、田道間守命《たじまもりのみこと》が垂仁天皇の命令で、橘すなわち菓子のルーツを探しに常世の国、済州島まで行かれたといわれています。昔は、中国南部の海南島まで行ったとの説もありましたが、現在は済州島が常世の国であったといわれております。

東西の砂糖精製

また、はるか西アフリカの西、モロッコのカサブランカとマラケシュの間の線から約五〇〇キロ西の孤島、ポルトガル領マデイラ島では砂糖づくりをしています。マデイラ島の砂糖博物館の砂糖の文献の表紙に図が載っており、同様の砂糖づくりの図がポルトガル切手として発行されておりました（図5）。何と日本の江戸時代に行われていた牛を引いた砂糖精製とまったく同じ作り方です。この製造法は、洋の東西を問わず同じであったようです。甘味の美味しさが徐々に東進し、イスラムの影響、中国の影響両方あいまって、近世の日本で和菓子、伝統菓子となって花開いたと思います。

図5　ポルトガル・マデイラ島の砂糖の精製

中国加工食品の進化

次に中国北宋の都、開封の『清明上河図』をご覧ください（図6）。中国のユートピアを描いたといわれる、国宝絵図です。このころ、平忠盛、清盛が日宋貿易を行っています。砂糖が普及しはじめ、加工食品が進化し、船による流通の状況も変わります。この絵図に見える船は、黄河の支流を走っています。中央の郵便切手の、右の船はかなり大型です。九〇〇年も前からこのような大型船が動いていたわけです。九〇〇年前に都市がたいへんに

図６　清明上河図（切手）

栄え、加工食品がかなり食べられていたことになります。その中に、菓子類も台頭していたのではないかと思われます。今、台北の故宮博物院にある北宋の定窯・汝窯という青磁の名品が青磁の最高傑作といわれておりますが、器の美しさだけでなく、中の食品の美味しさも格別であったと推察されます。夏目漱石が『草枕』で、羊羹の格調の高さ、形のよさを青磁に乗せて語りました。谷崎潤一郎も、『陰影礼賛』でこの表現を絶賛しましたが、それだけの素晴らしい食文化があったと思います。ですから、加工食品の本格的なスタートはこのあたりからではないかと思われます。

大航海時代と南蛮菓子

続いて大航海時代に入ります。明の宦官・鄭和は、大船隊を駆使してアフリカのモザンビーク辺りまで行きました。相当高度な航海術を持っていたと思いますし、それ以前から中国には進んだ船の技術があったと思われます。

一四〇五年にこの大艦隊が行き、そのあと海禁政策が採られ、明は鎖国します。佐賀県の有田には、その後、明の万暦年間に景徳鎮窯で作られた万暦赤絵が入ってきて、柿右衛門手の赤絵になったと思われます。佐賀、長崎の肥前の地にはこのような器とともに食文化も進展し、素晴らしい食を堪能できる状況となったのではないでしょうか。染付や色絵の様々な磁器の名品がありますが、それらの器には砂糖や砂糖菓子をおさめていたと思われます。幕府への献上陶磁器も八〜九割は、有田を中心として、この肥前で作られております。献上唐津もありました。砂糖の幕府献上も七割は肥前から出ています。そのうち四割は佐賀藩です。佐賀には他を圧する食の文化があったのです。砂糖の運搬については、船に陶磁器等の輸出品を積んで中国へ行き、帰りは船が沈没しないように、砂糖を積んで重石として使っていたといわれています。

図7　エンリケ航海王子（切手）

次に南蛮菓子のルーツを見ていきます。ポルトガルのエンリケ航海王子は、大航海時代の幕開けを担った一人です（図7）。鄭和よりあとの一五世紀といわれています。西洋文明の先進性が世界史の中で強調されますが、中国のほうが早いのです。エンリケ航海王子の大航海は前述しましたマデイラ島辺りまで、アフリカ北西部沿岸までとされており、中国の大航海とは比較できない程スケールが小さなものであったと思われます。

イスラム世界は、錬金術から砂糖の精製技術を得て西洋に伝えました。イベリア半島では一四九二年のレコンキスタでイスラム勢力が駆逐されます。それまでの約五〇〇〜六〇〇年、この地域ではイスラムがいろいろな文明を伝えていました。その中に砂糖精製技術と南蛮菓子の基になる製菓技術があり、これが南蛮菓子として日本に伝わりました。

韓国の餅型

次に韓国の餅について述べます。韓国における餅の文化は宮廷料理そして民間の技術もあり、多様な状況です。日本のように中国の餅がそのまま残る状況ではないようです。餅には菊の紋や卍の紋が入っています。韓国の餅で特筆されるのは、普通菓子型は木型ですが、陶磁器型を使っていることです。形が良いので、茶道の蓋置き—釜の蓋を取ってそこに置く道具—に使われ、貴重なものとされています。

三　九州各地の伝統的な餅菓子

「梅ヶ枝餅」（福岡県）　福岡の太宰府天満宮で多く売られています。福岡をはじめ九州は、砂糖菓子の王国すなわちシュガーアイランドであると思われます。「梅ヶ枝餅」の皮の部分は「空心餅」（図8）と同じです。「香酥鴨《シャンスーヤ》」という空心餅に野菜や鴨肉を入れた山西料理もあります。また、「空心餅」の別のバージョンには、「一口香《いっこっこう》」（逸口香）があります。「一口香」は江戸時代、中が空洞で当時の財布（胴乱）と形が似ていたため、胡麻菓子といわれるようになりました。結果的に「誤魔化した」ということで、印象が芳しくないものとなりこの菓子は江戸等からは消えてしまいました。今は長崎と中部国際空港の常滑の間の日本の西部地域に残っております。

「けいらん」（長崎県）　唐津市と同じ「けいらん」です。古来伝わっていた平戸に加えて、長崎県佐世保にもあるということがわかっています。長崎県にも餅の文化、うるち米の文化があります。佐世保の「けいらん」には井桁のマークがついていました。筏のマークだともいわれていますが、長江流域にある菱形文ではないかという説もあります。

「やせうま」（大分県）　これは小麦団子です。小麦団子は珍しいといわれますが、小麦団子に卵を入れて焼いた菓子が、「丸ぼうろ」です。「丸ぼうろ」を応援したのが大隈重信です。大隈は森永製菓も応援しました。この菓子があ

図8　空心餅

るところは、小麦の文化の地域です。大分県は今や麦焼酎の本場です。

「朝鮮飴」（熊本県）　トルコの「ロクム」という南蛮菓子がルーツとされていますが、うるち米ではなく通常はもち米が原料です。

「高麗餅《これもち》」（鹿児島県）　日本では「村雨」といわれる、韓国の「シルトック」という餅料理が原型とされています。鹿児島は米の生産が少ないので、「加治木饅頭」などの「酒饅頭」はじめ、古い菓子は小麦粉原料のものが多いようなので、これは、特異な存在です。鹿児島の「高麗餅」は近世の産物といわれています。

「つきいれ餅」（宮崎県）　有名なもち米を原料とした菓子です。神武天皇が美々津から出発されたという伝説から、美々津には「お船出だんご」という菓子も残されています。神武天皇伝説を大切にした宮崎交通の岩切章太郎により昭和四〇年代、五〇年代宮崎は全国屈指の観光地になりました。

宮崎の餅菓子と文化

宮崎では青島で「ういろう」も作られています。これもうるち米、もち米いずれの原料も用いられているようです。「ういろう」の元は中国伝来の薬で、日本では甘い菓子となったといわれています。

また「白玉饅頭」もあります。佐賀市大和町のものと同じですが、若干塩味が強いと思います。「長饅頭」もあり、佐賀県・長崎県の玄海地方の「けいらん」と同じかたちをしています。さらに、「鯨ようかん」は、「けいらん」が進化した、うるち米製の素晴らしい芸術作品といえる菓子です。佐土原町の長峰菓子店が毎日三〇袋、三〇〇個を宮崎空港に届けており、家族の結束で宮崎空港利用の遠隔地の人々も奇跡的にうるち米の餅菓子を食べることができます。

このように宮崎には、豊かなうるち米の菓子文化があります。西都原古墳群を真ん中にして、「長饅頭」「白玉饅頭」「鯨ようかん」が作られており、うるち米の餅文化を象徴している、たいへんに素晴らしい場所であると思います。これは、長江文明が日向にきて、餅の文化として残されたということではないでしょうか。単に作る人の力に由来するというよりは、やはり何か不思議な、生きる力として、餅の文化が残されたと思います。原形がそのまま残されている日向のうるち米の餅。南蛮菓子も含めて何でもたくさんある肥前。対照的なところはありますが、地図で見て、斜めに九州を割りますと、南に日向の長江文明、そして北に肥前（佐賀・長崎）の長江文明が残されていることがわかります。長江流域のうるち米の餅が長い時間を超越して息づいている空間が、このように存在することは貴重な状況ではないかと思っております。

四　おわりに

長江文明の影響としての餅の文化を、九州の各地の比較の中で「貴重な伝統菓子」として紹介させていただきました。特筆すべきは、作る人の志向とその背景としての風土もさりながら、食べる人の生命力、そのＤＮＡがここにつながってきたということでしょう。そして、このうるち米の餅の独特のシズル感が、こうした形で残されている。本当に素晴らしいものが宮崎と佐賀・長崎で、残されている状況です。

京都には美しく美味しい菓子がたくさんあります。しかし、「材料に勝る技術なし」と申しますが、素晴らしい材料を使った美味しい本物が九州にある、そしてこの佐賀に数多く存在していることをお伝えし終わりたいと思います。ありがとうございました。

引用・参考文献

村岡安廣　二〇〇六『肥前の菓子』佐賀新聞社

三　日向と東アジア

宮崎県立西都原考古博物館学芸員　藤木　聡

今回は、佐賀でお話しさせていただく機会ですので、私が考古学の世界を仕事に選んだ契機と佐賀の関係について最初に申し上げたいと思います。私は福岡の生まれですが、親からの一三歳の誕生日プレゼントが福岡県八女市の堀川バスによる、熊本の装飾古墳を巡るバスツアーでした。中学生が一人で装飾古墳のバスツアーに参加するなんてことはあまりないということで面白がられまして、ツアーに同行されていた松田久彦さん(当時、八女市役所商工観光課嘱託職員)のお計らいで、後に招待状が届いたのです。それが、佐賀の吉野ヶ里遺跡の見学ツアーでして、発見直後で復元建物もないころでしたが、考古学への興味を深める契機の一つとなったしだいです。

さて、宮崎県立西都原考古博物館では、韓国や台湾の博物館等との交流事業を継続しており、その成果の一つとして国際交流展を毎年開催しております。それは、これまで、九州北部や畿内等に目が向きがちであった東アジア各地との交流について、日向をはじめ九州南部の視点から読み直し、国内外に情報発信するという取り組みであり、九州南部の地域史に留まらない、日本史・東アジア史にとっても重要なことと考えております。今回は、宮崎県立西都原考古博物館の国際交流展で取りあげたテーマから弥生時代以前の三つの話題について紹介し、考古学からみた日向と東アジアの関係を考えてみたいと思います。

一　人の来た道〜東アジアの旧石器時代と宮崎〜

日本列島は世界でも有数の火山列島です。その歴史のなかでも、約三万年前に起きた姶良《あいら》カルデラの大噴火はとてつもなく巨大なものでした。二〇一二年秋に開催しました「人の来た道〜東アジアの旧石器時代と宮崎〜」は、姶良カルデラの大噴火を乗りこえて生きた旧石器人の足跡について、石器の種類や遺跡分布の変化から辿るという国際交流展です（宮崎県立西都原考古博物館、二〇一二）。

図１　国際交流展ポスター「人の来た道〜東アジアの旧石器時代と宮崎〜」

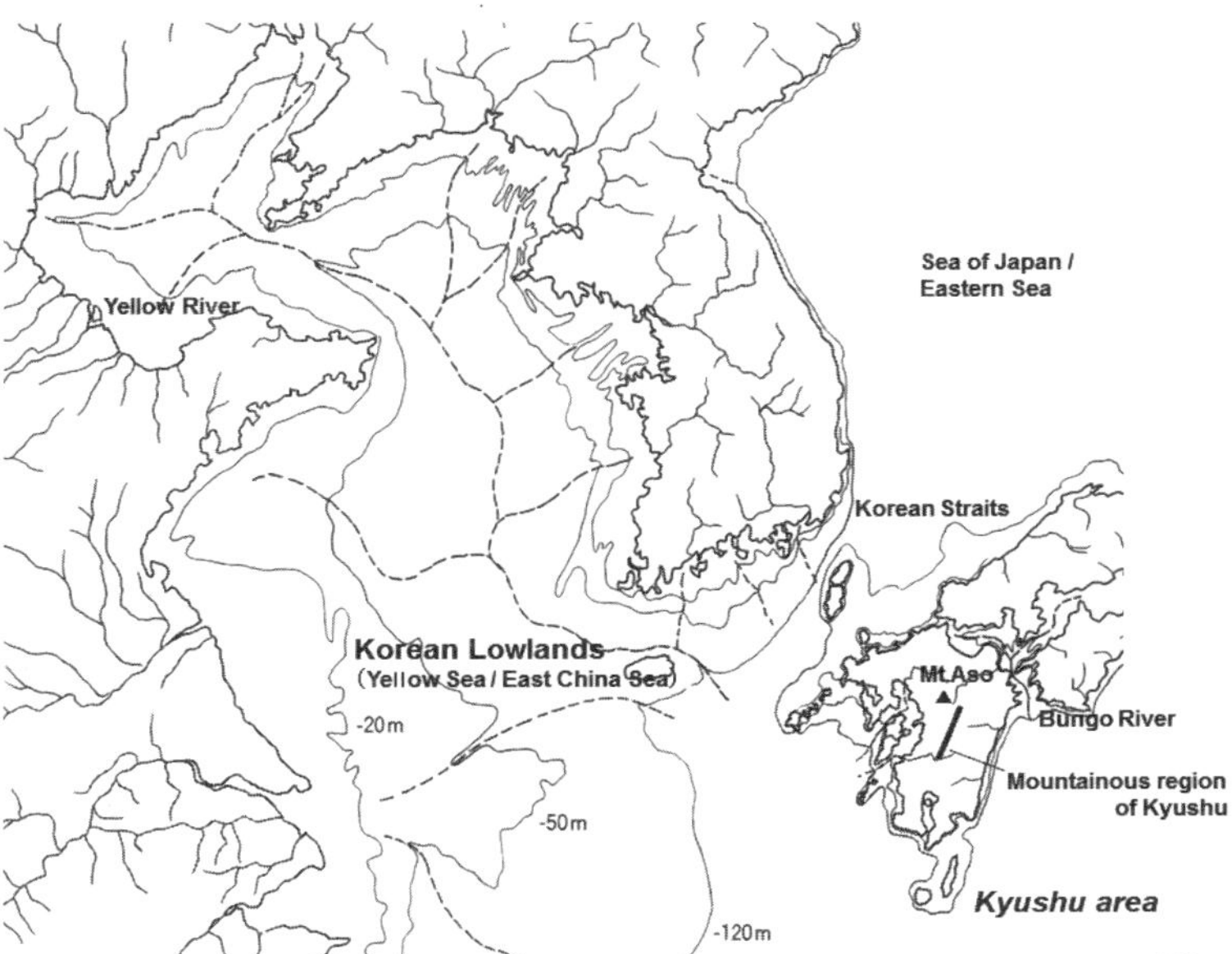

図２　海水面がマイナス120mとなった場合の九州周辺地形

当時の地形について、氷期の最中であり、海水面は今よりも最大で約一二〇メートル下がっていました。マイナス一二〇メートルで計算しますと、たとえば現在の黄海のほぼ全域が陸地となり、南北で約一二〇〇キロ、東西で約六〇〇キロの大平原が人類活動の舞台となったことになります（図2）。大陸と九州との関係を考えるときに対馬海峡が問題になりますが、諸説あるとはいえ人の往来は可能な状況であったと推測されています。

そして、姶良カルデラの大噴火により、火砕流（入戸《いと》火砕流）と火山灰（姶良Tn火山灰）が広がって大変な事態になりました。入戸火砕流は、確認されるところで一五〇メートルに達する場所もあるように、想像を絶する地形の大激変でありました。入戸火砕流に直接巻き込まれた人々はほぼ間違いなく全滅したものと思われます。また、入戸火砕流が直接およばなかったとしても、その周辺に生きる人々にとって、環境が激しく変わったことは十分に想像されます。

実際に、入戸火砕流の前と後の遺跡を検討しますと、いくつかの変化をみることができます。まず、入戸火砕

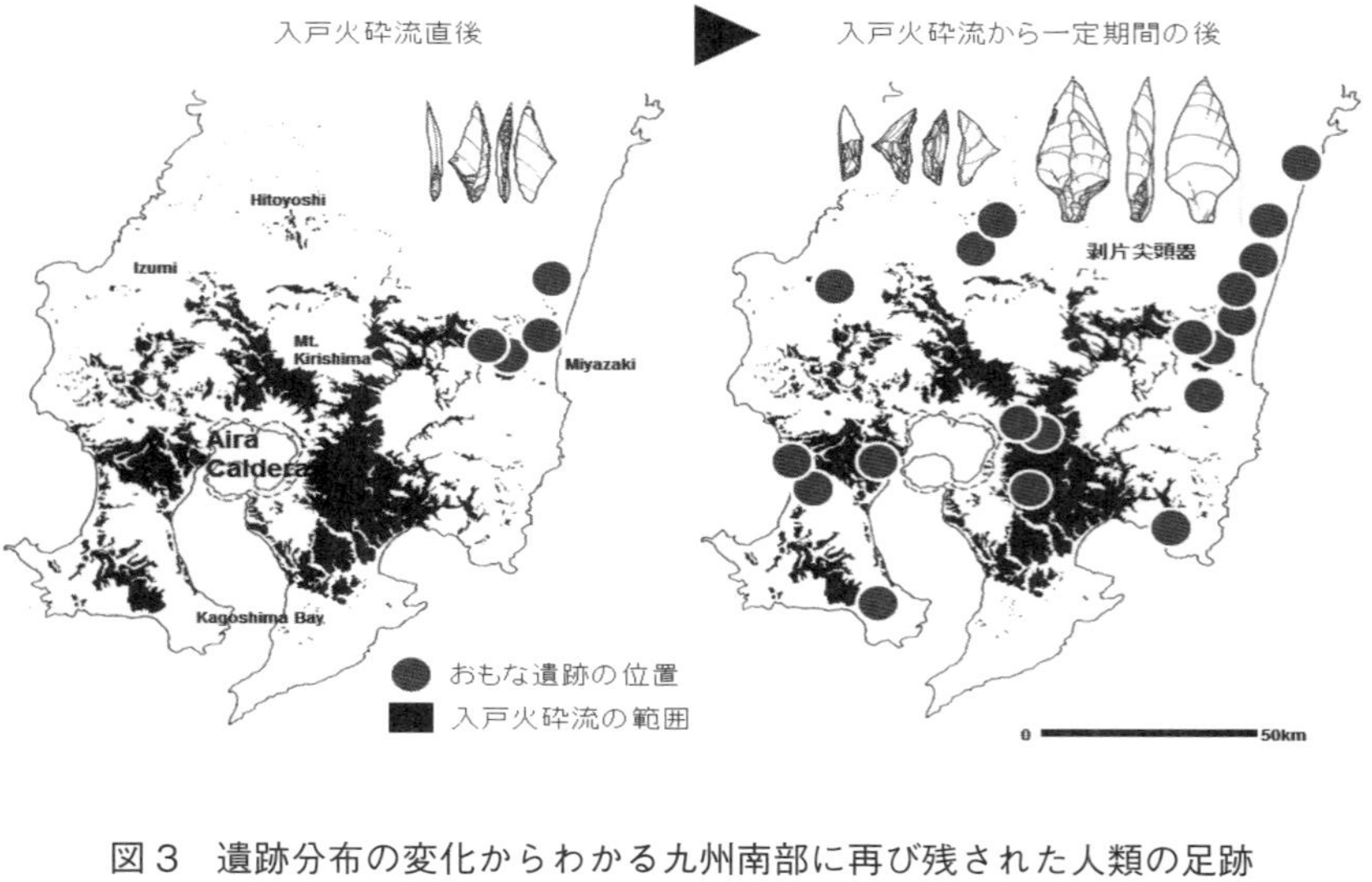

図３　遺跡分布の変化からわかる九州南部に再び残された人類の足跡

流がおよんだ範囲の中に産出する黒曜石（宮崎・熊本・鹿児島の県境付近の桑ノ木津留《くわのきつる》や日東《にっとう》等に産地がある）について、入戸火砕流の以前・以後で利用状況が変化する点です。入戸火砕流が発生する以前では、これらの黒曜石は、宮崎平野あたりまで長距離を運ばれて石器材料に使われていましたが、入戸火砕流の直後には、その黒曜石が一時的に使われなくなる現象がみられます。黒曜石産地に行けない、もしくは黒曜石を手に入れることが難しい状況になったのでしょう。

また、遺跡の残される場所も変化します（図3）。入戸火砕流が広がった一帯では、最近、高速道路建設等に伴って多くの旧石器時代遺跡の発掘調査が実施されていますが、入戸火砕流直後の人々の活動痕跡がほとんどみつかっていません。一方、入戸火砕流から少し時間が経った後になると、入戸火砕流が広がった只中にも、遺跡が残されるようになります。遺跡分布の変化からは、いったん無人化した後、入戸火砕流が厚く堆積した範囲にまで人々の活動が再び広がったことを読みとることができます。大災害を被った九州南部にも、再び人類の足跡が残されたわけです。

彼らが使った新来の石器の一つが、朝鮮半島に起源を持つ、おもに槍の先に付けられた石器─剥片尖頭器《はくへんせんとうき》です。そのほとんどが朝鮮半島と九州に分布しており、九州のものより朝鮮半島のものが古くからあります。剥片尖頭器は、対馬海峡あたりでの交流を介して九州北部でも採用され、当時は陸地であった今の有明海や天草周辺などを往来する人々の動きに伴って、九州南部でも数多く用いられるようになりました。とてつもない超巨大噴火による災害に見舞われた九州南部でしたが、その後の新たなはじまりは、朝鮮半島に起源をもつ剥片尖頭器とともにあったといえます。

図４　国際交流展ポスター「玉と王権」

二　穀壁の謎

二つめの話題は、一気に新しい時代になります。二〇〇九年の国際交流展「玉《ぎょく》と王権」では、鹿児島との県境付近にある宮崎県串間市で発見されたと伝えられている穀壁《こくへき》を取りあげました（宮崎県立西都原考古博物館、二〇〇九）。穀壁の原品は、東京にある前田育徳会が保存しており、玉の中で最高位とされる軟玉を素材としたもので、直径三三・三センチと非常に大きく、どこも欠けていない、まさに〝完璧〟という言葉の語源にもなったような逸品です。穀壁は箱に収められており、箱には明治一〇（一八七七）年一二月に湖山（漢詩人の小野湖山のこと）による墨書があります。箱の表には古い玉璧であることと、それを多氣志盧（幕末の探検家である松浦武四郎のこと）が持っていることが、箱の裏には、文政元（一八一八）年に日向国那珂郡今町村の農民の佐吉が、所有地である王之山を掘ったところ、石棺の中から古い玉、古い鉄器三十余が出てきて、その一つがこの玉であること、日向は上古の遺跡が多くあり、王之山もまた尋常でない古い塚であることがそれぞれ書かれています。穀壁そのものは本物ですが、このような穀壁が日本列島で出土することじたい普通には考えられない、位置づけの難しい資料ではあります。その評価の今日的到達点は、次のとおりです。

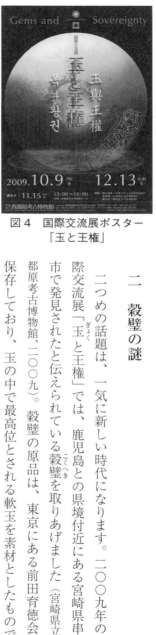

まず、この箱書きについて検討された北郷泰道さんは、古代の遺跡に関し当時から多くの情報を持った「西都原」「（高千穂）三田井《みたい》」等でなく情報の少ない「串間」出土としている点や、串間地域が石棺を用いた墳墓の分布域である点、青銅器でなく鉄器とともに出土した点について、最新の考古学調査の成果と整合的であると注目されています。

京都大学の岡村秀典先生によりますと、穀壁は、漢王朝が朝鮮国や南越国の王侯クラスの人物へ送ったものであり、南越王墓から出土した穀璧と伝串間出土の穀璧とは、獣文の表現や彫刻の手法がよく似ていることから、両者はおそらく同じ時期の同じ工房で作られたのであろうとされています。そして、あくまで前田育徳会所蔵の穀璧が〝串間出土で正しい〟という前提の下で解釈を試みた場合、朝鮮国で保管されていた穀璧が、紀元前一〇八年の朝鮮国の滅亡にあたって何らかの理由で流出し、最終的には串間にもたらされた可能性を示されています。いずれにせよ、確実なのは、先述のような箱書きとともに穀璧が前田育徳会で所蔵されているところまででありますが、出土地である〝王之山〟の特定ほか、今後も追究されるべき魅力的なテーマと思っております。その際、岡村先生も強調されたように、漢王朝とその周辺に位置する朝鮮国や南越国との国際関係の中において理解できるという点が肝心であることはいうまでもありません。

三　イネの来た道

最後は、イネをはじめとする穀物の栽培、そして農耕がどのような展開であったかという話題です。国際交流展としましては、二〇〇六年秋に「稲の来た道」、二〇一〇年秋に「東アジアの石器〜石器にみる農耕文化〜」を開催しております（宮崎県立西都原考古博物館、二〇〇六・二〇一〇）。

まず、「東アジアの石器〜石器にみる農耕文化〜」でも強調したところですが、注目すべきは、台湾では約六〇〇〇年前に台湾の西海岸の平野部で農耕社会がはじまっている点です。これについて台湾大学の陳有貝先生は、台湾が東アジアの稲作などの起源地に近いこと、中国大陸からの移住等によって〝突然に〟農耕がもたらされたこ

図５　国際交流展ポスター「稲の来た道」

と、台湾の多様な生態環境が農耕の発展に相応しい数多くの好条件を備えていたこと、その結果として稲作が非常に盛んになったと述べておられます。台湾では、長江下流域等ではじまった稲作とその文化が、朝鮮半島や九州よりもずいぶんと早く直接的に入ってくる様相があったのであり、〝中国大陸に貼りつく島〟という点では同じ台湾と九州でありますが、台湾と九州での稲作の登場状況は大きく異なっていたわけです。

さて、九州東南部に稲作が伝わるルートについて示唆的な現象があります。九州東南部での稲作登場の前段階に、孔列文《こうれつもん》土器と呼ばれる、甕の口縁付近に孔を貫通させる(未貫通もある)特徴をもつ朝鮮半島で登場したスタイルが、九州北部と九州東南部で流行します。そして、稲作とともに朝鮮半島から九州へ伝わってきた道具の一つである擦切《すりきり》石庖丁についても、孔列文土器と同じく、九州北部と九州東南部とで使われています。孔列文土器が先行し、擦切石庖丁は新しいという年代差はあるのですが、不思議なことに年代の違いを超えて共通する分布を示すわけです。これについて、孔列文土器に関する情報が伝わるルートが先にあり、後に同じルートに乗って稲作や擦切石庖丁の情報も入ってきて、九州東南部でも採用されたのであろうと評価されています。

図６　国際交流展ポスター
「東アジアの石器
～石器にみる農耕文化～」

九州東南部の最古のイネ資料は、都城盆地にある黒土《くろつち》遺跡から出土した土器の中に残された圧痕です。最近、同じ土器などの詳しい観察、分析が進められまして、イネの圧痕に加えてアワの圧痕も確認されました。当時の水田の跡は、都城盆地にある坂元《さかもと》A遺跡で発見されています。それは、たとえば福岡の板付《いたづけ》遺跡でみるような、井関があり、高度な水利施設を完備した、整然とした水田区画というようなものではありません。坂元A遺跡の水田について、宷畑光博さんは、地形や水、どういった土であるかといった自然条件を最大限に理解し、利用して作られている水田であると評価されています。また、近年では、熊本大学の甲元眞之先生や小畑弘己先生等のご指導の下、フローテーションという方法で土を洗って植物種子を探すことで、実際の弥生時代の遺跡で何が栽培され、あるいは採集され食べられたのかを探る取組みが宮崎でもどんどん進められています。少し古いデータですが、たとえば宮崎県埋蔵文化財センターでは二〇〇三年からの五年間で約三・五トンの土を洗っており、その成果の一つとしまして、宮崎平野や都城盆地の弥生時代中期後半から後期にかけての遺跡からイネ、イチイガシが多くみつかりまして、ほかにアワやオオムギ、コムギ、マメの類、ツブラジイやキカラスウリ、カキノキ等も確認されました。先ほど述べました土器に残された圧痕からわかる情報と総合化されて、弥生時代に何が栽培・採集され食べられたのか、より詳しいことがわかりつつあります。

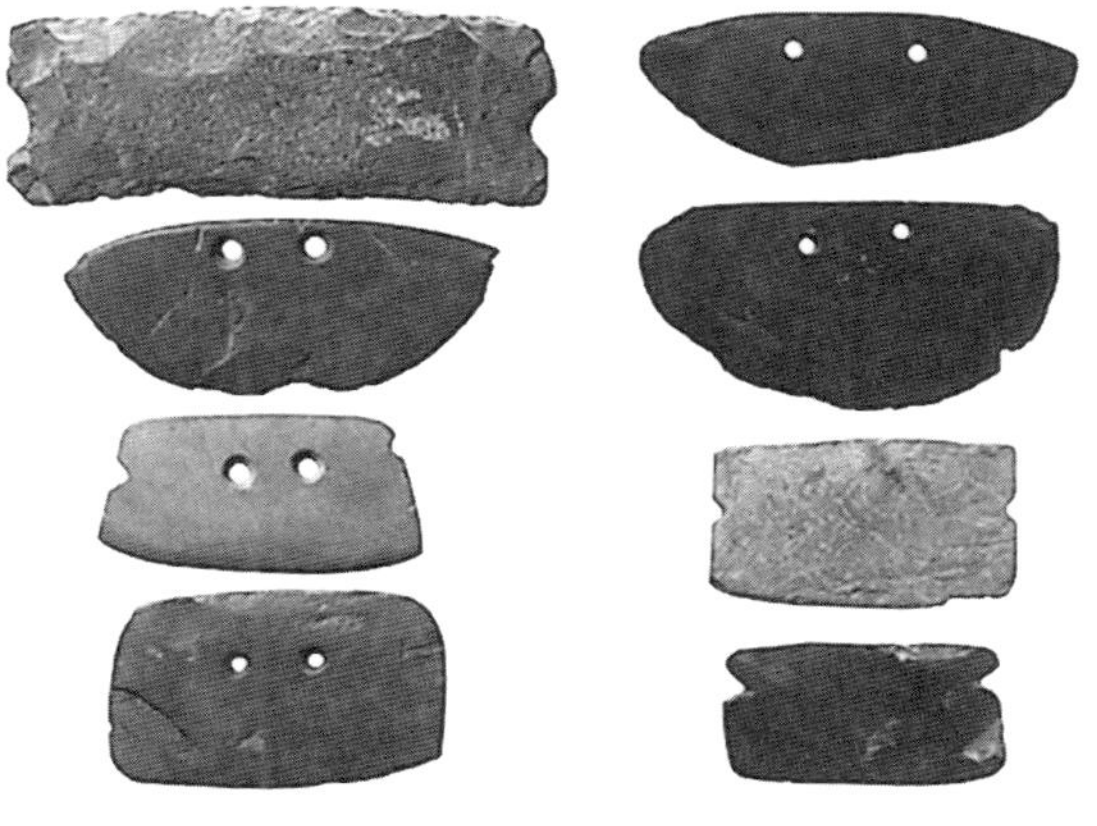

図7　宮崎平野等で用いられた様々なスタイルの石庖丁
（写真所蔵：宮崎県立西都原考古博物館）

稲作とともに登場した新来の道具も、面白い動きをみせます。たとえば、弥生時代中期前半までは、九州北部産石材で作られた扁平片刃石斧・柱状片刃石斧が九州東南部まで持ち込まれています。そして、中期後半から後期には、地元の石を使った大小さまざまいろいろな扁平片刃石斧が作られ、また、柱状片刃石斧は瀬戸内地方で作られたものが入り込むように変化します。柱状片刃石斧のうち、瀬戸内地方からみて西側にもっとも遠くまで運ばれた例は、鹿児島県鹿屋市の王子《おうじ》遺跡の出土品です。九州北部と瀬戸内地方との関係は、石庖丁のスタイルの変化にもみることができます（図7）。宮崎平野等での様子を簡単にまとめますと、弥生時代中期くらいまでは九州北部で流行する半月型で紐かけの穴をもつタイプのものが基本的に使われますが、弥生時代後期になると瀬戸内で流行する方形で紐かけの抉りを持つタイプが多く採用されるようになります。中には、方形で抉りを持ちつつも紐掛けの穴まであけているという、瀬戸内と九州北部のハイブリッドとでもいうようなとても面白い石庖丁も登場します。一方で、より内陸側になりますえびの盆地や高千穂盆地のように、九州北部の特徴を持ったものが長く残る地域もあります。九州東南部という狭い範囲の中でも、片刃石斧や石庖丁の様相からうかがえたように、地域と地域のつながりの中でそれぞれの歩みをみせたわけです。

おわりに

ここまで剥片尖頭器、穀璧、イネをめぐる三つの話題を紹介しました。いずれも、日向の地域史に留まらない、日本あるいは東アジアの歴史にとっても重要な内容であると思います。中国大陸の東の縁に朝鮮半島があり、中国大陸とは海を挟んで台湾や九州といった島があります。このような大陸や各地域における文化的な、そして地理的な位置関係の中で、個別の実情に応じて歩んできたということを最後に申し上げ、結びとしたいと思います。どうもありがとうございました。

引用・参考文献

宮崎県立西都原考古博物館　二〇〇六『稲の来た道』日韓交流展図録
宮崎県立西都原考古博物館　二〇〇九『玉と王権』国際交流展図録
宮崎県立西都原考古博物館　二〇一〇『東アジアの石器～石器にみる農耕文化～』国際交流展図録
宮崎県立西都原考古博物館　二〇一二『人の来た道～東アジアの旧石器時代と宮崎～』国際交流展図

四　長江文明は日向に来た

立命館大学環太平洋文明研究センター長　安田喜憲

一　はじめに

佐賀テレビの副社長で西日本新聞社にいらっしゃった内藤大典氏のご縁で長江文明を研究するようになりました。さて、田島龍太氏の菜畑遺跡からはじまりまして、村岡安廣氏の和菓子のお話まで伺いました。のちほどパネルディスカッションでも討論しますが、日本文化の基層を論じる時には、長江文明との関係を視野に入れる必要があると思います。また、欠端実氏がおっしゃったように（本書第Ⅱ章二）、竹で筏を組めばどこでも渡れるんです。カンボジアにあるトンレサップ湖に浮かぶ竹の筏の上には、ブタを飼ったり、魚の生簀もあり、バスケットボール場まであります。当時は、陸上を渡るよりも海を渡るほうが、よほど楽だったと思います。

この報告では以下の二点を述べたいと思います。

一つ目は、吉野ヶ里遺跡についてです。深野弘行氏と私は同じ意見でした。ユダヤの人々がイスラエルに入植したときに、何をしましたか？　巨大な壁を作ったでしょう。同じように、吉野ヶ里遺跡でも、まさに従来の日本人がいるところに中国系・朝鮮系の人が大量にやってきて、日本人から自分たちを守らなければならないということで、巨大な防柵と見張り台を作ったのではないでしょうか（図1）。吉野ヶ里遺跡に朝鮮系の人々が居住していたことは、多くの朝鮮系の土器が出土していることから明らかになっています。

二つ目は、ご挨拶で申しましたとおり、私は九州には北と南のルーツがあると指摘しました。現代の考古学者の多くは、北を中心に考えておられるようです。パネルディスカッションで高宮広土氏が発表されると思いますが（本書第Ⅳ章）、確かに、本州よりも沖縄のほうが稲作が古いという証拠は、今のところ見つかっていません。しかし私は、長江下流域から直接東シナ海を越えて、本州や九州に来るルートがあってもいいのではないかと思っています。

二　偏った世界史を教えられた？

私たちは、中国の湖南省の城頭山遺跡を発掘調査いたしました。城頭山遺跡では、六〇〇〇年前の円形の遺跡です（図2）。今でもここは豊かな農耕地です。

世界史のなかの四大文明―メソポタミア文明・インダス文明・黄河文明・エジプト文明、これらは皆、畑作牧畜民の文明です。古代文明が成立した中心地は〝肥沃な三日月地帯〟と呼ばれています。私はどんなところか行ってみました。岩だらけの山が広がっていました（図3）。そしてその〝肥沃な三日月地帯〟では今も戦争が絶えません。のちほど金子晋右氏からシリアの戦争のお話があると思います（本書第Ⅲ章二）。畑作牧畜型の人は、一方的に

図１　佐賀県吉野ヶ里遺跡の防御柵と溝と杭

自然を収奪した結果、このような岩山を作り出しているのです。

皆さんは偏った世界史を教えられていたのではないでしょうか。人類の古代文明は、メソポタミア・インダス・黄河・エジプトの四大文明だと教えられました。もちろん私たちはそれを信じて疑いませんでした。しかし〝肥沃な三日月地帯〟に行ったら、木一本、草一本ない岩だらけの山だったのです（図3）。

確かに、一万年前にはこの〝肥沃な三日月地帯〟にも森がありました。それは、私が花粉分析をして復元しております（Yasuda *et al.*, 2000）。しかし、そのあと森を一方的に収奪した結果、森はなくなってしまったのです。

図２　中国湖南省城頭山遺跡

図３　メソポタミアの肥沃な三日月地帯の現在の風景

ところが、稲作漁撈社会は、六〇〇〇年前に巨大な都市の遺跡があった同じ場所で、六〇〇〇年後も人間が稲作をしながら暮らしています（図２）。

一方的に自然を収奪・搾取して、大地を砂漠に変えていく。これが、畑作牧畜型の文明です。現代の欧米文明はその延長線上にあり、私たちが学んだ世界史は欧米の歴史観の影響を受けています。これに対して、稲作漁撈民はそうではない。自然と人間が共生しながら、千年でも万年でも、この美しい大地で生き続けるということに、最高の価値を置いているわけです。これが、稲作漁撈文明を再評価しなければならない理由です。偏った世界史を勉強をしている限り、新しい文明の未来は創造できないと思います。このような意味を込めて、近著『環境文明論』(安田、二〇一六)に新たな世界史像という副題をつけました。

三　西洋の没落

一〇〇年前にオスヴァルト・シュペングラーが『西洋の没落』という有名な本を書きました(シュペングラー、二〇一五)が、それが現実化して来ました。シリアから一〇〇万人以上の難民がヨーロッパへ行きます。アフリカや中東・東欧諸国から豊かな暮らしを求めて西ヨーロッパの移民が急増しています。ローマ文明が衰亡したときは、ゲルマン民族が怒涛のようにローマに雪崩れ込んで来ました。そして、ローマ文明は崩壊しました。古代地中海世界は崩壊したわけです。

現在ではEU諸国のドイツやフランスの西ヨーロッパ諸国に、シリアあるいはアフリカ・中東・東欧の貧しい人々が怒涛のように移動しています。これは、「西洋の没落」のはじまりを表していると私は思います。

では、その西洋に代わるものは何か。それは、東洋です。東洋の稲作漁撈しかないのです。その稲作漁撈民は、この美しい地球で、生きとし生けるものとともに、千年も万年も生き続けるということに、最高の価値を置いたのです。これを新しい文明の価値として、これから世界に広めていかなければならないわけです(安田、二〇〇九a)。

すでに何度も指摘していますが(安田、二〇一五・二〇一六、Yasuda, 2008)、私たちが年縞を分析した結果、四二〇〇年前に大きな気候の寒冷化があることがわかりました。四二〇〇年前の気候の寒冷化によって、北方から畑作牧畜民が南下してきました。そして、南方の、もともと長江の中・下流域で稲作農業と漁撈をしていた人々が皆、追い出されるわけです。そのために、一部の人々が雲南省や貴州省に逃れていきました。また一部の人々は、ボートピープルになって日本へ来たり、あるいは台湾へ行きます。その後、三五〇〇～三〇〇〇年前にも同じようなことが起こります。こういうことが東アジアでは繰り返し引き起こされたのです。

ところが、これまでのお話では稲作伝播のルートとして、山東半島から朝鮮半島を経由して日本列島へ来るルートのみ、みなさん考えられているようです（本書第Ⅰ章）。私は長江流域から直接、ボートピープルになって東シナ海を渡って日本列島に来る道が必ずあったと考えています。そして、吉野ヶ里遺跡は中国系・朝鮮系の人々によって侵略されたコロニーだったと思います。吉野ヶ里遺跡の中にいる人々と外側に居る縄文時代以来の伝統を持った人々は敵同士だったのです。そして、縄文系の人々から攻撃されてはいけないということで、あのような巨大な防柵を作ったのではないかと思います。そういう視点を導入しなければいけないのではないでしょうか。

四　天地の結合を大切にした稲作漁撈民

長江文明の人々は、玉を大事にしました。図4は、玉琮です。玉琮は玉のなかでも宗教的な権威をもち、最も大事なものです。玉琮は丸と四角の結合からなっています。これは、『淮南子・天文訓』に、丸・円は天、四角・方は大地だとあり、これは天地の結合を表しています。つまり、稲作漁撈民にとって一番大事なことは、天地の結合なのです。山は磐の梯子であり、この梯子で天と地を結合することによって、豊穣の雨を降らせるわけです。しかし、その山を里に持ってくることはできませんから、河原で採れる美しい石、玉に加工して豊穣の儀礼を行いました。

玉琮に直径約三センチの神獣人面文が彫られています。大変精緻なもので、最初は中国の考古学者も、漢代のものだと思いました。ところが、^{14}C年代を測ると、全部五〇〇〇～六〇〇〇年前の値が示されました。つまりイ

図４　長江文明は玉器文明だった

玉は山のシンボルだった。玉のなかでもっとも品格の高い玉琮は、丸（天）と四角（地）の結合からなっていた。アメリカ・インディアンを彷彿とさせる良渚の玉琮に彫られた神獣人面文様の直径は、約３cm前後（『良渚文化玉器』文物出版社による）。

図５　台湾のルカイ族やパイワン族などの少数民族

彼らも鳥と蛇、太陽・柱を崇拝し（右）、そしてアメリカインディアンと同じような羽飾りの帽子をかぶっていた（左）。
（撮影安田喜憲）

ンダス文明やエジプト文明、メソポタミア文明が発展したころと同じ時期です。この時期に、長江流域では文明と名のつくものがあったということです。

図5左は、鳥の羽飾りの帽子です。アメリカインディアン（ネイティヴ・アメリカン）と同じ鳥の羽飾りの帽子を、稲作漁撈民もふくめて環太平洋の人々はかぶっていたのです（図5右）。環太平洋の人々は、なぜ鳥の羽飾りの帽子を身につけたのか。それは、鳥は天と地をつなぐからです。天地の結合こそが、最も重要なものだったからです。前述の玉琮も丸と四角で天地の結合を示していました。

そして、古墳時代を代表するものに「前方後円墳」があります。

「前方後円墳」という名称は、江戸時代に蒲生君平が遊び心から名づけて以来、現在まで使用されています（広瀬、二〇〇三）。しかし、本当に「前方後円墳」なのかどうかは考えてみる必要があるのではないでしょうか。私（安田、二〇〇九b）は、「前方後円墳」ではなく、「上円下方墳」ではないかと指摘しました。「上円下方墳」つまり天地の結合を表しているということです。円と方の結合は、天と地の結合を表しています。これが、古墳時代を代表する「前方後円墳」の思想的背景なのではないかと考えています。

五　鰐大明神が佐賀にはあった

図6は京都の月読神社に奉納される隼人舞です。S字文を書いた盾を持って踊ります（図6）。この隼人舞のS字文は、長江流域の稲作漁撈民の蛇信仰を表していると考えられます（安田、二〇一五）。

私は長江の下流域と日本との交流は、七〇〇〇年前まで遡ると思います。七〇〇〇年前に、すでに長江の東シナ海を横断するような航路が、十分確立されていたと私は考えております。

それからもう一つ、これはすでに指摘しておりますが（安田、二〇一五）、『日本書紀』に、事代主が八尋鰐になって三嶋の玉櫛媛に通ったと記されています。『出雲風土記』には、和爾（ワニ）が阿井の村の玉日女を慕って川を上ってきたとあります。また、『肥前風土記』には、鰐が川上の世田姫という石の神様を慕って、毎年毎年流れに遡って上ってくると書いてあります。いったい、このワニとは何でしょうか。

図6　京都月読神社の隼人舞（京田辺市観光協会提供）

ワニは日本にはいません。ですから、日本の古代史家にはサメだと考える説があります。ワニはワニとして解釈しなければいけないのではないでしょうか。出雲のウサギが大国主命に助けられる前に、ワニに身ぐるみを剥がれる神話も、サメだとみなしてはいけないのではないでしょうか。

ワニは長江流域以南に生息しています。この神話は古くから長江と交流があったことを示しているのです。今回のシンポジウムのもう一人のオーガナイザーである七田忠昭氏が、私に写真を提供してくれました。家のすぐ前に、鰐大明神（図7）という神社があると言うのです。しかも、七田家は代々その鰐大明神のお世話をしているそうです。これは、もうご先祖が「安田と一緒に仕事をしてみろ！」ということを言っておられるのではないかと、私は勝手に解釈しました（笑）。

ともかく、七田家は鰐大明神の注連縄を作ったりお供えをしたりして、代々お世話をなさってきたのです。不思議なご縁ですが、吉野ヶ里遺跡を発掘されたのも七田氏です。これも何かのご縁です。目に見えない縁があって、彼はこの鰐大明神を祀っておられ、吉野ケ里遺跡を発掘され、今回私と一緒にシンポジウムをオーガナイズされたのだと思います（笑）。

図7　七田家が代々守ってきた鰐大明神（七田忠昭氏提供）

六　西都原古墳には武装した女性がいた

次に宮崎県の話に移りたいと思います。宮崎県には、西都原古墳があります。藤木聡氏が、松浦武四郎が持っていた玉璧（穀璧）についてお話しされました（本書第Ⅱ章二）。玉には、いろいろな種類があります。琮、璧、鉞な

図８　宮崎県西都原古墳群（上）・
県立西都原考古博物館の女性の墓についての展示（中）・
展示された髪の毛のある女性の頭骨（下）

どがありますが、璧は財宝のシンボルです。この西都原古墳の玉璧を見た瞬間に、私は「これは当時の日本人では製作することは無理だ、中国から持ってきたにちがいない」と思いました。この玉璧はおそらく中国から渡って来たものだと思います。

宮崎県立西都原考古博物館の展示で驚いたものは、西都原古墳に武装した女性がいたということでした。女性が武装しているのです。普通女性といったらあまり戦わないじゃないですか。ところが、ここには戦う女性がいたのです。そして、髪の毛が残っています。吉野ヶ里遺跡でも、髪の毛が残っている人骨はありますが、男性のものしか残っていません。ところが、ここは男性の髪の毛とともに、女性の髪の毛も残っているのです（図8）。

男性と女性の両方が残っていることが大事です。なぜ大事か。それは、長江文明が崩壊したあとのことで、今回のパネルディスカッションでも松下孝幸氏が自然人類学の立場から発表してくださる内容にかかわってきます（本書第Ⅳ章）。

長江文明が崩壊したあと、メコン川を下って、人々はカンボジアへ行きました。そしてクメール文明を作っています。カンボジアのトンレサップ湖の北側にはプンスナイ遺跡があり、私たちが発掘調査しました。プンスナイ遺跡のE地区のお墓を発掘したところ、ヘルメットを持ち、青銅の剣を持って、青銅の腕輪を着けている女性が検出されました（図9）。多くの腕輪を着けているので、腕輪族と名づけました。

腕輪を着け、ヘルメットをお腹の上などに置いています。私は男性だと思ったのです。そうしたら松下氏の同定ですべて女性でした。女性の兵士が

図9　カンボジア・プンスナイ遺跡E地区から出土した女性の人骨

いたということです。出土した人骨の三分の一くらいが女性でした。しかも、女性だけの墓を持っています。男性だけの墓と、女性だけの墓があるのです。女性だけの墓を持っていたということは、女性の力が非常に強かったということです。しかも女性は武装していた。女性も男性と同じように、武装して戦っていたことを示しています。

七　男性中心の社会と女性中心の社会

先ほど欠端實氏がおっしゃった日本神話が伝播したルート（本書第Ⅱ章一）と重なりますが、雲南省から中国の南を通って、鹿児島から長崎へくるというルートがかつてありました。ところが、大陸から来たとみなされる吉野ヶ里遺跡では、少なくとも甕棺に葬られたのは男性しかいません。たとえば男性か女性かわからないというものはほとんどありません。すべて男性だということです。つまり、中国や朝鮮半島と同じように明らかに男性中心の社会が北部九州にはあったのです。

今回のお話のなかで私が共鳴したのは、常松幹雄先生のお話です（本書第Ⅰ章二）。二〇一一年に、東日本大震災が起こりました。そうしたら、香港のレストランに、「犬と日本人はお断り」と書いた看板が出たそうです。これに対して、『朝日新聞』（二〇一三年四月一四日朝刊）に「日本人を犬と同列にするのはけしからんじゃないか」という記事が掲載されました。しかし、対馬国の大官（知事）は卑狗、つまり卑しい狗（いぬ）と書いてあります。そして、副官は卑奴母離、つまり卑しい奴隷の母だと書いてあるのです。そのことを問題にした日本の古代史家は、今まで一人もいません。嬉しそうに中国の史書に日本のことが書かれていることを論じてきました。しかし、東夷からして、夷（えびす）というように蔑称されていることに気がつくべきです。

彼らは畑作牧畜民ですから、乾燥した畑でコムギやオオムギを栽培して、パンや万頭を作り、また、ヒツジやヤギを飼い、ミルクを飲んでたんぱく質として肉を食べています。泥田に這いつくばってお米を作って、味噌汁を飲んで発酵食品を食べ、海に潜って魚介類を獲り、そこからたんぱく質を得るような風習を持った稲作漁撈民のライフスタイルや、ましてや女性中心の社会のあり方など理解できませんでした。

中国の史書は、畑作牧畜民が稲作漁撈民のライフスタイルに奇異の目をむけて書いたものなのです。米と魚介類を食べ、女性中心の社会を維持する稲作漁撈民を蔑視する視点で書かれたものなのです。しかし、そのことを問題にした日本の古代史家は、これまでわずかでした。

常松先生がお話しされたように、志賀島の金印は「漢倭奴国王」を「かんのわのなのこくおう」と読むのが古代歴史家の常識でした。ところが二〇一二年に、冨谷至先生（冨谷、二〇一二）は著書『四字熟語の中国史』で、「漢倭奴国王」は「かんのわのなのこくおう」ではなく、あくまでも漢の倭国の国王の印であり、奴は蔑称だと指摘されました。奴は奴隷の奴ですから、そういうふうに読むべきだとおっしゃったのです。私は「よくぞ言われた」と思いました。この冨谷先生の推測はあたっていると思いますし、それを評価された常松先生も立派です。

八　むすび

四大文明というのは、畑作牧畜民が作った文明でした。これは、ヨーロッパ人が見れば自分と同じようにパンや万頭を食べてミルクを飲んで肉を食べる畑作牧畜民が作った文明ですから、彼らには四大文明は理解しやすいものでした。しかし、その四大文明は自然を一方的に収奪するという闇をもった文明だったのです。それは、現在の〝肥沃な三日月地帯〟を見ればわかりました。草木一本ない岩だらけの禿山です（図3）。これは「肥沃とは言えないだろう」と私は思いました。それを〝肥沃な三日月地帯〟だと言って、パラダイスのように教えている現代の世界史の先生に疑いをもちました。もちろん一万年前までは、ここにも豊かな森がありました。しかしそれをすべて収奪し尽くしたのです。現代の物質エネルギー文明もまたその延長にあります。明治以降、私たち日本人はこの畑作牧畜民が作った物質エネルギー文明の光輝に幻惑されて来ましたし、今もまだその幻惑に取り付かれている方が大半でしょう。しかし、そろそろ目を覚まさないといけないのではないでしょうか。

それは四大文明こそが人類の輝かしい歴史を創造したのだと教える世界史の教育が悪いのではないかと思いました。私は学生時代にマルクスの「アジア的生産様式」という言葉を勉強しました。ところが、マルクスという人は、東南アジアの稲作漁撈社会にさえ一度たりとも来たことがないんです。稲作漁撈社会を見たこともない人が言うことを真に受けて、日本の歴史家は、自分たちの足元の歴史に対する自信を喪失したのではないでしょうか。

稲作漁撈民は、文明とは程遠い存在だと信じてきました。しかし、私が長江に行って調べてみると、巨大な稲作漁撈社会の文明があるわけです。五〇〇〇年前に、金属器を用いずに硬い玉に浮き彫りを施しています。どうして直径約三センチのなかに、あんなに細かい彫刻ができたのでしょうか。このような人々が、文明を持っていないはずがありません。そして、その社会はじつは女性中心の社会だったのです。女性が非常に大きな力を持っていた社会です。

そうすると、先ほど申し上げたように、吉野ヶ里遺跡では、男性の骨しか出土していません。ところが、西都原古墳では髪の毛を束ねた女性の頭骨が出土しました。しかも、武装しています。西都原古墳では女性の墓もきっとあっただろうと思います。これこそが、日本の真の姿です。男性と女性は平等なんです。稲作漁撈民の社会は、女性が頑張る社会です。女性の力が強い社会です。

これは、欠端先生がよく言っておられるように、苗族の家にはおばあさんのベッドはあっても、おじいさんのベッドがないのです(欠端・安田、二〇〇六)。おばあさんと稲穂のベッドはあっても、おじいさんのベッドはない。それほど女性が大きな力を持っているのが、稲作漁撈社会です。その伝統が、今までずっと日本の社会の底流にはあります。明治以降、欧米文明のよさを取り入れて、豊かになってきました。そして私たちは第二次世界大戦の敗戦によって、日本独自の歴史と伝統文化をかなぐり捨てて来ました。しかしこれからは、日本人の歴史と伝統文化を大切にしないといけません。それは縄文文化の伝統であり、長江からやって来た稲作漁撈社会のあり方です。

長江から船に乗って、人々が東シナ海を渡って来たとき、彼らはヒツジやヤギを飼いませんでした。黄河文明の人々はミルクを飲みます。豚肉を食べます。肉が大好きです。しかし、照葉樹林文化（中尾、二〇〇六）の人々は、ミルクを飲まず、たんぱく質を魚介類に求めました。

日本の縄文文化は女性中心の社会です。土偶の九〇％以上が妊婦であることからもわかるでしょう。女性は生命《いのち》を生み出しますから、女性中心の社会は生命《いのち》を大切にします。生命《いのち》を維持する根本は生命《いのち》の水の循環です。生きとし生けるものにとって生命《いのち》の根幹をささえているのは、生命《いのち》の水の循環です。

こういう社会に、長江から稲作を持った人々がやってきました。おそらく、数も大して多くないでしょう。ですから、当然上手くミックスして、平和裏のうちに新しい文明を創造することができたのです。鹿児島はシラス台地で、稲作には適していません。しかし、宮崎には稲作に適した肥沃な沖積平野が広がっています。ですから、宮崎で新しい文明を創ったのではないでしょうか。これが新しい日本の歴史と伝統文化に立脚した生き方となったのではないかと思っています。

自然を一方的に収奪する畑作牧畜民の文明は物質エネルギーに満ち溢れた文明を創造して来ました。しかし自然を一方的に収奪した結果、〝肥沃な三日月地帯〟は草木一本ない岩だらけの禿山になりました（図3）。そのことを世界史の先生は教えるべきだったのに、欧米文明の輝きに幻惑された人々は、自分たちの足元にある稲作漁撈文明のすばらしさに長らく気づきませんでした。生命《いのち》の水の循環を守り、生きとし生けるものとともに千年も万年もこの美しい地球で暮らし続けることに最高の価値においた文明の原理の重要性に気づけなかったのです。これからは人間とともに暮らす生物や森と、自然とどう共生しながらこの美しい地球で人類は生きていくかを考えないといけないのです。そのためには世界史の認識・日本史の理解を根本から変える必要があるのではないでしょうか。

このシンポジウムは新しい文明の時代を創造するために行っています。新しい文明の時代を創造するには、どうしたらいいか。欧米の文明は明らかに没落しはじめているわけです。それに代わる、新しい文明の時代を創造できるのは、東洋の稲作漁撈文明の原理しかないと私は思うのです。

これで終わりたいと思います。ご清聴ありがとうございました。

引用・参考文献

O・シュペングラー（村松政俊 訳）二〇一五『西洋の没落　第一巻・第二巻』五月書房

欠端　實・安田喜憲　二〇〇六「稲作漁撈文明と人類の未来」安田喜憲ほか『文明の風土を問う』麗澤大学出版会、一一五–一八一頁

冨谷　至　二〇一二『四字熟語の中国史』岩波新書

中尾佐助　二〇〇六『中尾佐助著作集Ⅵ　照葉樹林文化論』北海道大学出版会

広瀬和雄　二〇〇三『前方後円墳国家』角川選書

安田喜憲　二〇〇九ａ『稲作漁撈文明』雄山閣

安田喜憲　二〇〇九ｂ『山は市場原理主義と闘っている』東洋経済新報社

安田喜憲　二〇一五『日本神話と長江文明』雄山閣

安田喜憲　二〇一六『環境文明論―新たな世界史像―』論創社

Yasuda, Y., Kitagawa,H., Nakagawa T. (2000) The earliest record of major anthropogenic deforestation in the Ghab Valley, northwest Syria. *Quaternary International*, 73, pp.127-136

Yasuda,Y. (2008) Climate change and the origin and development of rice cultivation in the Yangtze River basin, China. *AMBIO*, 14, pp.502-506

第Ⅲ章　稲作の未来

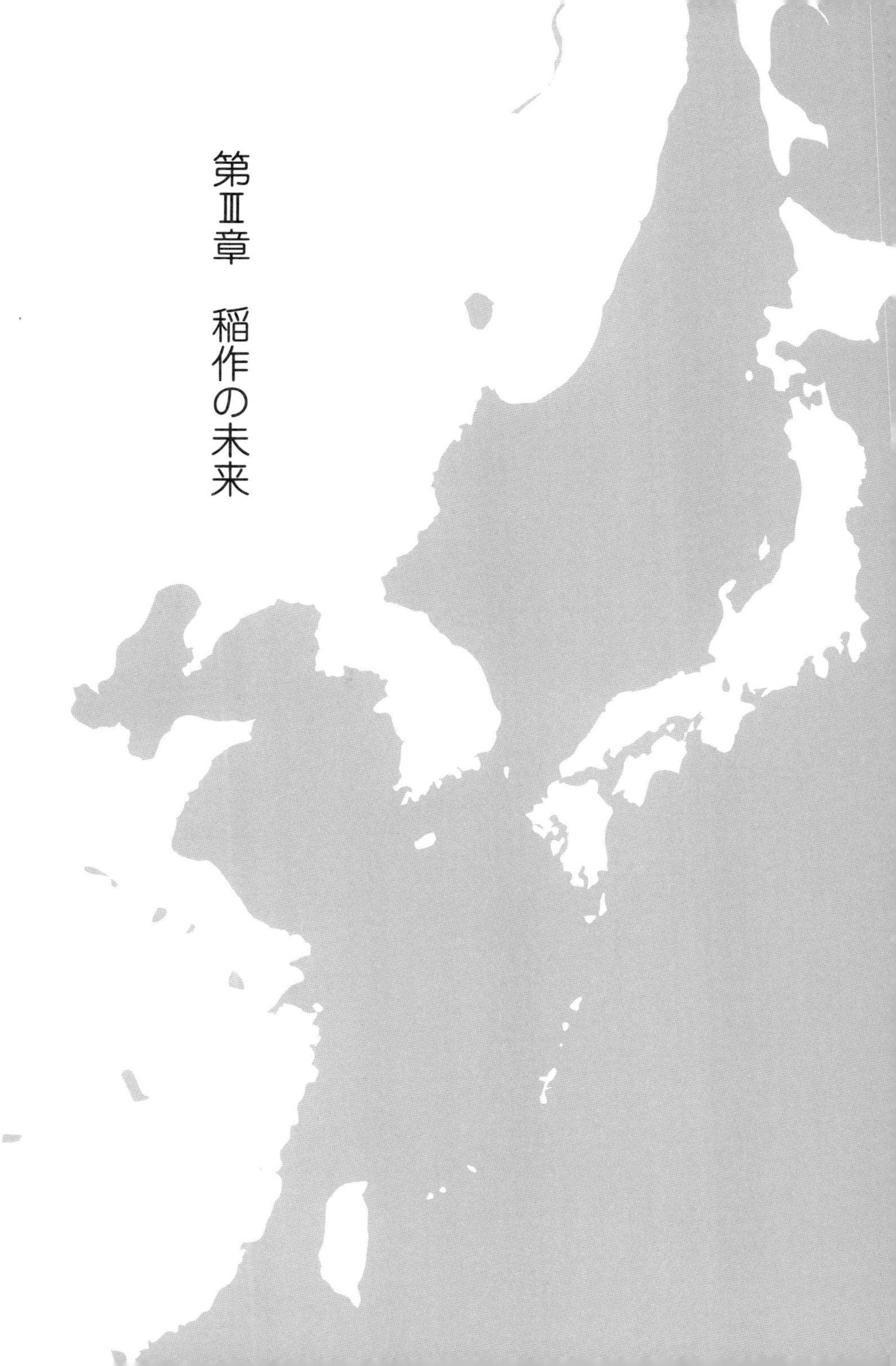

一　稲作をめぐる生業活動と環境利用
―ラオスと佐賀の農山村調査をもとに―

佐賀大学准教授　藤永　豪

一　はじめに

私の専門は地理学ですが、民俗学とも少し重なる研究をしております。とくに農山漁村にくらす人びとが、自分たちを取り巻く自然環境とどのように関わりあいながら、どのように自分たちの生活空間を展開してきたのか、ということについて、生業活動を中心に調査を進めています。これまでは、日本の農山漁村を対象に調査を行ってきましたが、最近では、ラオスなどアジアの国々も少しずつ調査しています。そこで今回は、「稲作漁撈」というキーワードを踏まえ、ラオスと佐賀の稲作をめぐる多様な生業活動を基軸に、アジアにおける稲作と環境利用、つまり、稲作に関わる人びとと環境とのつながり方、さらに、それを通して見る人びとのくらしのかたちやあり方について述べていきたいと思います。場所も中国あるいは朝鮮半島等から東南アジアのラオスに、さらに時間も現代へと大きく飛んでしまうことになるのですが、お許しいただきたいと思います。

二　ラオスの概要と経済システムの変化

ラオスは、中国・ベトナム・カンボジア・タイ・ミャンマーといった国々に囲まれた内陸の国です。首都はヴィエンチャンで、チベット高原に源流を発し、ベトナムで南シナ海に注ぐメコン川が国土を縦断しています。人口は二〇一三年現在、約六七七万人、国土面積は、約二三万六八〇〇平方キロ、日本の本州島くらいの大きさです。人口密度は一平方キロあたり二九人ほどです。気候としては、熱帯モンスーン気候が卓越しています。おおよそ、雨季が五月から一一月、乾季は一二月から四月の間で、特徴的な降水パターンが見られます。そうした自然環境の下で、とくに中南部においては水田稲作、北部の山岳地帯においては焼畑を中心とした農業、そして、森林資源を利用した、狩猟・採集活動が行われてきました。

ＧＤＰは約一一二億ＵＳドル（二〇一三年）で、日本のＧＤＰ、約四兆二〇〇〇億ＵＳドル（二〇一五年）と比べると大きな開きがあります。しかしながら、ラオスでは、一九八六年から展開されたチンタナカーン・マイ（新思考）と呼ばれる政策により、市場経済化が進められ、他のＡＳＥＡＮ諸国に追随するように、急速な経済成長を遂げつつあります。外国からも、多くの観光客が訪れるようになり、とくに都市部を中心に人びとのくらしのかたちは大きく変化してきています。

現在では、ヴィエンチャンを中心とした都市部に、ファミリーレストランやファストフード店、日本料理などの外食店、コンビニエンスストア等が数多く立地するようになっていますが、私が最初にラオスを訪れた二〇〇七年頃は、こうした店舗はヴィエンチャンでもほとんど見られませんでした。庶民の足としては、「トゥクトゥク」と呼ばれる三輪型の小型バイクが重宝されており、自動車は少なく、一緒に調査をしている現地のコーディネーターは、当時、ラオスには「三つしか信号がない」と表現されていました。信号は首都ヴィエンチャンにわずか三つあるだけで、あとはない、つまりそれだけ車等の交通量は少なかったわけですが、現在は交通量も増え、高級な外国車も頻繁に走っているような状態です。また、ヴィエンチャン市内は、現在建設ラッシュに沸いており、様々な建物が近代的なビル群へと変化しつつあります。つまり、都市部においては、経済開放の中で、急速に経済発展、商品経済の浸透が進んでいるのです。

しかしながら、一方で農山村においては、経済システムの変化に影響を大きく受けつつも、まだまだ昔からの生活、くらしのあり方も残っています。次に、こうしたラオスの農山村における自給的な生業やくらしについて、環境との関わりを中心に紹介していきます。

三　ラオスの農山村における伝統的な生業活動

ラオスの農山村で見られる伝統的な家屋は、高床式で、壁などは竹で作られています（図1）。家屋の床下では、機織りや各種の農作業を行います。ブタやトリ（鶏）、ウシ（水牛）など、家畜の餌場になっている場合もあります。また、先ほど述べました水田稲作は、メコン川沿いなどの低地を中心に、雨季の降水を活かした、天水田で行われています（図2）。北部の盆地では、溜池あるいは井堰灌漑による稲作も見られます（図3）。

一方、焼畑では、イネのほか、ハトムギやサトウキビ、ゴマ、トウガラシといったような多様な作物を併せて栽培しており、一つの耕地で一つの作物を作るのではなく、いろいろな作物を栽培しているところに、特徴があります（図4・5）。焼畑は、おおよそ一年間栽培したあと、長くて一〇

図1　農家の家屋景観の例
（ラオス北部ウドムサイ県）
（2008年9月・藤永撮影）

図2　天水田の景観
（ラオス南部チャムパーサック県）
（2013年9月・藤永撮影）

図3　井堰と水田
（ラオス北部ルアンパバーン県）
（2007年9月・藤永撮影）

図4　焼畑の様子
（ラオス北部ウドムサイ県）
（2008年9月・藤永撮影）

図5　焼畑の遠景
（ラオス北部ポンサーリー県ウー川沿い）
中央付近に出作り小屋が見える。
（2008年9月・藤永撮影）

図6　休閑地
（ラオス北部ルアンパバーン県メコン川沿い）
およそ3～4年程度経過したと思われる。
（2007年9月・藤永撮影）

年ほど休閑地として放置します。その間に、草本類と樹木類が再生し、またそれを利用します（図6）。

　こうしたラオスの農山村における農業的土地利用の景観的特徴を示したのが図7です。これが水田稲作と焼畑とを組み合わせた、一つの、ある意味では農地のセットと考えていただければいいのでは

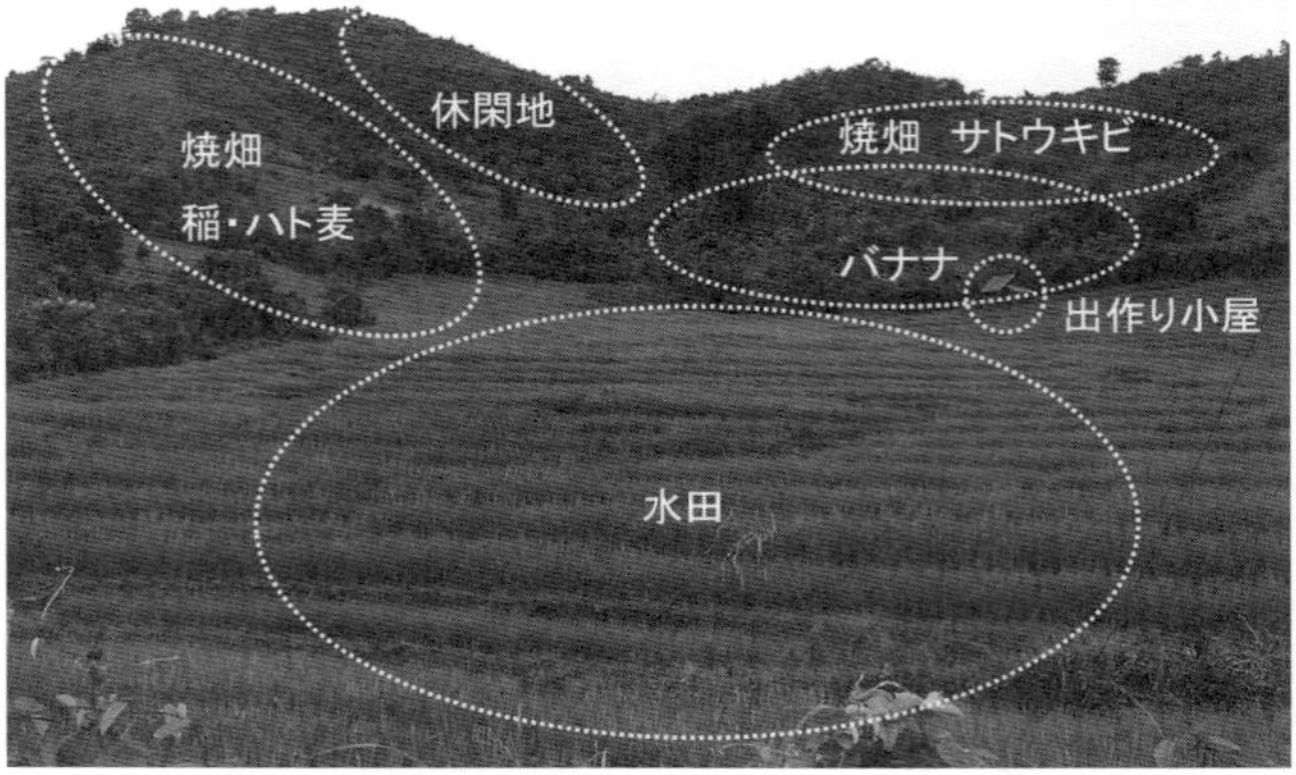

図７　農業的土地利用の景観的特徴（ラオス北部ルアンパバーン県）
（2007年9月・藤永撮影）

ないかと思います。手前に棚田のような水田が見られ、その奥の焼畑でイネやハトムギを栽培しています。さらにサトウキビやバナナなど、豊富な種類の作物を組み合わせながら農業を営んでいます（もちろん、このような農業形態がラオスの農山村すべてに当てはまるわけではありません）。出作り小屋は、農繁期に泊まり込みで作業を行うためのものです。かつては日本でも見られました。

図８　市場の様子（ルアンパバーン市内）
近隣の農山村で採集・捕獲された野生生物が並ぶ。（2007年9月・藤永撮影）

図９　森で獲ったオオトカゲをさばく
（ラオス北部ルアンパバーン県）
ムラ人にさばき方を教えてもらう筆者。（2008年9月・Thongvanh Thepkaysone 撮影・提供）

家畜は、基本的には、ブタとトリですが、自分たちで消費するのはもちろん、現金収入を得る手段ともなります。作物栽培だけでなく、家畜と組み合わせて農家経営は維持されています。ウシの場合は、農耕用として利用します。

そのほかにも、ラオスの人びとは様々なところから食料を調達しています。森からは小動物であったり、昆虫、野草、キノコ類なども捕獲・採集します（図8）。図9は、オオトカゲのウロコ（角鱗と呼ばれる表皮）を炙って、包丁でこそぎ取っている様子です。ある村の村長さんのお宅に宿泊した際に、日本人がやってきたのでご馳走を届けたいということで、楽しみに待っていましたら、頭を棒で殴られて気絶しているようなオオトカゲをぶら下げてやってきて、食べろと言われたわけです。意外と美味しかったですが、こういった爬虫類も含めて、森林での狩猟・採集、野草や小動物、昆虫を食料あるいは収入源にしているわけです。もちろん川でも漁を行います。メコン川やその支流、あるいはさらにその支流で魚を捕っています。

四　水田とその周りでの漁撈活動

ラオスの農山村も、徐々に都市を通して貨幣経済、商品経済が浸透しつつありますが、それでも日本と比べてみれば、まだ人びとのくらしは自然と近い関係で営まれているといえます。そこで、今回のテーマであります稲作をめぐる生業活動について、ラオスの事例を少し具体的に見ていきましょう。まずは、平野での水田稲作です。

かつての日本でも見られたように、家族・親類総出の手作業で行います。手前には、畔で草をはむ水牛が見えます（図10）。田植え前には、田起こしや苗代づくりも協力して行います（図11）。こうした水田稲作に関する

図11　苗代と水田の景観

苗は、日本とは異なり上下が逆におかれている。奥には農繁期に泊まりがけで作業を行うための出作り小屋が見える。（2013年6月・Thongvanh Thepkaysone 撮影・提供）

図10　田植えの様子

（2006年7月・Thongvanh Thepkaysone 撮影・提供）

活動や環境は、日本も含めた東アジア南部や東南アジアに共通して見られる景観と言えるでしょう。

続いて、水田稲作に関連する各種生業活動を、一つ一つ紹介していきたいと思います。まず漁撈活動について、ここではとくに食料調達の場としての水田やその周りの森林などの自然環境に注目しながら、それぞれの生業活動を見ていきます。

図12は、水田のそばに設置された、魚を捕る仕掛けです。写真はラオス南部で撮影したもので、この地域ではリーと呼ばれます。竹で編んだ簗のようなものが設けられ、水路の流れの下流に向かって口が開いており、ここに落ちてきた魚を捕ります（図13）。その受口が一番広くなっている奥の部分に、カトゥムと呼ばれる、筌《うけ》の一種である竹で編んだ籠が設置されていて、流れに乗ってきた魚がそのままここに落ちていく、という仕掛けになっています（図14）。もう少し小さいものになると、網をつける場合もあります。

また、四手網でも魚を捕ります（図15）。向こう側に水田が見えますが、水田のそばの水路や小さな河川で魚をすくい、捕獲します。ラオスでは、先ほど述べたように、だいたい五月、六月に始まる雨季になると水位が上がり、水田の中に水が入り込んできます。そうすると、それに乗って魚類が遡上してきます。産卵の目的等もあって、河川から支流を辿って上り、水田の中へと入ってくるわけですが、そうした魚類を狙って捕るわけです。もちろん、こうした漁撈活動は自分たちの家族で食べる、あるいは、ムラの人びとと分け合って食べるためのものでもあり、また、近隣の市場でも売られます（図16）。

ほかにも投網など多様な漁の形態が見られます。筌漁も行っています（図17）。かなり簡素な筌を、開いた口を緩やかな水の流れに向けて置き、小魚を獲ります。こうした筌や、あるいは先ほどの四手網の骨組みやリーのような漁具は竹で作られていますが、この竹も自分たちの住んでいる村の周辺、水田の周りの竹林から調達します。

漁は水田とその周囲の水路、河川などで行われますが、溜池でも魚を捕ります。稲刈りが終わる頃、おおよ

図13　正面から見たリー
（ラオス南部チャムパーサック県）
（2013年9月・藤永撮影）

図12　横から見たリー
（ラオス南部チャムパーサック県）
（2013年9月　藤永撮影）

図15　四手網
（ラオス南部チャムパーサック県）
（2013年9月・藤永撮影）

図14　カトゥム
（ラオス南部チャムパーサック県）
（2013年9月・藤永撮影）

図17　ソーンと呼ばれる小型の筌
（2015年11月・Thongvanh Thepkaysone撮影・提供）

図16　市場に並ぶ淡水魚（ルアンパバーン市内）
水田や小川で捕れた小魚やカエルも売られている。
（2007年9月・藤永撮影）

そ一一月くらいになると、乾季に入り、水位が下がってきます。溜池の水位も下がっていきます。図18は、南部のノンブン村というところの共有の溜池の様子です。ムラ人全員で集まって、子どもたちも含めて思い思いに魚を捕まえています。老若男女すべてが集まっています。こうした漁撈活動―魚獲りは、食料確保のためでもありますが、もう一つは娯楽としての機能も持ち合わせています。個人的な楽しみという面もありますが、それだけでなく、家族やムラの人たちとこのようなかたちで和気藹々と魚を獲り、楽しむといったような、遊びの意味合いと、ムラ人同士の紐帯関係を再確認するための大切な役割を果たしている、といってもいいでしょう。

また、溜池の底に木枠で組んだ穴を掘ってルゥームと呼ばれる仕掛けを作ります（図19）。池自体は共有ですが、このルゥームは個人の所有物で、水位が下がってこの中に取り残された魚を捕獲します。このように、魚を捕る上においても、共有の空間としての全体の池があるかと思えば、その水の底に個人所有の魚を捕る仕掛けが埋め込まれたりもしているわけです。

図18　溜池での魚捕り
（ラオス南部チャムパーサック県ノンブン村）
（2012年1月・Khamphet Thepkaysone 撮影・提供）

図19　溜池の底のルゥーム（ラオス南部チャムパーサック県ノンブン村）
（2011年11月・Thongvanh Thepkaysone 撮影・提供）

五　多様な小さな生業活動

魚のほかにも様々な獲物を狙います。図20は、子どもが水田で、カエル釣りをしている様子です。使っている道具は、ベットと呼ばれる竹の棒の先に針のついた糸を結わえたもので（置き針）、餌はミミズです。カニや貝類も捕ります。

子どもがカエルを獲ったり、貝を拾ってきたり、カニを捕まえたりということが生業活動なのか？　遊びではないのか？　と思われる方もいらっしゃるかもしれません。しかし、子どもが遊びを兼ねて獲ってきたような小動物も、その日の家の夕食のおかずになります。つまり、おかず捕りなんですね。こうした子どもたちの遊び、行動といったものも、実は食料の調達という点では、世帯内において一定の役割を果たしており、無視することはできません。

さらに水田の周りの畦道あるいは森林では、バッタやコオロギ、コガネムシ類、ハチの子なども捕まえて食用とします（図21）。昆虫は、食料危機を迎えたときに、最後の貴重なタンパク源になるという話もありますが、東南アジアの人びと、ラオスの人びとはこういった昆虫（水田で捕る水生昆虫も含めて）も日常的に食べています。日本でも、一般的ではないのですが、ハチの子はもちろん、イナゴやザザムシなどの昆虫食が見ら

図21　捕まえたコガネムシの仲間

（ラオス北部ルアンパバーン県）
腹部の内臓を取り出し香草を詰めている（手前のボール）。（2008年9月・藤永撮影）

図20　子どものカエル釣り

（2011年11月・Khamphet Thepkaysone撮影・提供）

れる地域も残っています。

続いて、今度は森林のほうに目を向けますと、リスやネズミ類などの小型の哺乳類、トカゲやヘビなどの爬虫類も捕獲します（図8・9）。調査中、保存のために、きれいに解体し、燻製にしたこれらの肉が台所の壁に掛けられているのをよく目にしました。また、あるお店で昼食をとっていると、向こうから何やら袋を掴んだおじいさんがやってきて、話しかけてきたことがあります。私はラオスに行っているくせに、ラオス語がわからなくてお恥ずかしいのですが、調査のコーディネーターに「何と言っているの？」と聞きましたら、「これをいらないか、といっている」というのです。しかし、その袋がモゾモゾ動いているんですね。「何ですか、これ？」といったら、「美味しいよ」というので袋をあけてみたら、ノネズミの一種だと思われる小さな生き物が数匹入っていました。それで、「食べるか？」というので「お願いします」といったら、あっという間にその店で料理をしてくれたこともありました。

また、森林や畦畔では、様々な野草や木の実、キノコ類を採集します。中でも竹は食料としてだけでなく、これまで紹介したような建材や漁具の材料となるなど、ラオスの人びとのくらしと密接に関係しています。

ここまで、食べ物のお話が中心でしたので、生活資材の調達という点からも、生業活動と自然環境との関係に触れておきたいと思います。当然、自宅で使用する薪などの燃料や家畜の飼料、耕作地にすき込む肥料となる雑草なども、自分たちのムラの周り、水田の周りから採ってきます。図22は、台所で薪を燃やして調理している様子です。

図22　農家の台所の様子
（ラオス中部ボリカムサイ県）
（2009年9月・藤永撮影）

それから、ラオスの中部や南部の平野に行くと、水田の中に樹木がポツンポツンと立つ景観が広がります（図10・11）。生産効率を上げるため、機械化や圃場整備が進んだ現在の日本では見られませんが、ラオスでは、水田を拓くときに意図的に残したり、村人があえて自分たちで植えたりしています。その目的は何かといいますと、一つは先ほど述べました薪炭材—燃料として使ったりもしますし、落ち葉は肥料として、あるいは樹木そのものを家屋の柱などの建築資材に利用したりする場合もあります。さらに、夏のたいへん暑い時期には、木陰に魚が入ってきます。そういった魚も、前述した漁具を使って捕まえます。木陰は当然、魚だけでなく人間にとっても心地良いところですので、農作業の合間の休憩場所、放し飼いにされている水牛が休む場所にもなります。さらには、樹木によっては油を採って、松明のような灯りとしても利用しています。

食料だけでなく、このような日常生活の中で使う様々な物資も、水田等の周り、あるいは森林等から調達するわけです。

こうして見てくると、ラオスの農山村の人びとのくらしは、周囲の自然環境と深く関わりあいながら、実に多様な活動（環境利用）によって成り立っていることがわかります。しかも、それら一つ一つは、小さなもので、半ば遊びのようなものまで含まれます。しかし、こうした多様な活動が世帯やムラを維持する上で、欠かせない生業なのです。

六　ラオスの農山村に見る二次的自然環境とマイナー・サブシステンス

これまで述べてきましたように、ラオスの農山村では、くらしの中に、ムラを取り巻く自然環境を利用した活動をいくつも見ることができます。

図23に（あくまで一つの例ですが）、ラオスの農村の生業活動と環境利用に関する模式図を引用し示しています

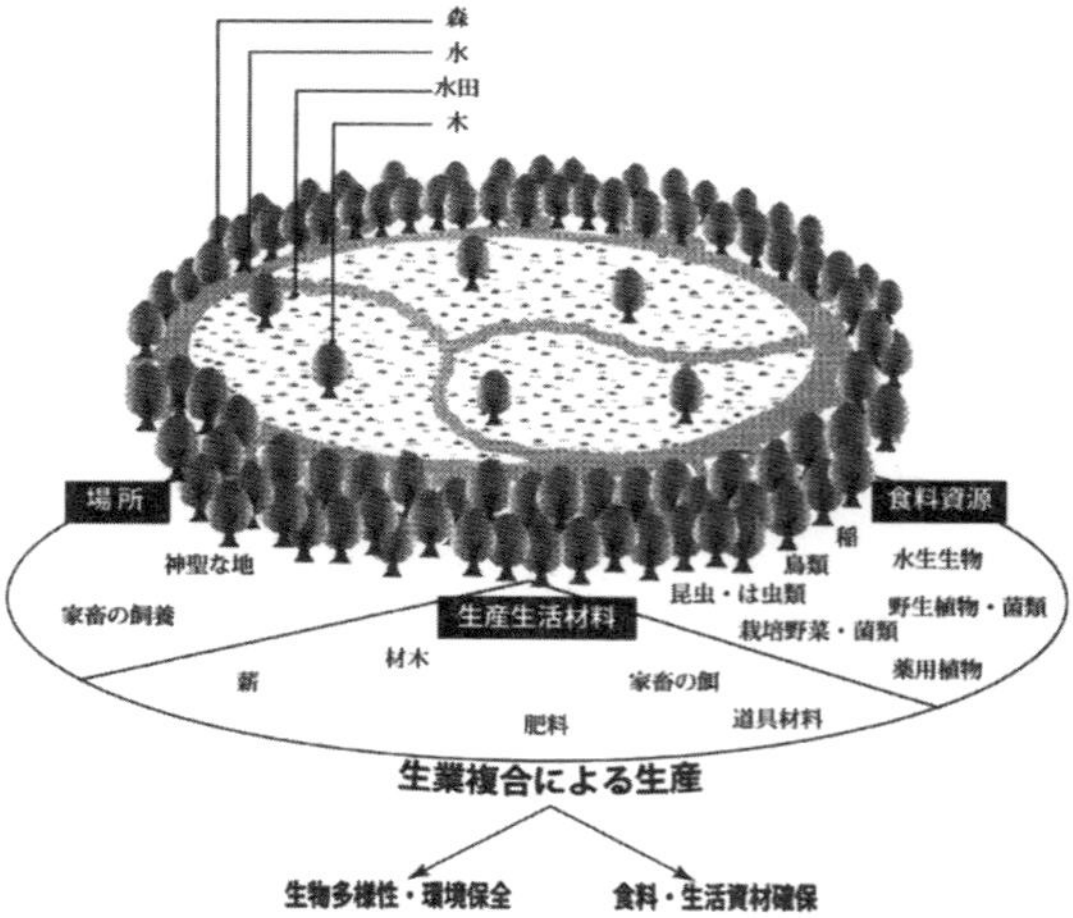

図23　ラオスの天水田を構成する環境と
その利用についてのモデル図（野中編 2008 より引用）

（野中編、二〇〇八）。水田が広がり、その中に樹木、独立樹があり、水路、河川が流れ、その周りに森林があるわけです。こうした水田稲作を基盤とした環境がまとまって存在しています。この中で、人びとは食料資源として、魚介類はもちろん、昆虫だったり、哺乳類や爬虫類などの動物を獲ってきますし、野草やキノコ類も採集します。鳥も捕獲して食料とします。また、肥料だったり、家畜の餌、材木、燃料といったものも調達してきます。このように、一つの自然環境―ある意味では水田を中心とした村落空間―の中で、様々な活動をしながら、人びとが生活を行っているわけです（例えば、横山・落合編、二〇〇八や神松ほか、二〇一七を参照）。

こうした場所は、すべてではありませんが、人びとが生活に必要な食料や物資を調達するために環境に介入し、創り上げた自然であり、いわゆる二次的自然環境ということになります。水田も当然、人が作ったものですし、木も植えたり残したりと、人が何かしら関わっています。この環境の中に存在する様々な生物を、資源として利用しているのです。その一つ一つの仕事は経済的な位置付けとしては決して高くはありませんが、一方で、その世帯が日々の生活を維持していくという点においては欠かすことのできない活動です。子どもたちがおかず捕りをしてくるという行為、あるいは大人たちが遊びを兼ねて釣りをしたり、森に入って小動物を狩ったりする行為など、そうした細かな諸活動が、実はその家の日々の生活を維持していく上では、大きな役割を担っています。いわゆるマイナー・サブシステンスと称される、遊び仕事だったり、副次的生業といわれるようなものが、この空間の中で展開されているわけです。

このような各種生業が組み合わさって―生業複合といいますが―、一つ一つの活動自体は小さくとも、ムラを取り巻く自然環境の持つ資源としての可能性を最大限に引き出し、くらしを成り立たせ、これに基づく生活空間が構成されている、というように考えることができます（卯田、二〇〇三、藤永、二〇一四）。また結果としては、こうした動きが、豊かな生態系や生物多様性にもつながっていくことになり、環境の保全と持続的な利用を支えています。同時に、繰り返しになりますが、細々とした世帯内における小さな活動―お父さんとお母さんが田んぼに行って耕したり、イネの世話をしたりなどしているときに、子どもたちは魚やカエルを捕ったり、あるいは燃料を田んぼの中の木から採ってくる、といったような、子どもの手伝いも含めた世帯内における労働力配分が大きな意味を持ちます。

七　佐賀平野の農村における稲作と生業活動

こうしたラオスの農山村のくらしの相貌は、当然、かつての日本にも当てはまるものです。そこで今回は、佐賀平野の農村の稲作をめぐる生業活動を見ていこうと思います。

ここでは、皆さんもよくご存知の、クリークを中心とした事例を紹介していきます。

今でこそ、佐賀平野はコメどころとして知られていますが、もともとは大変な水不足の地域で、旱魃にたびたび襲われていました。佐賀平野には大きな河川が存在しません。東端を筑後川が流れているくらいで、しかも福岡県との県境に位置します。さらに、有明海は干満の差が激しく、干潮の際には、河川の水位が大きく下がります。そうした自然環境の下で、クリークが形成されていきました。日本一ともいわれる有明海の干満差は、大潮のときには最大六メートルにもなり、その干満の差によって、海水が満ちてくるときに、水を内陸部に押し上げていきます。その押し上げられた水によって、溝が徐々に掘られていって、川のようなかたちになりますが、これを江湖《えご》と呼びます。このいくつもの江湖と平野を流れる小河川を結んで作られたのがクリークです（図24）。

図24　クリークの景観（佐賀県旧神埼町姉川）
（2011年2月・藤永撮影）

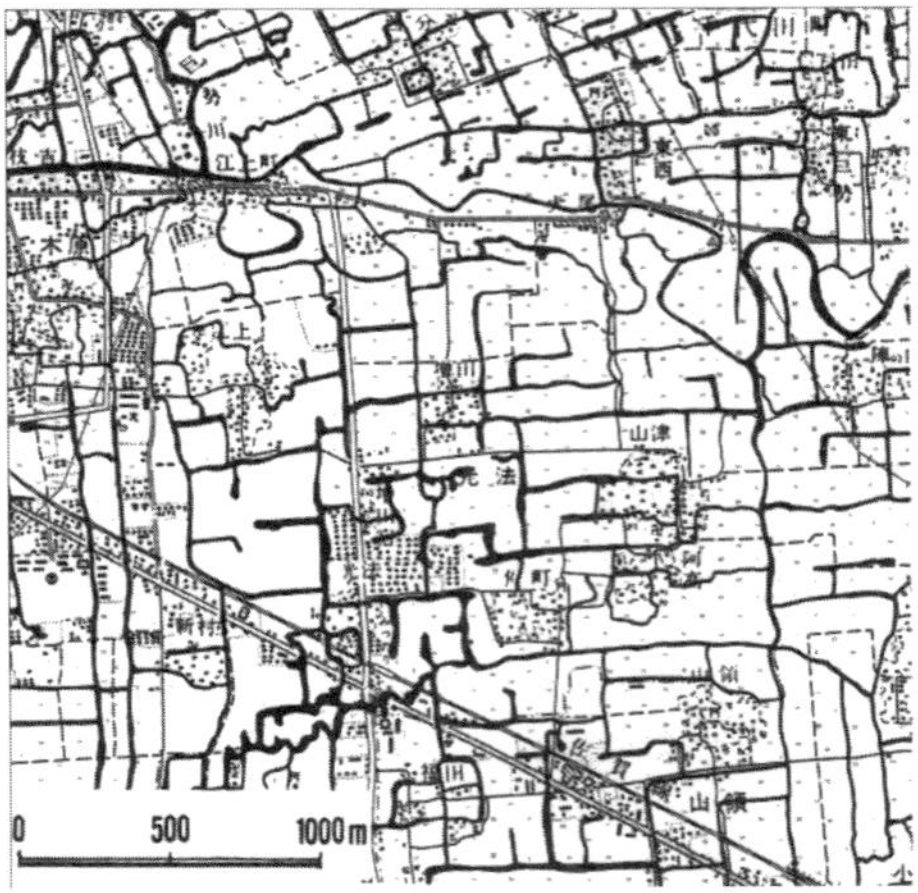

図25　地形図に見るクリーク（国土地理院2万5千分の1地形図「佐賀南部」1977年発行）
現在では、圃場整備や住宅開発等によって姿を消しつつある。（杉谷・平井・松本1998より引用）

地図で見ると、網の目状に縦横無尽に水路が走っているのがわかります（図25）。クリークの流れは大変緩やかで、水路というよりは、むしろ、少ない水を効率よく溜めておくための貯水路と考えたほうがいいと思います。こうしたクリークを作って農業、あるいはその他の生活の場面で利用していました。

このクリークを、佐賀の人は、堀―〝ほい〟と呼びます。条件によりますが、佐賀では単語の一番最後の部分の子音が消えて母音だけ発音することがあります。〝hori〟だと〝hoi〟になったり、〝谷―tani〟が〝tai〟になったりします。さてすでにおわかりのように、〝ほい〟は、人が作ったものであって、当然、管理（メンテナンス）が必要となります。そこで、農閑期になると堀の底に溜まった泥土や植物の残渣を汲み上げる共同作業を行います。いわゆる「堀干し」や「泥上げ」と称される作業です（図26）。〝ほい〟から掬い上げた泥土等は、肥料に利用され、無駄にはしません。さらに、堀干しや泥上げによって水を抜いたあと、クリークの底にいるフナやタナゴ、コイ、ナマズ、ウナギなどの魚類、あるいはタニシなどの貝類も捕ったりするわけです（図27）。捕まえた魚介類は、やはりラオスと同じように、自分の家で食べますが、日干しして保管し、貴重なタンパク源としました。また、たくさん獲れれば、それらを売りに行ったりすることもありました。

クリークでは、堀干しのとき以外でも、様々な方法で魚を捕っていました。例えば、図28は、「カキタブ」と呼ばれる、佐賀平野東部の旧三根町（現みやき町）での鮒捕りに行く男性の様子です。冬場、雪が積もっているのがわかりますが、クリークで寒鮒を狙っています。このほか、先ほどのラオスの溜池の底にあったルゥームとは違いますが、クリークの底に木の枝だったり石だったり、あるいは場合によっては甕―水甕のことをハンズゥガメと呼んだりしますが、

図26　かつての「堀干し」・「泥上げ」の様子
ゴンクイオケと呼ばれる桶を使って共同で泥土を上げている。（川副町誌編纂委員会編 1979 より引用）

図27　クリークの水抜き後の魚捕り
（三根町史編さん委員会 1984 より引用）

図28　カキタブ
（三根町史編さん委員会1984より引用）

甕を叩き割ったものを入れ、積み上げることで、一種の魚礁を作り、魚をそこに集めて捕るというような仕掛けもありました。これを「ヌクメ」、「カマ」と呼んでいました。クリークでは、シジミやエビなども獲れたようです。もちろん、水田でも、ドジョウやタニシなどの魚介類を食料として捕獲していました。

それから、クリークでは、よくご存知のように、「ハンギー」と呼ばれる桶に乗って、クリークに浮かぶヒシノミを採集していました（図29）。ヒシノミは茹でて自分の家で食べるのですが、場合によっては近隣の佐賀、鳥栖、久留米まで売りに歩いていたこともあったそうです。ハンギーに乗って農家の人びとがヒシノミを摘む様は、佐賀平野の風物詩だったのですが、現在では、観光イベントとして、旧千代田町（現神埼市）のあたりで見られるくらいです。それ以外にも、ツグミなどの鳥類を、今は禁止されていますけれども、かすみ網で獲っていました。セリ、ヨメナ、フキ、ツクシといった野草も、畦道の周辺で採っていました。また、クリークに生える葦や岸辺に植えられたヤナギなどの樹木は燃料として利用されていました。燃料集めは子どもたちの手伝いでもありました。

図29　クリークでのヒシノミ採りの様子
（佐賀県旧千代田町）（広江 1974 より引用）

クリークではありませんが、水田の中を流れる灌漑用の小河川においても魚介類やエビ・カニ類などが捕れました。現在では、ほとんどこうしたクリークや水田、小河川での淡水漁撈は見られなくなりましたが、現在でも、佐賀県西部の鹿島や太良では、カニを捕っている地域もあります。図30は、カニ籠です。中に餌を入れて置き、カニを誘い込む仕掛けです。もう一つは、竹製の箱型の筌で、川の両岸から石を積んで川幅を狭め、仕掛ける筌を固定しています（図31）。さらに、図32では、水田への取水口の部分に網筌を設置しています。佐賀平野内の小河川では、かつてはアユも遡上していたようです。こうした稲作の合間の、あるいは農閑期に行われていた漁撈活動は、現在では、一部のごく限られたものとなっています。

淡水漁撈が行われなくなったということは、淡水魚を食べるという習慣がなくなっていくことも意味しています。その中でも、鹿島の場合、ご存知の方も多いと思いますが、いわゆる「ふな市」が旧正月に、現在でも開かれています。一月二〇日前後に開かれますが、露店がいくつか並んで、フナを売っています（図33）。フナの昆布巻き、すなわち「ふなんこぐい」も販売していますが、これも現在では珍しい行事になってしまいました。ちなみに、このフナですが、佐賀の場合は、確か昭和八年頃に琵琶湖からゲンゴロウブナを持ってきて、それが

図30　カニ籠・その１（佐賀県鹿島市）
餌はサバの頭。（2009年10月・藤永撮影）

図31　カニ籠・その２（佐賀県鹿島市）
（2009年10月・藤永撮影）

図32　水田への取水口に仕掛けた網筌
（佐賀県鹿島市）（2009年10月・藤永撮影）

繁殖したようなのですが、もともとはギンブナなどが中心です。フナを持ち込む業者の数も年々減少傾向にありますが、かつては、近隣の農家の人びとが、自家所有の水田やクリーク、灌漑用の小河川で捕ったフナを運び入れ販売していました。

　このように、クリークと水田、灌漑用小河川、その周辺の環境は、漁撈や採集、狩猟といった多様な生業活動の場であったわけです。つまり、稲作を行う水田を中心に、必要な施設としてのクリークや小河川といった、人びとのくらしの維持のために構築されてきた水環境といえます。この自然環境は、当然、人が作り出した二次的な自然環境であって、そこでは、ラオスの事例でも見たような、様々なマイナー・サブシステンスとしての生業活動が展開されていたのです。こうしたクリークをめぐる自然環境は、農業用水の確保のみということではなく、水田稲作とともに日々のくらしの中の様々な場面で必要とされる食料だったり、あるいは燃料・肥料だったり、というようなものを調達するための、いわば、人びとが生き抜くためになくてはならない生活空間の一部であった、といえるでしょう。ちなみに図34のように、クリークに面して設置された「カワジ」あるいは「タナジ」と呼ばれる洗い場は、野菜や食器、衣類の洗濯の場でもあります。

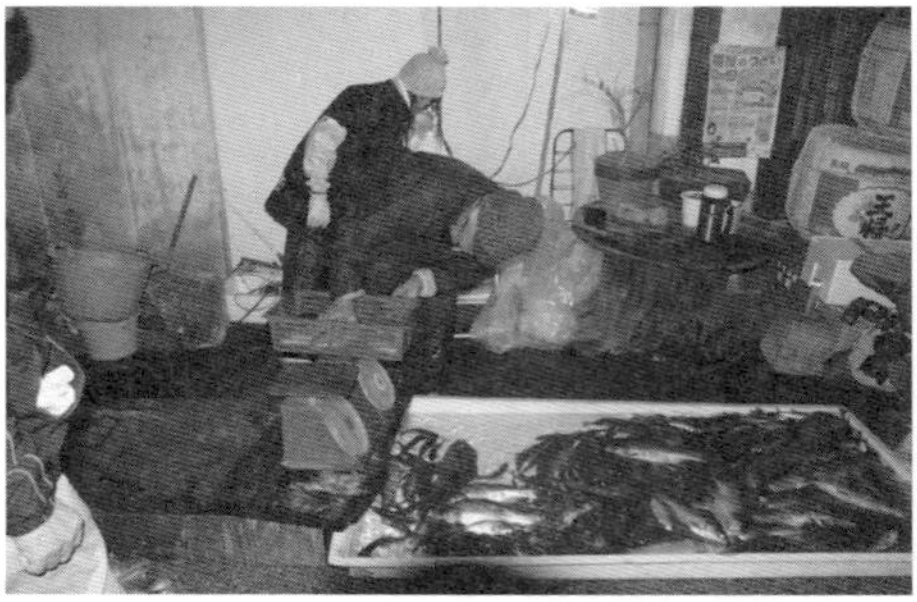

図33　フナ市の様子（佐賀県鹿島市）
（2015年1月・藤永撮影）

図34　屋敷地のクリークに面した箇所に設けられた洗い場（佐賀県旧久保田町）
（2016年5月・藤永撮影）

八　むすびにかえて―東・東南アジアの稲作と生業複合を考える意義―

最後に、東アジア（主として日本と中国南部）・東南アジアの稲作と生業複合という観点から、ラオスと佐賀の農山村を見比べてみたいと思います。

これまでお話ししたことからも理解できるように、水田は、単なる作物生産の場ではありません。水路、小河川、溜池、畦畔、森林といった多様な要素と結びついて構成された自然環境の一部であり、人びとのくらしにとって必要不可欠な生活空間となっています。しかも、その自然環境は、全体あるいは一部が、人為的な介入・攪乱によって創り上げられたものです。いわば、東・東南アジアの農山村は、それら様々な環境要素が組み合わさる漸移地帯、いわゆる「エコトーン」と呼ばれる貴重な空間としても捉えることができるでしょう（逆に言えば、そうした二次的自然環境だからこそ、生きのびてきた生物種も存在し、生物多様性を生み出しているともいえます（守山、一九九七））。

その中において、人びとは、漁撈、小動物の狩猟や昆虫の捕獲、植物採集、燃料や建築材料などの生活に必要な食料・資材といった資源調達に関する多様で複合的な生業活動を行ってきました。日々の生活を維持するための、マイナー・サブシステンスも含めたそうした活動が、環境と結びついた一つのシステムとして、地域的なまとまりをもって展開してきたのです。こうしたくらしのあり方が、稲作をめぐる（二次的）自然環境と生業活動という点において、東アジアと東南アジアにおける一つの特徴であり、そこに共通性が見出されると思われるのです。

おそらく、みなさんの中には、今回、紹介したラオスの農山村の様子をご覧になり、環境と一体となった、自然と調和した素晴らしいくらしだ、佐賀にもかつてはそうした営みがあったのだ、と感じられる方も多いことでしょう。環境問題についての危機感が高まる現在においては、当然かもしれません。しかしながら、果たして、ラオスやかつての佐賀の農山村の人びとは、自然との調和を考えて生活を営んできたのでしょうか？ 里地・里山の景観保全や生物多様性、水田の多面的機能性といった言葉で表現されるような視点からムラのくらしを構築してきたのでしょうか？ おそらくそうではありません。むしろ、自分たちの〝いのち〟を守るために必死に活動してきた結果であり、ムラとは人びとが生きていくための切実な〝場〟であったのです。決して、外部の存在としての自然との調和を目指して動いていたわけではなく、その中にどっぷりと浸かり、闘いながら創り上げてきた生き残るための方法とシステムなのです。言い換えれば、自分達を取り巻く環境の可能性を最大限、引き出そうと努力してきた人びとの実践の表れなのです。そうした人びとのくらしのあり方が、ラオスや佐賀の稲作をめぐる生業活動と環境利用の中に共通して見られるのです。

日本では、第二次世界大戦後、農業の生産性や作業効率の向上のため、土地改良や機械化、化学化等、近代化が進みました。その結果、環境問題など過剰な近代化に対する反省もあって、先ほど述べたような里山・里地の景観保全や生物多様性など水田の多面的機能性についての見直しが図られています。これに対して、ラオスでは、伝統的な農山村のくらしが未だ残されているとはいえ、現在、急速な商品経済の浸透の下、圃場や灌漑施設の整備などの稲作の生産性向上を目指した事業が進められ、中国をはじめ海外資本によるゴムや飼料用トウモロコシなどの商品作物の栽培も拡大しています（図35）。これまでの水田稲作（あるいは焼畑）を基軸とする生業と環境の関係性が変化しつつあるのも事実です。

図35　山一面に広がるゴム園

（ラオス中部ビエンチャン県）

手前の小河川沿いには水田が見え、右手斜面には、一部チークが植林されている。（2014年9月・藤永撮影）

一見すると、日本とラオスのこうした動きは、相反するようにも感じられます。しかし、結局のところ、私は両地域とも同じ路線上にあると考えています。確かに日本では、行き過ぎた近代農業への反省から、〝環境〟をキーワードとした農業・農村の再評価が行われています。食の安全性に対する国民の関心の高まりも影響しています。ただし、すべてではありませんが、その背後には、生産主義（食料供給）から地域振興という名に置き換えられた資本主義経済の軸が、変わらず確固として存在し続けています。例えば、村おこしのための景観保全や世界遺産ブームと観光地化の関係などを思い起こしていただければと思います。日本での環境・景観保全としての農業・農村の動きも、あくまで資本主義経済の枠組みの中にあるのです。そして、ラオスでは、従来の伝統的な農業から脱し、経済成長を担う産業の一部門としての機能を高めようとしています。

もちろん、私は、このような取り組みや活動を否定するつもりはありませんし、これまでの調査の中で、何度か、地域の農業を維持するとともに、各地域の自然や文化を残していこうと試行錯誤を繰り返す人びとの強い意思や願いに、じかに触れてきました。ただ、今回の報告で、考えていただきたいと思ったことは、前述しました日本とラオスの農業・農山村の変容とその要因も含めて、様々な地域に居住する様々な人びとが、何を考え、何を求めて、生きてきたのか、そして、その過程の中で、取り巻く自然環境にどのように挑み、どのような社会を構築し、文化を生み出して、どのように維持・継承し、あるいは変化を余儀なくされてきたのか、ということなのです。

近年、歴史学においては、生物としての命の維持のみではなく、人びとの行為と労働や経済・社会制度、国家との関わりなど、幅広い意味での〝いのち〟を守るための関係性、すなわち、〝「生存」の仕組み〟についての研究がなされています（大門、二〇〇八）。この中には、人間と自然の関係も〝生きること〟に欠かせない要素として位置付けられ、さらに、人間と自然の関係性の中で構築された社会や文化のあり方と意味も「生存」という概念に包含されています（大門、二〇一三）。そうした意味では、人間を生態システムの一部としてのみ位置付けるのではなく、そこにくらす生活者の視点の先にある、〝文化としての自然環境〟を理解することも大切かもしれません（藤永、二〇〇九・二〇一三）。

いずれにしても、この包括的な「生存」に対するまなざしの中には、これまで紹介してきたような人と環境との相互関係において醸成されてきた「生業システム」といったものも含まれるでしょう。つまり、生業活動の前提と位置付け、さらには、それらが各地域にとってどのような意味を持つのか、といったことを考えていくことが、重要な課題になっていくのではないか、と感じています。と同時に、人間と環境の結びつきは直接的な関係だけをもとに成り立っているわけでありません。ラオスにしても日本にしても、経済や社会、国家とのつながりの中で、農山村のくらしは規定されます。例えば、農業の近代化や外部資本の進出、農山村の環境・文化の再価値付けがまさにそうです。近代資本主義社会の行き詰まりについて問われつつある現在、人びとのくらしのかたち全体を、今一度根本から考え直していく必要があるのです（大門ほか編、二〇一三）。ラオスと佐賀の農山村における稲作と生業に焦点を当てる意義は、過去から現在までの人びとのくらしの実態を紐解き、生活文化の類似性や違い、文明の系統性を明らかにすることだけではなく、彼ら彼女らが生き抜いてきた時代のあり様と地域のくらしとの関わり、その底に共通して存在するであろう〝必死な行動〟と〝したたかさ〟をあぶりだすことにあるのです（鬼嶋・藤永、二〇一四）。今後も、ラオスや佐賀の農山村を歩きながら、こうした〝生きる〟という意味での人びとと環境の関わりについて考えていきたいと思っています。

付記　ラオスの現地調査では、コーディネーターの Tongyanh Thepkaysone 氏ならびに、Khamphet Thepkaysone 氏にご協力を賜るとともに、貴重な写真をご提供いただきました。ここに深く感謝申し上げます。

引用・参考文献

卯田宗平　二〇〇三「『両テンビン』世帯の人びと―とりまく資源に連関する複合性への志向―」『国立歴史民俗博物館研究報告』一〇五、一二三―一五八頁
大門正克　二〇〇八「序説「生存」の歴史学―「1930～60年代の日本」と現在との往還を通じて」『歴史学研究』六四六、二―一一頁
大門正克　二〇一三「「生存」の視点とは―経済史研究とのかかわりで―」『エコノミア』六四―一、一四五―一五七頁
大門正克・岡田知弘・川内淳史・川西英通・高岡裕之　編　二〇一三『「生存」の東北史　歴史から問う3.11』大月書店
神松幸弘・富田晋介・丸山　敦・船津耕平・門司和彦　二〇一七「メコン川下流水田域における生業、土地利用、生態系サービス―水位変動下における適応―」『環太平洋文明研究』一、六九―九二頁
川副町誌編纂委員会　編　一九七九『川副町誌』川副町誌編纂事務局
鬼嶋　淳・藤永　豪　二〇一四『有明干拓社会の形成―入植者たちの戦後史―』佐賀大学地域学歴史文化研究センター
杉谷　隆・平井幸弘・松本　淳　一九九八『増補版　風景の中の自然地理』古今書院
野中健一　編　二〇〇八『ヴィエンチャン平野の暮らし―天水田村の多様な環境利用』めこん
広江大元　一九七四『千代田町誌』千代田町教育委員会
藤永　豪　二〇〇九「有明海における漁民の環境認識―地名と流し網漁師の事例から―」『研究論文集―教育系・文系の九州地区国立大学間連携論文集』二―二、一―一一頁
藤永　豪　二〇一三「潟湖における漁民の環境認識―中海における漁撈活動と民俗知の関係―」『地理科学』六八―二、九五―一一三頁
藤永　豪　二〇一四「昭和初期の喜界島阿伝における生業活動からみた環境利用と生活空間」平岡昭利・須山　聡・宮内久光　編『離島研究Ⅴ』海青社、六五―八二頁
三根町史編さん委員会　一九八四『三根町史』三根町
守山　弘　一九九七『水田を守るとはどういうことか―生物相の視点から―』農山漁村文化協会
横山　智・落合雪野　編　二〇〇八『ラオス農山村地域研究』めこん

二　過去から現在・未来の東アジアについて

佐賀大学教授　金子晋右

今回は、『過去から現在・未来の東アジアについて』という題名で、ご依頼があり、私の専門は近現代の経済史ですので、江戸時代くらいから話を始めようと思っていたのですが、昨年の一一月に、このシンポジウムのポスターが私のところに届きまして、それを見ますと、講演者の方々の大部分が考古学者で、しかも時代が弥生時代ということで、私も弥生時代から話を始めなければと思いまして、急遽、話の内容を修正し、次の流れでお話しいたします。

まず「一　問題の所在」では、「コメと小麦から見た東西アジアの現在」と題して、最初に現在の話をします。現在、西アジアのシリアやイラクなどは実に悲惨な状況になっていますが、その背景には食糧危機があります。そして、食糧危機というものは、実は人類の歴史では何度も発生しています。

では、東アジアで最も深刻な食糧危機が起きたのは、いつの時代でしょうか。後漢末期の中国です。その時代は、日本では、弥生時代後期です。そこで次の「二　食糧危機に直面した後漢中国と弥生日本」では、「(一)後漢末の黄巾の乱と人口崩壊」において、食糧危機に直面した後漢の中国が、どのような状況に陥ったのかを確認します。続いて、「(二)倭国大乱と弥生式墳墓」において、弥生時代の日本が、倭国大乱と呼ばれた混乱を経た後に、どのように食糧危機を回避したのか、を考察します。

弥生時代の次の時代は古墳時代ですが、古墳の出現をもってヤマト政権の成立、天皇の誕生、と見なすのが一般的です（もっとも、「天皇」という称号自体は、七世紀後半に生まれたものですが）。そこで「三　ヤマト政権と平和国家建設」と題し、「（一）古墳建設による平和建設」では、日本人は古墳建設によって平和を築いたのだ、ということをお話しします。古墳とは、経済学的視点では、公共事業です。その経済的目的は、富を、この当時は食糧ですが、再分配することです。当時の日本人は、再分配によって、食糧危機や戦乱を回避しました。

では、再分配する食糧がなくなったとき、日本人はどうしたのでしょうか。そのときに生み出したのが大嘗祭であり、天皇清貧伝説です。「（二）大嘗祭の誕生と天皇清貧伝説」では、当時の日本人が、食糧需給が悪化した過酷な経済状況下で、どのように平和を維持し続けたのかを、考察します。

最後に「四　結論」として、「日本人にとってコメとは何か」という問題を、歴史的経緯を踏まえて考えたいと思います。

今回の講演の内容は、二〇一五年に刊行した二本の拙稿論文（金子、二〇一五a・二〇一五b）を中心にしつつ、様々な加筆を加えてお話しいたします。

一　問題の所在―コメと小麦から見た東西アジアの現在―

現在、西アジア、中東、北アフリカでは、深刻な人道危機が発生しています。過激派組織イスラミック・ステートが、一般市民を虐殺しています。こうしたニュース報道を見たときに、私の脳裏に真っ先に思い浮かんだのが、後漢末の黄巾の乱でした。黄巾の乱の発生は、食糧危機が背景にありました。そこで、現在の中東の混乱も、食糧危機が背景にあるだろうと思い調べたところ、実際、その通りでした。現在の西アジアなどで発生して

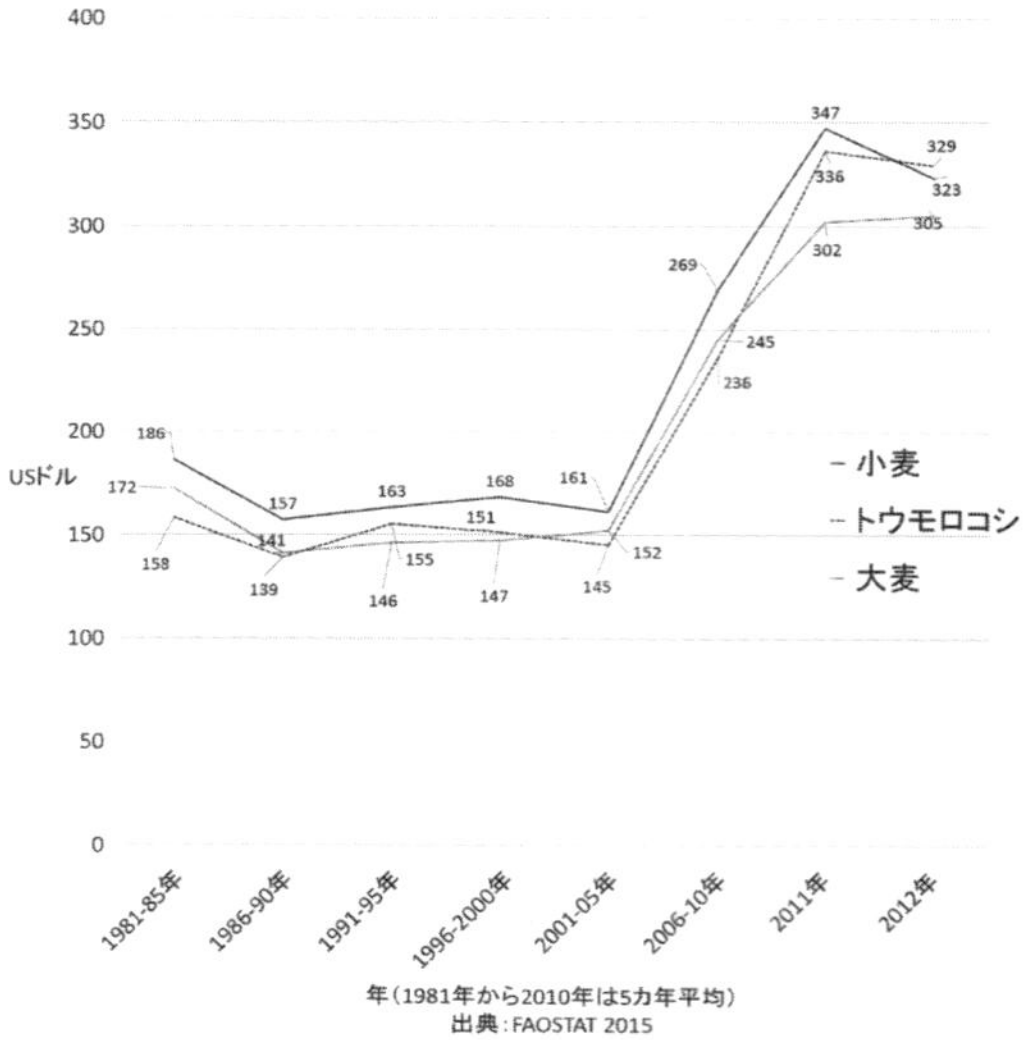

図１　1t当たり国際穀物価格

いる人道危機の背景には、第一に国際穀物価格の高騰、第二に穀物自給率の低さ、第三に、一人当たりＧＮＩ（国民総所得）の低さがありました（金子、二〇一五ｂ）。一人当たりＧＮＩが低い国とは、貧しい国ということです。

図1は国際穀物価格の推移です。二〇一〇年までは五ヵ年平均で、二〇一一年と二〇一二年は単年度です。小麦、トウモロコシ、大麦の一トン当たり国際価格は、二〇〇〇年代前半までは、いずれも一五〇ドル前後から一六〇ドル前後でしたが、二〇一一年には三〇〇ドルを突破しました。二倍以上に、高騰したのです。西アジア、中東、北アフリカ地域の主食は小麦です。シリアなどでは大麦も主食の一部で、貧困層は、トウモロコシなどを主食とするケースもあります。

小麦、大麦、トウモロコシの価格の推移を検討したところ、二〇〇〇年代後半から急激に高騰した主な理由は、三点あります。

食糧危機が「アラブの春」をもたらした

一つ目は、気候変動による世界的穀倉地帯での不作です。いわゆる「アラブの春」は、二〇一一年一月にチュニジアで独裁政権が崩壊したのを機に、中東、西アジア、北アフリカなどの地域に拡大し、政権崩壊や内戦をもたらしましたが、ちょうどこの前年の二〇一〇年、世界的穀倉地帯のウクライナとロシアでは大干ばつが、オーストラリアでは大洪水が発生していました。そのため、一トン当たりの月間国際小麦価格は、二〇一〇年六月から一一年一月にかけて、二倍強に上昇しました（金子、二〇一一：一八七頁）。食糧価格高騰で生活に行き詰まった民衆は、その怒りの矛先を、民衆の生活を顧みない独裁者に向け、立ち上がりました。これが、「アラブの春」の経済的背景です。しかし、独裁者を打倒しても、食糧価格が下がらない限り、混乱が収束しないのは当然です。

国際穀物価格高騰の二つ目の理由は、世界的な需要増加です。世界人口は、一九九九年に六〇億人を突破し、二〇一二年に七〇億人を突破しました。近年、世界人口は毎年八〇〇〇万人ずつ増えています（総務省統計局、二〇一四：一六頁）。

三つ目は、国際原油価格の上昇です。世界的な穀物輸出国、特に三大小麦輸出国は、アメリカ、カナダ、オーストラリアですが、これらの国では、大型農業機械を使用するため、大量の石油を消費しながら小麦を生産しています（金子、二〇〇八：七七－八三頁）。そのため、原油価格が上がるとコストも上がりますので、小麦の価格も上がります。もっとも、二〇一四年中頃から、原油価格が急激に下落してきたため、穀物価格も現在下落中です。

続いて、深刻な人道危機が発生している国の重要な特徴として、穀物自給率の低さがあります。そこで次に、各国の穀物自給率を確認しましょう。

表1は、「アラブの春」の前年である二〇一〇年の統計です（金子、二〇一五b：一六頁）。

表1　主な人道危機発生イスラム教諸国の自給率（2010年）

	小麦自給率	穀物自給率
リビア	6%	7%
イエメン	9%	23%
チュニジア	30%	26%
エジプト	41%	55%
イラク	47%	51%
シリア	75%	53%

（金子, 2015b：16頁）

リビアは、砂漠の国なので仕方がないという側面はありますが、小麦自給率はたったの六％です。次にイエメン。イエメンも内戦がひどい状態で、二〇一五年三月からサウジアラビアなどが軍事介入していますが、わずか九％です。以下、チュニジアは自給率三〇％で、エジプトは四一％、イラクは四七%です。シリアは小麦自給率だけを見るとこの年は結構高いのですが、大麦やトウモロコシも主食としてかなり消費しますので、そうした視点で見ると、穀物全体では五三%となり高いとはいえません。したがいまして、人道危機が発生している国々は、自給率が半分前後か、それ以下という状態です。

穀物自給率が高い国は政権も社会も安定

一方、政権と社会が比較的安定しているイスラム教の国々は、小麦自給率が高いか、もしくは高所得国、すなわち豊かな国です。

まず、トルコを確認しましょう。最近のトルコでは、テロや反政府デモも発生していますが、政権は比較的安定しています。そのトルコは、小麦自給率一〇七%です。同じく政権も社会も安定しているイランは、九五%です。他に、中東地域で政権と社会が安定している国にオマーンがありますが、同国の小麦自給率は〇・六%しかないものの、一人当たりGNIは二万ドルもあります。サウジアラビアは一・六万ドルですので、両国とも豊かな国です。高所得国の国民は、生活費に占める食費や穀物購入費の比率が低い傾向にあります。つまり、エンゲル係数が低いのです。そのため、穀物価格が高騰しても、生活への打撃は小さくてすみます（金子、二〇一五b：一八頁）。ちなみに、シリアやエジプトの一人当たりGNIは二〇〇〇ドル台ですので、貧しい国といえます（金子、二〇一五b：一八頁）。

意外と高いコメ自給率

それでは次に、東アジアの主食であるコメの国際価格を確認しましょう。図2は、図1と異なり、全て単年度で、二〇〇〇〜二〇一三年の価格を示しています。図2によると小麦価格も上昇していますが、コメは二〇〇八年を機に一気に高騰し、その後は、ずっと高止まりしています。小麦とコメの国際価格は、二〇〇〇年と二〇一三年を比較すると、共に二倍以上の価格に上昇しています。にもかかわらず、東アジア・東南アジア諸国は、イスラム教徒の多い国でも、近年は政権も社会も安定しています。いったいなぜでしょうか。その理由は、東アジア・東南アジア諸国は、コメ自給率が高いからです。表2をご覧ください。

まず、コメが主食のイスラム教徒の国というと、バングラデシュが真っ先に思い浮かびますが、同国のコメ自給率は一一三%です。絶対数でイスラム教徒が世界で最も多い国インドネシアは、九八%です。これは二〇一一年のデータでして、数年前までインドネシアも一〇〇%を超えていました（二〇〇九年は一〇二%）。マレーシアは、東南アジア諸国の中では例外的に低く、コメ自給率が六〇%ですが、エジプトやチュニジアの小麦自給率に比べると、まだまだ高いといえます（矢野、二〇一二：二一六頁、矢野、二〇一四：二一六頁）。

次に、インドと中国は、小麦とコメの両方を主食とする国ですが、インドはコメ一一一%、小麦一〇六%で、トウモロコシなども合わせた穀物全体で一〇九%です。中国はコメ一〇〇%、小麦九五%で、穀物全体で一〇〇%で

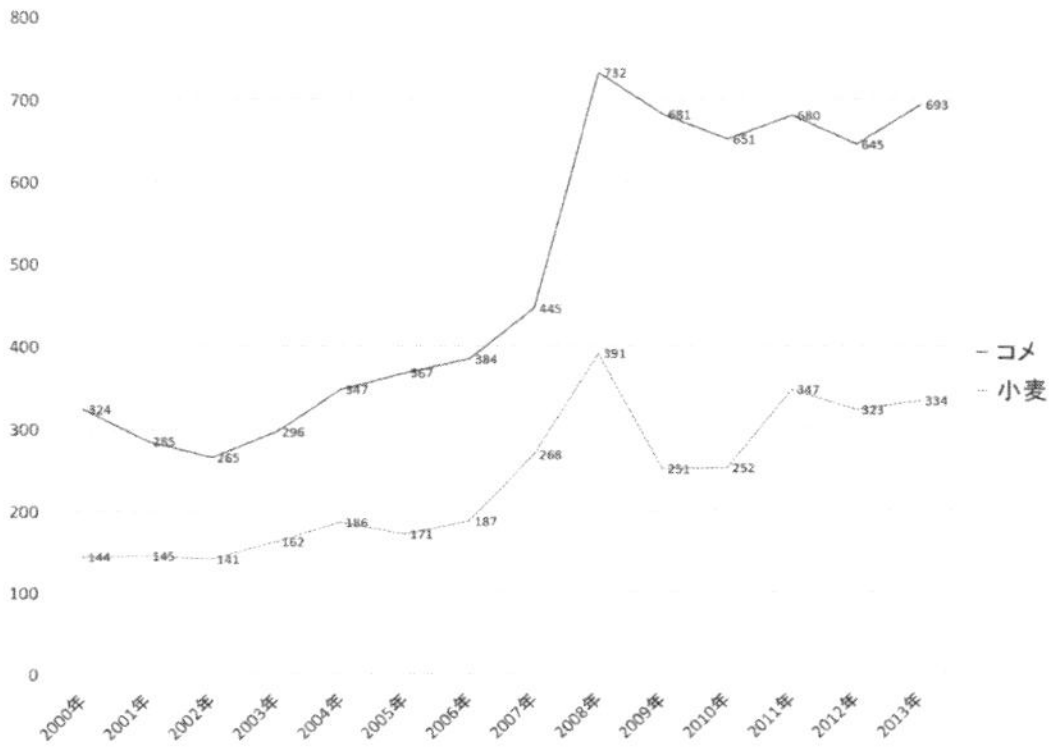

図2　コメと小麦の1t当たり国際価格（US $）

表2　主なコメ主食国の自給率（2011年）

	コメ自給率	穀物自給率
タイ	180%	144%
ベトナム	136%	114%
バングラデシュ	113%	103%
ミャンマー	102%	102%
インドネシア	98%	86%
日本	94%	21%
フィリピン	89%	82%
韓国	83%	23%
マレーシア	60%	23%

（矢野, 2014：216頁より）

す（矢野、二〇一四：二一六頁）。したがいまして、インドと中国は、穀物自給国だといえます。

ところで、日本は食糧自給率が低い低いといわれていますが、実は、コメに限定すると、自給率は高いといえます。コメを主食とする主な国を、コメ自給率の高いほうから順番に並べましょう（表2）。タイは一八〇％で、コメ自給率が非常に高く、主要なコメ輸出国です。ベトナムは一三六％で、ミャンマーは一〇二％です。日本は九四％ですので、コメだけに限定すると、かなり高いほうです。続いて、フィリピンは八九％で、韓国は八三％です（矢野、二〇一四：二一六頁）。韓国も二〇〇九年は一〇六％でした（矢野、二〇一二：二一六頁）が、農産物の輸入自由化や農家経営の悪化などで、低下しました。ちなみに、日本や韓国の穀物全体の自給率が、それぞれ二一％や二三％と極端に低いのは、小麦と家畜飼料用トウモロコシを、大量に輸入しているからです。

東アジアの近未来に食糧危機は訪れるか

現在、東アジア・東南アジア諸国の多くは、主食のコメをほぼ自給していますが、果たして未来はどうでしょうか。主食を自給、もしくは、ほぼ自給していれば、国際価格が高騰しても、影響は小さくてすみます。しかし今後、中国、インド、インドネシア、バングラデシュ、フィリピン、ベトナムなどは、まだまだ人口が増加します。また日本の場合は、ＴＰＰ参加によって、コメ作り農家の経営が悪化し、コメ生産量が減少する可能性があります。こうした要因により、各国のコメ自給率が低下することが予想されます。ＷＦＰ（国連世界食糧計画）によると、飢餓人口は二〇〇九年に一〇億人を突破しました（金子、二〇一一：一三〇頁）。世界人口は約七〇億人ですが、そのうちの一〇億人が飢えています。世界人口は、現在のペースで増加し続けると、二〇二〇年代中頃には八〇億人に達します（総務省統計局、二〇一四：一六頁）。その時、全人類の四人に一人が飢える可能性もあります。

もっとも、飢餓人口は、国際穀物価格が上がるか下がるかによって増減します。価格が上昇すれば飢餓人口は増加し、下落すれば飢餓人口も減少します。ですから、もし二〇二〇年代に国際穀物価格が高騰した場合、人類の四人に一人が飢えて、世界各地が現在のシリア・イラクのように、内戦や紛争が起こる可能性があります。もし、二〇二〇年代の東アジアで食糧危機が発生したら、どうなるのでしょうか。

過去を調べれば、未来は予測可能です。過去から学べば、未来の危機は克服可能です。そこで、食糧危機に直面した後漢時代の中国と、弥生時代の日本について、検討いたします。

二　食糧危機に直面した後漢中国と弥生日本

（一）　後漢末の黄巾の乱と人口崩壊

二世紀以降、全世界的に寒冷化が進行し、六世紀頃まで続きました。西暦一八〇年頃、二九〇年頃、四〇〇年頃に顕著な寒冷化が発生しました。気候変動については、安田喜憲先生の研究に基づいております（詳しい文献名は金子、二〇一五a：一七頁。他に安田、二〇一五・二〇一六も参照）。

この寒冷化によって、世界各地で食糧需給が逼迫しました。西暦一八〇年頃の寒冷化によって、後漢末の中国では、黄巾の乱（西暦一八四年）が発生しました。深刻な内戦と、それに伴う人民大量死により、人口崩壊の時代となりました。

同時期、弥生時代後期の日本も、気候変動を背景とした食糧危機に直面します。それにより、倭国大乱と呼ばれる混乱が発生しました。しかし日本は、その食糧危機を乗り越え、社会を安定させました。我々は先人たちの知恵から学ぶべき点が多々あります。

人口爆発と人口崩壊を繰り返す中華文明

まずは、古代中国の人口変動史を簡単に確認しましょう（金子、二〇一一：一八五－一八六頁）。

中華文明は、その長い歴史の中で、人口爆発と人口崩壊を何度も繰り返してきました。前漢末の西暦二年の戸籍人口は約六〇〇〇万人で、この段階で既に食糧需給は逼迫していました。当時の中国の農地面積と農業技術では、五〇〇〇万人台くらいが養える限度ですので、それを少し超えている状況です。そうした時に、急激な温暖化が進行したため、不作により大飢饉となり、飢えた農民達が、赤眉の乱（西暦一八～二七年）と呼ばれる大規模反乱を起こします。この混乱により人口が激減します。その後、後漢が成立（西暦二五年）して社会が安定し、西暦五七年に全国の戸籍を作成したときに、全中国の人口は二一〇〇万人でした。

この間、五五年間で人口は三分の一に減っていますが、実際には、最初の二、三〇年で、人口は五分の一の一二〇〇万人くらいにまで減少しました。後漢は、再統一には三〇年ほどかかりましたが、再統一の前の段階で、ある程度の広い地域を治めました。その地域の社会が安定したため人口が増え始め、二一〇〇万人まで増加した、と推定されています。

その後、平和の到来と社会の安定により、人口が急増しました。人口爆発により、後漢後期の西暦一五七年に、五六〇〇万人に達します。そして、また食糧需給が逼迫してきます。後漢が最後に全国統一戸籍を作ったのが、この一五七年です。これ以降、王朝の衰退による統治能力の低下により、戸籍を作成できなくなります。そして今度は、急速な寒冷化が進行します。不作・凶作による飢饉、飢えた農民達が蜂起した黄巾の乱、激しい内戦、それらにより、再び人口崩壊が発生します。このときも、黄巾の乱から二、三〇年で、一気に十分の一にまで激減しました。その後、魏・呉・蜀の三国鼎立により、それぞれの国内で、社会がある程度安定しました。それにより人口が増加に転じ、三国時代には、三国合計で七六〇万人まで回復しました。なお、魏の国は、華北を中心とした畑作牧畜の地域ですが、人口四四〇万人です。一方、水田稲作を中心とした呉の国は、人口二三〇万人です。中国の歴史では、この後も数百年間にわたって、常に華北地域のほうが人口が多く、コメを主食とする地域のほうが人口が少ないという状況が続きます。つまり、華北は限界まで農地開拓が進んでいたのに対し、華中地域は、まだまだ森が多く、未開拓の土地がたくさんあった、ということです。

徹底的に人民を虐殺し合う中華文明の内戦

ところで、戦乱期の中国では、なぜ、こんなにも多くの人々が、短期間で死んでしまうのでしょうか。いったいなぜ、大規模な人口崩壊が発生するのでしょうか。

それは、政府軍と反政府軍、皇帝軍と反乱軍などが、お互いに、相手の支配下の人民を虐殺し合うからです。では、それはなぜでしょうか。一つ目の理由は、敵軍支配下の人民が減少すれば、敵軍が徴収できる食糧、武器、各種軍需物資、兵士、労働力などが減少し、それにより敵の軍事力及び継戦能力が低下するからです。二つ目の理由は、非武装の人民の虐殺なら、自軍の将兵の死傷は、わずかですむからです。このような理由により、中国の内戦では、いつの時代でも常に、敵の正規軍との激突を回避し、敵軍支配下の人民を虐殺します。二〇〇〇年以上も前から、これが、戦争に勝つための最も合理的な戦略とされてきました。孫子の兵法にも、そのように記されています。『孫子』を読みますと、最善の戦法は、敵軍支配下の村々を焼き討ちにすることで、次善の戦法が水攻めだ、と書いてあります。焼き討ちが最善なのは、村人たちを皆殺しにできるからです。一方、水攻めだと生き残る村人がいるため、最善ではないというのです。

(二) 倭国大乱と弥生式墳墓

では次に、同時代の日本では、何が起きていたのでしょうか。

考古学的な見地によりますと、弥生時代には、戦死人骨や環濠集落、高地性集落など、戦乱の痕跡が多数発見されています。つまり、弥生時代は敵の攻撃によって村人たちが殺される、戦乱の時代でした。だからこそ、村の周囲に環濠を構築し、村人たちを守る必要があったのです。

しかし、二世紀後半から三世紀初頭にかけて、おそらく倭国大乱の直後、日本列島各地の拠点的集落の多くで、集落を守っていた環濠が一斉に廃絶されます。それとほぼ同時に、各地で大型墳丘墓が出現します。

経済史的視点では、各地の弥生式大型墳丘墓は、公共事業です。ゆえに、墳丘墓の建設事業は、各地域内の食糧再分配システムといえます。各地の首長は、豊かな村からはコメをより多く徴税し、貧しい村からは、労役をより多く徴税したことでしょう。そして、貧しい人々にコメを支給し、墳丘墓を建設させたと推測されます。

つまり、弥生時代の日本列島人は、各地域内で連帯し、再分配によって戦争を回避する方法を発見したのです。ゆえに、防衛戦争用の環濠が、もはや不必要となったため、廃絶されたのです。

後漢中国も弥生日本も、気候変動に伴う食糧危機という同じ難問に直面しました。しかし、中国と日本は、内戦と、再分配による平和の構築という、まったく正反対の選択をしたのです。

三　ヤマト政権と平和国家建設

(一)　古墳建設による平和建設

続いて、弥生時代のあと、古墳時代になりますが、三世紀中頃から末頃、ちょうど二九〇年頃の寒冷化のピーク期に、弥生墳墓の諸要素を統合した巨大前方後円墳が登場します。墳丘は吉備、讃岐、播磨、大和など諸地域の要素を持ち、墳丘を飾る葺石や副葬品なども、西日本各地のものから構成されています。

しかし、近年の考古学的な研究によりますと、東日本でも、西日本ほど多くないのですが、三世紀中頃から後半にかけて、前方後円墳が建設されています。つまり、前方後円墳は、ほぼ同時期に、日本全国で同時多発的に建設されたのです。従来、前方後円墳の登場をもってヤマト政権の誕生とし、ヤマト政権は西日本の統一政権であるといわれていたのですが、最近の研究によると、東日本も最初から含まれているのです。しかも、弥生墳墓の伝統のない茨城県や栃木県などでも、前方後円墳が建設されているため、最初から東日本を含んだ統一政権だったといえます。

水田稲作が開始されてから、前方後円墳が建設されるまでの期間は、北部九州では一二〇〇年近く、近畿では八〇〇年ほど経っていますが、南関東では三〇〇〜四〇〇年ほどしか経っていません。有名なマルサスの『人口論』によれば、「人口の増加速度は食糧の増産速度よりも速い」という法則により、北部九州は過剰人口となっていたはずで、それにより、食糧が足りない状態になっていたはずです。一方、南関東はまだまだ余裕があって、過剰人口とはなっておらず、余剰食糧があったはずです。よって、東西統一政権は、全日本人の連帯により食糧危機を克服するという目的で、設立されたものだったと考えられます。

全日本人の連帯による食糧危機克服

こうした視点に基づけば、ヤマト政権は、西日本を中心としつつも、最初から東西日本を統合し、全日本人の連帯による全国的な再分配によって、寒冷化による食糧危機を克服することを目的に設立された、ということができます。つまり、食糧危機による戦乱を回避し、平和を維持することが、ヤマト政権設立の目的だったのです。

ところで、ヤマト政権の中心地は、なぜ大和地方、現在の奈良県だったのでしょうか。それは、大和南部が、東西日本を結ぶ陸路の結節点だったからです。

ヤマト政権は、とりわけ河内地方などで大規模な治水工事を行ったことが、考古学的研究で明らかになっています。巨大古墳の被葬者たちは、治水王としての性格を持っていました。ゆえにヤマト政権は、前方後円墳の建設を、日本各地に広めることによって、高度な土木技術を、日本各地の後進地域の豪族に伝授したと思われます。その土木技術は、自分たちが河内地方などで悪戦苦闘しながら、徐々に発展させていったものだと推測されます。そうした高度な土木技術により、日本各地で水利事業が推進され、水田面積が拡大し、食糧が増産されました。ヤマト政権は、増産によって生じた日本各地の余剰食糧と、食糧需給が逼迫していた地域の余剰労働力の両者を畿内に集め、巨大古墳を建設しました。日本全体で食糧の再分配を行うことにより、寒冷化による食糧危機を、飢饉も戦乱も発生させずに回避しました。我々の先人たちは、古墳建設によって平和建設をしたのです。

古墳寒冷期の日本は人口増加期

ここで、各地域の人口を確認しておきましょう（鬼頭、二〇〇〇：一六－一七頁）。弥生時代後期の西暦二〇〇年の日本の総人口は五九万人。古墳時代が終わったあとの奈良時代の七二五年には、四五一万人になっていますので、七倍以上に人口が増加しています。つまり、古墳時代の日本は、人口増加期でした。それは、上記で述べたように、古墳建設によって日本全国に高度な土木技術が普及し、それにより水田面積が拡大したからです。

ここで、九州地方に注目してみましょう。水田稲作が早くから始まった九州は、弥生時代後期の段階では、関西とほぼ同じ人口がいました。総人口に占める九州、関西、関東の人口比は、それぞれ順に一八%、一八%、一七%でした（比率は、鬼頭、二〇〇〇：一六－一七頁から筆者が計算。以下同様）。しかし、奈良時代になると、九州、関西、関東はそれぞれ順に、一二%、二一%、一七%となり、九州の比率が低下しています。この理由は、水田面積を拡大する余地が、九州では、他地域に比べて少なかったことが原因でしょう。したがいまして九州は、水田稲作が早くから始まったがゆえに、食糧需給が他地域に比べて、あまりよくなかった、ということがいえるでしょう。

古墳建設による平和建設

次に、大型墳丘墓と古墳の経済的効用について考えてみます。

まず一つ目は、人民の餓死の防止です。食糧の再分配により、餓死者を発生させませんでした。二つ目は、戦乱の防止です。餓死に直面した人々の多くは、そのまま黙っておとなしく餓死することはありません。生きるために、最後の最後まであがくのが、生物としての本能です。そのため、飢えた人々の集団は武器を手に取り、よその地域を襲います。他人の食糧を奪い、自分たちだけが生き残ろうとするわけです。そのため、飢饉の状態を放置すると、戦乱が発生します。したがって、再分配によって餓死を防げば、戦乱も防止できます。

寒冷化にともなう食糧生産性低下により、中国では、食糧をめぐって戦乱となりました。しかし日本人は、西暦一八〇年頃の寒冷化ピーク期の危機を、大型墳丘墓の建設によって回避し、地域内の平和と飢饉防止を実現しました。二九〇年頃の寒冷化ピーク期は、地域内だけでは再分配するコメが足りませんでした。おそらく九州地方などでは、かなり足りなくなっていたのではないでしょうか。そこで、東西統一政権のヤマト政権を設立し、古墳建設により日本全体で再分配を行い、日本全体の平和と飢饉防止を実現しました。ちなみに、四〇〇年頃の寒冷化ピーク期は、古墳が急激に巨大化する時期で、仁徳天皇陵などの巨大古墳が建設されました。つまり、再分配の大規模化で対応したということです。

(二) 大嘗祭の誕生と天皇清貧伝説

マルサスの話を先ほどしましたが、彼の人口理論によれば、人口の増加速度は食糧の増産速度よりも速いわけです。したがって、いずれは必ず、食糧需給が逼迫する時代が来ます。つまり、再分配するコメが、日本全体で足りなくなる時代です。これが、古墳時代の終焉をもたらしました。古墳建設は六四六年の朝廷による薄葬令で、国家的制限が加えられ、七世紀後半に終焉を迎えました。公共事業は、再分配するものがあるときはいいのですが、再分配するものがない状況で大規模公共事業を行うと、人民にとっては単なる苦役です。ゆえに朝廷は薄葬令を出して、古墳建設事業を終了に導いたのです。

古墳時代の終焉と大嘗祭の誕生

そのような状況、すなわち、もう再分配する食糧がなくなったときに、我々の先人たちは、どのように食糧危機を克服しようとしたのでしょうか。そのとき朝廷、天皇が考えたのが、大嘗祭《だいじょうさい》です。大嘗祭が最初に行われたのは西暦六九一年です。古墳時代の終わりと共に、大嘗祭を開始しています。

大嘗祭は、天皇が皇位に就任する際に行う宗教儀式で、公民の水田で収穫されたコメを皇祖神に捧げます。もちろん、現在まで続けられています。大嘗祭の開始前から新嘗祭《にいなめさい》がありましたが、新嘗祭は毎年行う収穫感謝祭で、皇室直属の水田で収穫されたコメを、皇祖神、すなわち天皇の先祖の神に、捧げる儀式です。新嘗祭は、皇祖神、天皇、大和地域の人民の三者による神人共食の儀式です。つまり、それまでの天皇は、大和地域の祭司王を意味したわけです。日本全体の祭司王ではなく、大和地域ないしは畿内地域の祭司王でした。そして、各地方にはその地の豪族がいて、彼らが、その地域の祭司王でした。

共同体の繁栄を神に祈る祭司王・天皇

ではここで、文化人類学の学術用語がいくつか出てきましたので、用語解説をします。祭司王と、神人共食について、簡単に解説しましょう。

祭司王は、英語では priest-king です。イギリスの文化人類学者フレイザーの研究によると、祭司王は、一神教が普及していない地域では、世界各地で広汎に見られる存在です。祭司王は、共同体の代表であると同時に、共同体の一員でもあります。祭司王は、神通力などによって、神々に働きかけます。働きかける手法は、世界各地で異なりますが、祈願、交渉、取引、買収などです。日本の天皇はもっぱら祈願だけですが、世界各地では、祭司王が神様と交渉したり、取引したり、さらには買収するという国もあり、豊作や雨乞いなど、様々な目的の達成に努めます。しかし、祭司王の最終的な目的は、共同体の繁栄です。

次に、神人共食ですが、これも文化人類学の用語で、神に飲食を捧げる宗教儀式です。その目的は、神と人とが共に食事をすることで、神と人間の絆を深めるというものです。

最初の大嘗祭では、瀬戸内文化圏の播磨(現在の兵庫県南西部)と、出雲文化圏の因幡(鳥取県)が選ばれ、その両地域の公民の水田で収穫されたコメを、皇祖神に捧げました。そして、播磨と因幡の「百姓の男女」が招かれ、饗応にあずかりました。私も実際に『日本書紀』の記述を確認しましたが、両地域の役人たちも招かれていることが記されているため、役人とは別に、農民の男たち女たちが招かれたのです。一般庶民が、天皇に招かれて饗応にあずかっているのです。つまり大嘗祭では、天皇と農民が、一緒にご飯を食べるわけです。これは皇祖神、天皇、日本中の人民の三者による、神人共食の儀式です。播磨や因幡は、大和の神とは異なる神を信仰していた地域の人々です。したがって、天皇はこの大嘗祭をもって、日本民族全体の祭司王になった、といえるのです。なお、その後の大嘗祭でも、畿内以外から二地域が選ばれ、現在に至っています。

先ほど述べたように、七世紀になると、日本全国で食糧需給が逼迫化してきます。それにより古墳建設が終焉を迎えます。食糧需給が非常に悪化したときに、天皇と人民を直接結びつけることで、豪族による中間搾取を排除し、日本民族全体の連帯感を高めて、食糧危機を乗り越えようとしたのです。大嘗祭は、そのために開始されたものなのです。

天皇清貧・減税伝説の誕生

大嘗祭の開始からしばらくして、天皇清貧・減税伝説が創り出されます。『古事記』(七一二年)と『日本書紀』(七二〇年)は、大嘗祭開始の少しのちに完成したものですが、それには仁徳天皇による清貧・減税伝説のエピソードが盛り込まれています。有名なエピソードなので、知っている方も多いと思いますが、このエピソードの要旨を簡単に述べましょう。

ある日、仁徳天皇は、民《たみ》の家々から、かまどの煙が立ち上っていないことに、気づきます。民は家で炊くお米がないのだろう、つまり、食べるお米がないのだろう、それほど民は生活が極度に苦しいのだろう、とお心を痛めました。そこで、三年間にわたり徴税を停止しました。その間、当然のことですが、税収がないわけですから、宮殿の補修などはできません。宮殿が雨漏りして、そのせいで服が濡れても、それでも補修をしません。宮殿はあちこち壊れてくるのですが、それでも補修をせずに我慢します。

三年後、多くの民の家々から、かまどの煙が立ち上るようになりました。それを見た家臣たちが、もう徴税を再開しましょう、といったのですが、仁徳天皇は、さらに三年間、免税期間を延ばしました。そのときにおっしゃった有名なお言葉が、「百姓《おおみたから》貧しきは、朕《われ》が貧しきなり。百姓富めるは、朕が富めるなり」であると、『日本書紀』に記されています。

「おおみたから」という訓は、『日本書紀』では百姓、人民、万民、庶民など多くの文字に与えられています。では、この「おおみたから」とは、どういう意味なのでしょうか。主要な説では、「おおみ」というのは天皇を意味します。つまり、「おおみたから」とは、天皇の宝である、という意味なのです。古代日本の為政者は、人民を宝と呼んでいたのです。

免税開始から六年後、仁徳天皇は、ようやく徴税の再開を認めました。すると民たちは、老いも若きも、木材などを持ち寄り、自主的に宮殿の修理を始めた、と『日本書紀』には記されています。仁徳天皇と人民は、心が通い合っていたのです。

人民と苦楽を共にする天皇

『日本書紀』は、最初の勅撰正史、つまり朝廷の公式見解に基づいた歴史書です。人民は天皇の宝である。天皇は人民と苦楽を共にすべきである、というのが、朝廷の公式見解だということです。

もちろん、仁徳天皇のこのエピソードは、フィクションでしょう。なぜなら第一に、仁徳天皇陵は、日本最大にして、世界最大面積の墓です。つまり仁徳天皇は、世界最大級の再分配を行った君主です。徴税を停止すれば、再分配もできません。したがって、仁徳天皇の時代は、ゆとりのある地域から、大量の食糧を徴税していたはずです。古今東西を問わず、英雄伝説というものは、多くの王達のエピソードが、一人の王に集約されて成立するものです。おそらくこのエピソードも、食糧需給逼迫時代の天皇の減税政策が、仁徳天皇に付け替えられ、誇大に記されたものでしょう。

第二に、このエピソードの記述が、『古事記』よりも『日本書紀』のほうが、より詳しくなっています。免税期間も、『古事記』は三年間なのに、『日本書紀』では計六年間に増えています。こうした点から、『古事記』や『日本書紀』が編纂された時期に創作されたエピソードが、偉大な天皇と伝えられてきた仁徳天皇の業績に、新たに加えられたのでしょう。

しかしここで重要なのは、このエピソードが事実か否かではありません。なぜフィクションを、勅撰正史に盛り込んだのか、という点です。それは、それだけ重要な公式見解だから盛り込んだ、ということです。つまり、今後の天皇、皇族、役人たち皆が、仁徳天皇を見習って人民と苦楽を共にせよ、人民を宝と思って大切にせよ、ということが、朝廷の公式見解として強調された、と理解すべきなのです。

日本の基本思想―絆と分かち合い―

食糧危機克服のための、日本人の基本思想は何でしょうか。以上の考察より、過去の食糧危機から我々日本人が学ぶべき点は、下記のようにまとめることができます。

弥生時代後期は、各地域内での連帯と再分配でした。

古墳時代前期は、日本人全体による連帯と再分配でした。

古墳時代中期は、再分配の強化でした。

古墳時代終焉期は、中間搾取の排除、連帯の強化、それに清貧と減税でした。

ところで、連帯や再分配は、外来語です。自分で使っていても、どうもしっくりきません。では、日本古来の言葉で表現すると、これらは何という言葉になるのでしょうか。

連帯とは、絆です。

再分配とは、分かち合いです。

古墳時代終焉期の中間搾取の排除や清貧・減税も、絆と分かち合いの強化を意味します。大嘗祭では、日本全体で足りなくなってきたコメを一緒に食し、天皇と民は絆を強めました。仁徳天皇のエピソードでは、生活苦を天皇と民が分かち合い、乗り越えました。したがって、弥生式墳丘墓から大嘗祭や『日本書紀』まで、絆と分かち合いにより危機を乗り越えるという同じ基本思想なのです。

四　結論―日本人にとってコメとは何か―

さて、結論です。日本人にとって、コメとは何でしょうか。上記の考察を踏まえて考えてみましょう。

日本人にとってコメとは、まず第一に、当たり前のことですが、主食です。しかし、それだけではありません。

第二に、コメとは、絆です。コメを通じて、各地の人々、天皇、皇祖神がつながっています。天皇をかなめとして、各地の人々どうしがつながっています。

そして第三に、コメとは、日本の心です。

日本の心とは、何でしょうか。人それぞれ、いろいろな考えがあるでしょうが、やはり、思いやり、気づかい、利他精神、チームワーク、などのことだと思います。

日本の心を育むコメ作り

ところで、大嘗祭で用いる食物は、なぜ、コメなのでしょうか。各地の特産物では、なぜダメなのでしょうか。それは、水田稲作が、思いやりや他者への気づかいなど、日本の心を育むからではないでしょうか。

たとえば麦作の場合、天水農業ですから、他の人たちに対して何も気づかいをすることなく、育てることができます。しかし水田稲作の場合は、用水路などの水が重要となります。自分の水田に届いた水を、自分だけで好き勝手に使うことはできません。隣人の水田から届いた水は、自分でも使いつつ、別の隣人にも届けなければなりません。したがって、水田稲作の場合は、他者のことを考える必要があるわけです。つまり、水田稲作を通じて、思いやりや気づかいの心が養われるのです。

ところで、天皇の農耕儀礼の目的は、何でしょうか。毎年、天皇陛下は、農耕儀礼の一環として、田植えや稲刈りをしています。そうした写真を宮内庁のホームページに載せ（図3・4）、NHKのニュースを通じて、日本国民に広く伝えようとしています。

図3　皇居内の水田で苗をお手植えになる天皇陛下（宮内庁提供）

田植えや稲刈りといった農耕儀礼の目的は、単なる豊作祈願だけではないように思います。天皇陛下は、日本の心の育み方を、ご自分自身で実践し、ご自分自身の行動で国民に示しているのではないかと、最近、思うようになりました。

日本人としての生き方とは何か

「一　問題の所在」で述べたように、二〇二〇年代には、世界各地で食糧危機による内戦や人道危機が多発する可能性が高いと予測されます。もっとも、経済力と軍事力さえあれば、世界中でたとえ何十億人が飢えていても、食糧を買い付けることができます。

しかしそれは、日本人の生き方なのでしょうか。

それは違う、と私は思います。TPP問題などでは、皆、政府もマスコミも学者も、金銭・経済の視点でしか考えていません。「TPPで攻めの農業」とか、「アジアの胃袋をつかめ」とか、「農産物輸出でカネを稼げ」等々など。もちろんお金も大切ですが、しかしお金は、所詮、手段です。貨幣経済の下で人間が生活するために必要な、単なる手段です。手段と目的を、はき違えてはいけません。人間には、お金よりも、もっと大切なものがあるのです。

人間は、どう生きるべきなのか。日本人は、日本人として、どう生きるべきなのか。それは、お金よりも、もっと大切なものです。

図４　皇居内の水田で稲刈りをなさる天皇陛下（宮内庁提供）

コメを育てることは、日本の心を育てることではないでしょうか。過去の日本人は、食糧危機を、絆と分かち合いの強化で乗り越えてきました。絆と分かち合いの思想は、この日本の心によって支えられてきたのではないでしょうか。コメ作りが、絆と分かち合いの思想を強めてきたのではないでしょうか。

そう考えますと、近年の日本社会の荒廃は、多くの日本人にとってコメ作りが縁遠くなったからかもしれません。都会育ちの人が増えて、コメ作りが縁遠くなったから、荒廃したのかもしれません。

今こそ、日本人としての生き方を取り戻すべきではないのか。そうした視点から、コメ作り、水田稲作、農産物貿易の問題を考える必要があるのではないか、と最近思う次第です。

時間もあまりありませんので、一点だけ、政策論を述べたいと思います。水田稲作によるコメ作りを、義務教育の中に導入することで、日本の心を育んでいくというのは、どうでしょうか。全国の小学校と中学校で、全学年が、毎年、水田でコメ作りをするのです。そうすれば、もっと利他心のある、他者への思いやりや気遣いのある子供が育まれ、新聞などを賑わすイヤな犯罪事件も減少するのではないでしょうか。

もちろん、東京や大阪などの大都市の場合は、水田が近くにないため、そう簡単にはできないかもしれません。しかし、それ以外の都市の場合は、自動車で半時間か一時間くらい走った範囲内に、教育用の水田を確保できるはずです。この教育用水田は、子供たちに日本の心を育んでもらうことが目的ですので、黒字経営にする必要はありません。したがって、耕作放棄されているような収益性の低い農地で十分です。育てたコメは、子供たちの学校給食に用いたり、それ以上の収穫があれば、子供たちの家庭に無料で分配すれば良いでしょう。戦後の日本では、長らく、家計の節約のために、割高な国産米の消費を減らし、割安な輸入小麦の消費を増やす家庭が少なくありませんでした（金子、二〇一四：二一一－二二一頁）。しかし、教育用水田で育てたコメを、子供たちの家庭に無料で分配すれば、日本全体でコメ生産量が増加するのに加え、小麦の輸入量が減少するため、日本の食糧自給率も向上します。日本の心を育むと同時に、食糧自給率も向上するため、一石二鳥です。
これで発表を終わらせていただきたいと思います。ご清聴ありがとうございました。

引用・参考文献

金子晋右　二〇〇八『文明の衝突と地球環境問題―グローバル時代と日本文明』論創社
金子晋右　二〇一一『世界大不況と環境危機―日本再生と百億人の未来』論創社
金子晋右　二〇一四「高度成長の比較経済史的考察―戦後日本の高度成長を中心に」『佐賀大学経済論集』第四七巻第一号
金子晋右　二〇一五ａ「危機の時代21世紀と日本文明―経済史的視点より」『文明研究・九州』（比較文明学会九州支部）第九号
金子晋右　二〇一五ｂ「グローバル資本主義と人道危機国家」『比較文明』（比較文明学会）第三一号
鬼頭　宏　二〇〇〇『人口から読む日本の歴史』講談社
総務省統計局　二〇一四『世界の統計』日本統計協会
安田喜憲　二〇一五『ミルクを飲まない文明―環太平洋文明と「稲作漁撈民」の世界』洋泉社
安田喜憲　二〇一六『環境文明論―新たな世界史像』論創社
矢野恒太記念会編集・発行　二〇一二『世界国勢図絵』（2012-13年版）
矢野恒太記念会編集・発行　二〇一四『世界国勢図絵』（2014-15年版）

第Ⅳ章　九州と長江文明

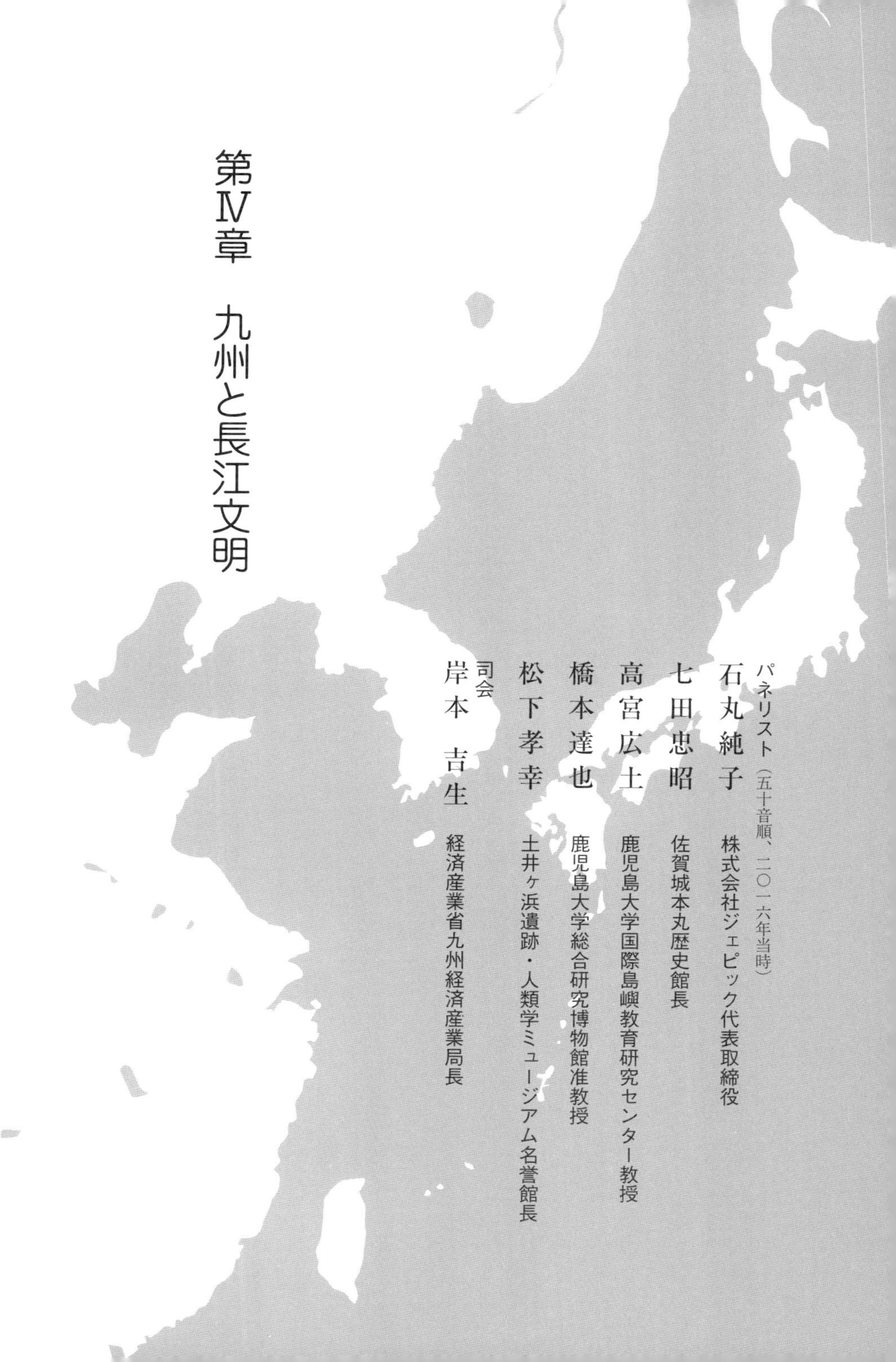

パネリスト（五十音順、二〇一六年当時）

石丸純子　株式会社ジェピック代表取締役

七田忠昭　佐賀城本丸歴史館長

高宮広土　鹿児島大学国際島嶼教育研究センター教授

橋本達也　鹿児島大学総合研究博物館准教授

松下孝幸　土井ヶ浜遺跡・人類学ミュージアム名誉館長

司会

岸本吉生　経済産業省九州経済産業局長

岸本　それでは、パネルディスカッションを始めます。
今日は五名の方にご登壇いただいております。順番にご発表をいただき、その後、これまでのお話もふまえてご意見を伺いたいと思います。安田先生のお話に「宮崎では女性も活躍していた」とありましたが、佐賀でも女性が活躍されています。地元の石丸純子さんから順番にお願いしたいと思います。

有明海の変遷と生物の特長について

石丸純子

一　はじめに

皆様、こんにちは。立派な研究者の先生方に混じって、一民間人がこのように座っていることに気後れいたしますが、私は、元は高校の生物教師であったこと、また郷土の武士道の書である『葉隠《はがくれ》』の「研究会理事」の立場から登壇することをお引き受けいたしました。

本題の前に〝女性〟というキーワードから、佐賀と女性についていくつかご紹介いたします。

第一に、『肥前風土記』の中で、佐賀は賢い女―賢女郡《さかしめのこおり》から、佐賀という名前になったという説があります。第二に、先ほど村岡安廣先生がご紹介された佐賀市川上の、地元で信仰されている神社である、與止日女《よどひめ》神社のご祭神は女性です。また、私は教員をしておりましたが、その後、会社を興して経営の立場で活動しております。その一方で、安倍政権が女性の活躍に関連して取り組んでいる、「女性の大活躍推進佐賀県会議」の共同代表をしておりますので、女性の立場からの意見もここで発言できるかな、という気持ちを持っております。宜しくお願いいたします。

二　有明海の変遷

今回、多岐に亘る研究分野のお話がなされています。私は、有明海に関してお話をしたいと思います。他地域の方には、有明海について九州の小さな内湾というイメージをお持ちの方も多いと存じます（図1）。しかし、有明海の変遷を見ますと、二〇〇万年前は中国の揚子江（長江）流域と陸続きでした（図2）。そして、およそ一万五〇〇〇〜一万八〇〇〇年前くらいまでは、このような陸地でした（図3）。その後、海が進出して、東シナ

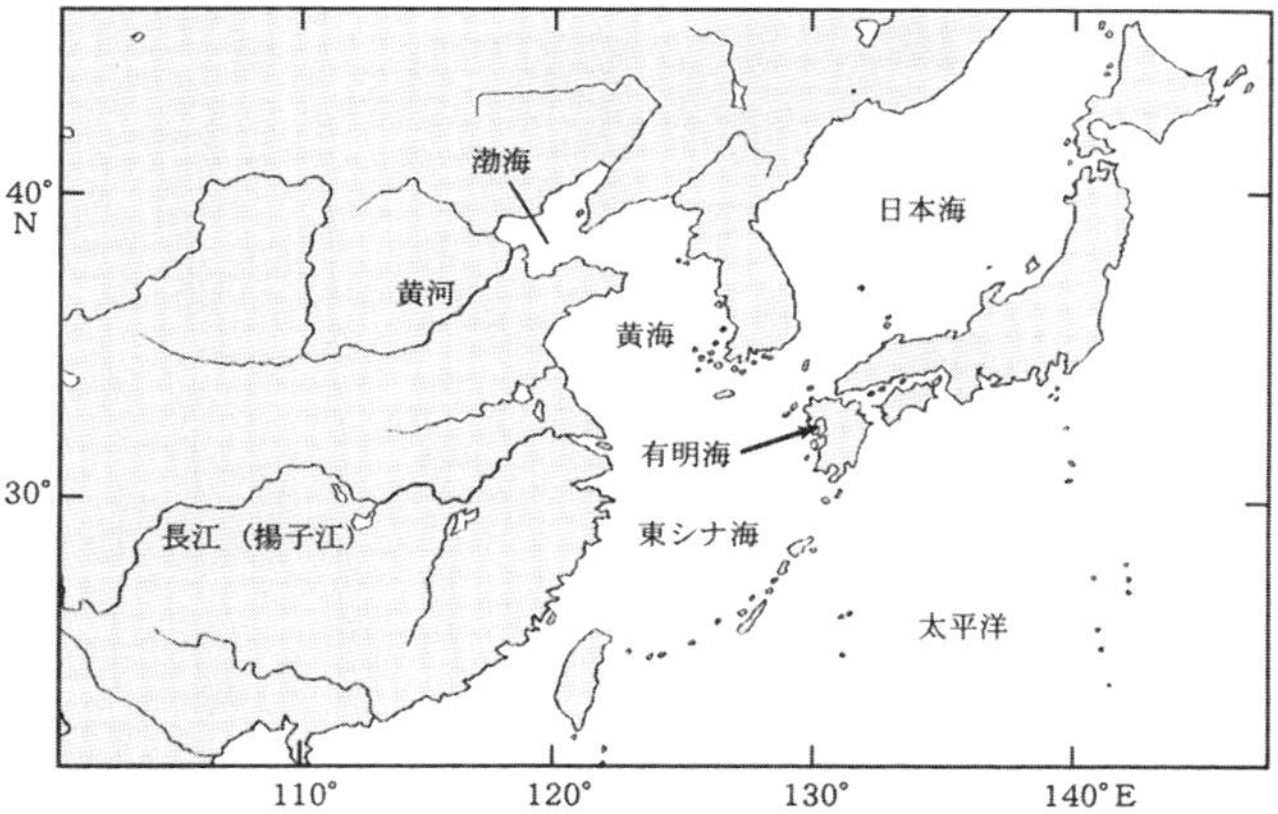

図１　有明海（佐藤編 2000）

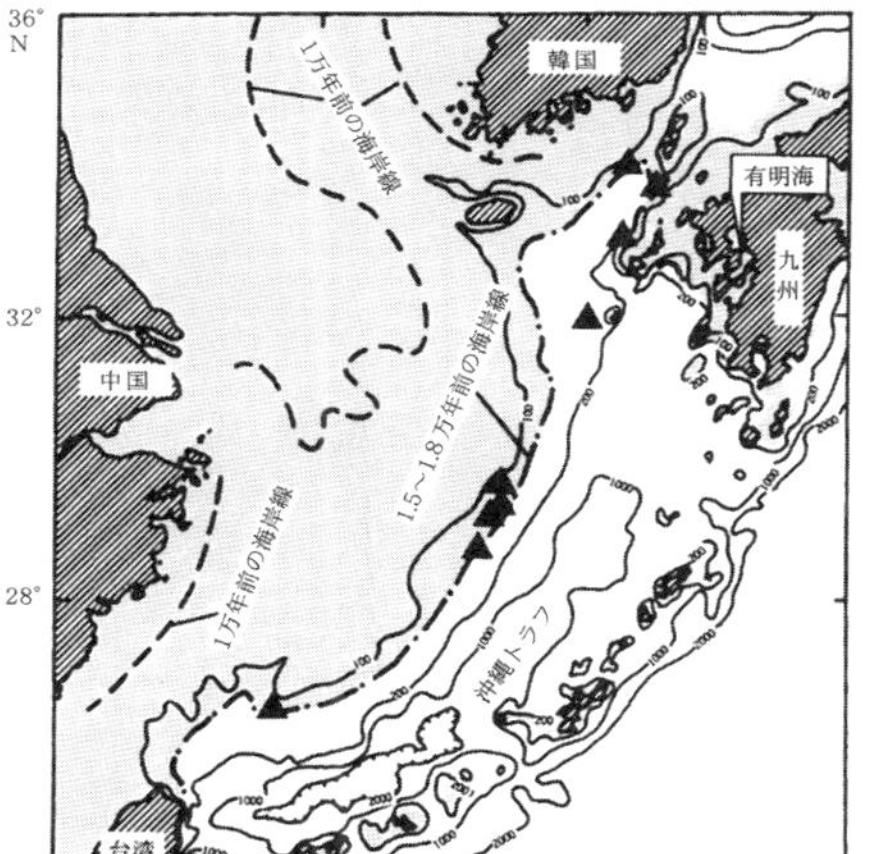

図３　有明海の変遷
（佐藤編 2000）

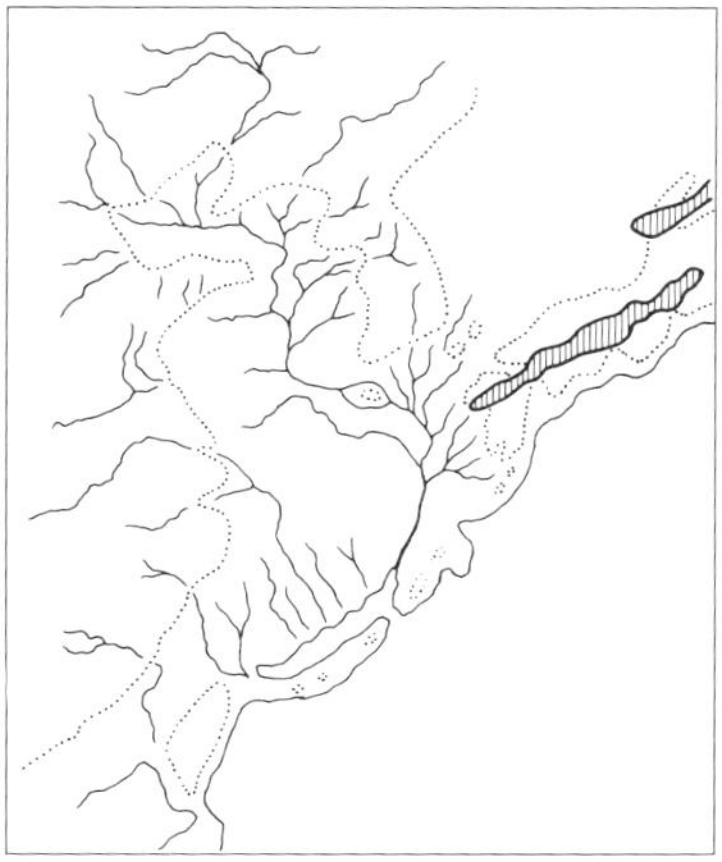
図２　海面が 200m 低下した時の推定図（200 万年前）
（西村三郎 1980『日本海の成立』より）

海、有明海となります。おおよそ寒冷な時代は、大陸や半島と同一な状態であったと、教科書等で解説されています。

有明海に海水が進入してきた、つまり海進が始まったのは、おおよそ一万一〇〇〇年くらい前からのことになります。有明海地域には、海水と、陸の河川水との混在する汽水域が存在したり、干満の差により、広大な干潟を形成しました。現在も、干満の差は、大潮時で四~七メートルと大きいのですが、この干満の差は、おおよそ八〇〇〇年くらい前から顕著だということです。干満の差が顕著で、潮汐により、佐賀県中央部の内陸地域にも、潮汐変化の現象を観察できます。「潮見《しおみ》」の地名や神社があることからわかります。潮汐によって有明海から多様な成分が陸地に運ばれ、平野部が非常に肥沃な土壌となっているという特徴を有しています。

このように干満の差が大きいことや、海進、海退などにより、佐賀には広大な湿地帯が存在していました。たとえば、縄文の遺跡―東名《ひがしみょう》遺跡（佐賀市）が有名ですが、東名遺跡には、縄文時代の多様な生活道具などが、湿地・泥質の潟泥に埋蔵された状態で発見されました。それから、幕末の頃の、世界産業遺産で脚光を浴びている「三重津海軍所跡」（佐賀市）は、湿地だったからこそ、ドライドック等が潟泥に埋まって発見されました。また徐福の伝説もあります。徐福さんが上陸し、湿地を歩く時に、足元が汚れないように布をたくさん重ねたという謂れの「千布《ちふ》」という地名もあります。これらは、有明海の変遷に関連したことといえます。

三　有明海域の生物

有明海は、このように特殊な変遷をたどっており、特徴的な生物が多く生息しています（図4）。そして、これらは、希少であり、絶滅寸前などと言われるほど貴重種が多く見られます（表1・2）。

最近、佐賀市役所の動画で話題になったのが、ワラスボです。また、有名なムツゴロウ、そして筑後川を中心として生息しているエツ、煮付けにして非常に美味しいクチゾコや、非常に珍しいものとして、生きた化石といわれるミドリシャミセンガイ（メカジャともいう）など、こういうものが珍味としてあります。さらに、カニもタ

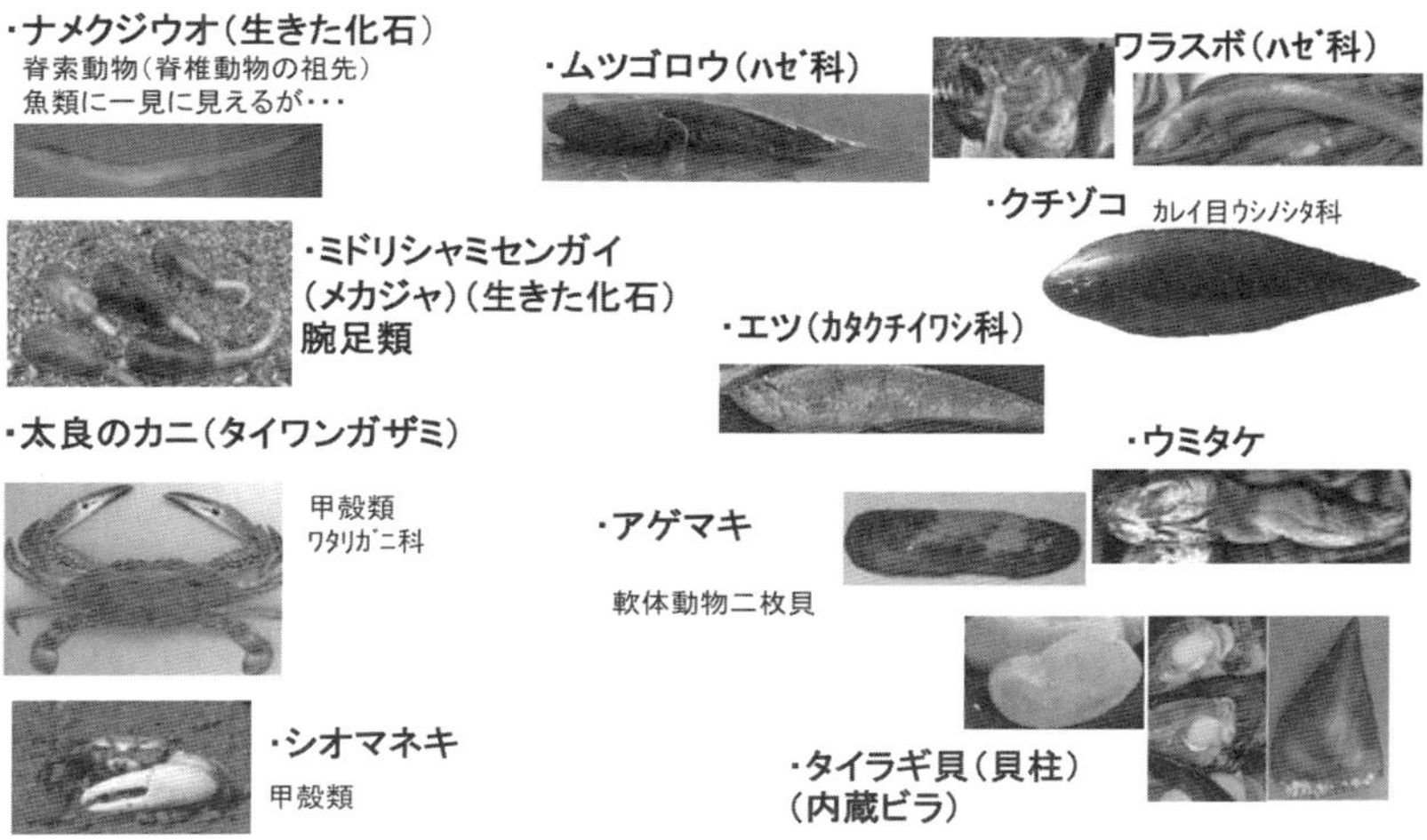

図４　佐賀県内の海の生物

表１　有明海の特産種（佐藤編 2000）

種　名	絶滅のおそれ	国外での分布記録
魚類		
エツ	希少[a]，危急[b]	朝鮮半島，中国
アリアケヒメシラウオ	絶滅危惧[a,b]	なし
アリアケシラウオ	絶滅危惧[a,b]	朝鮮半島，中国
ハゼクチ	減少[b]	朝鮮半島，中国
ムツゴロウ	危急[a]，減少[b]	朝鮮半島，中国，台湾
ワラスボ	減少[b]	朝鮮半島，中国，インド
ヤマノカミ	危急[a,b]	朝鮮半島，中国
浮遊性カラヌス目カイアシ類		
Sinocalanus sinensis		中国
Tortanus (Eutortanus) derjugini		朝鮮半島，中国，ロシア沿海州
カニ類		
アリアケヤワラガニ	希少[c]	中国
ハラグクレチゴガニ	希少[c]，危険	朝鮮半島，中国
ヒメモクズガニ		朝鮮半島，中国
腹足類		
アズキカワザンショウ	危険	なし
ウミマイマイ	絶滅寸前	なし
ヤベガワモチ		なし
二枚貝類		
シカメガキ		なし
多毛類		
アリアケカンムリ		なし
アリアケゴカイ		中国
アリアケカワゴカイ		朝鮮半島
ヤツデシロガネゴカイ		なし
テナガカイメンシリス		地中海
アリアケイトゴカイ		インド
腕足類		
オオシャミセンガイ	絶滅寸前	中国

表２　有明海の特産種（佐藤編 2000）

種　名	絶滅のおそれ
鳥類	
ズグロカモメ	絶滅危惧Ⅱ類[a]
ツクシガモ	絶滅危惧IB類[a]
魚類	
ヒラ	
コイチ	
メナダ	
マナガツオ	
スズキ	
コウライアカシタビラメ	減少[b]
脊索動物	
ナメクジウオ	危急[b]
甲殻類	
チクゴエビ	
ヒメケフサイソガニ	絶滅寸前
シオマネキ	希少[c]，危険
ムツハアリアケガニ	絶滅寸前
アリアケガニ	危険
腹足類	
ヒロクチカノコ	絶滅寸前
クロヘナタリ	絶滅寸前
シマヘナタリ	絶滅寸前
オオクリイロカワザンショウ	絶滅寸前
ヒラドカワザンショウ	危急[d]
ゴマフダマ	危険
サキグロタマツメタ	絶滅寸前
マルテンスマツムシ	絶滅寸前
ウネハナムシロ	絶滅寸前
ヒロオビヨフバイ	絶滅寸前
ホソウネモミジボラ	現状不明
センベイアワモチ	絶滅寸前
二枚貝類	
コケガラス	危険
ヒメエガイ	現状不明
クマサルボウ	危険
ハイガイ	絶滅寸前
ササゲミミエガイ	絶滅寸前
スミノエガキ	絶滅寸前
ヤミノニシキ	危険
チリメンユキガイ	絶滅寸前
アゲマキ	危険
チゴマテ	現状不明
ウミタケ	危険
多毛類	
スナヒトデシリス	
カニゴカイ	
アマクサシロガネゴカイ	
アナジャコウロコムシ	
アカムシ	
エンシュウタケフシゴカイ	
カンテンフサゴカイ	
星口動物	
クロサメハダホシムシ	
腕足類	
ミドリシャミセンガイ	危険
鉢クラゲ類	
ヒゼンクラゲ近似種	
イソギンチャク類	
「ワケ」とよばれる未記載種	
塩生植物	
シチメンソウ	絶滅危惧Ⅱ類[e]

イワンガザミの仲間、シオマネキなど他の地域ではあまり見られない生物が有明海には多く生息しています。また、数十年前までは、多くのこのような生物たちが食卓に上っておりました。さらに、鳥類、甲殻類、ゴカイ類、イソギンチャクの仲間など様々な珍しい生物が多く生息している（田中、二〇一七）のが、有明海です。

四　有明海地域の生活・産業・遺産

有明海地域の生活等に関しては、藤永豪先生が詳しくお話しされたように、その世界がそのまま残っているのが有明海沿岸地域です（本書第Ⅲ章一）。廃れたところもございますが、私たちの世代には、藤永先生がおっしゃった世界はまだ全部記憶にありますし、地域の行事にも残っています。特に、この広大な平野の人々は、有明海の干満の差を利用して生活を営んできました。

海苔養殖業では、潮の干満の差を利用し

て、沖合いに出たり漁港に戻ったりします。漁撈にも、干満の差を利用した獲り方があったり、海運にも干満の差を利用して日宋貿易を行いました。それから、有田焼の陶土は、天草の島から海運により運搬しました。海の〝長崎街道〟と呼ばれるルートもあります。幕末には蒸気船を三重津で製造し、海軍所跡もあり、戦前までは筑後川河口域にあった造船所で大型船も製造していました。

この有明海地域の広大な平野部は、干拓により形成されました。行政である藩の事業より、お百姓さん、農家の人が、少しずつ少しずつ「搦、土井、土居」という地名に残る「堤防」を構築し干拓を広げてきました。また、水については、最近まで、貴重な真水を、淡水《あお》取水という方法によって田畑に供給したり、生活用水に使っていました。佐賀は江戸時代の鍋島藩時代、成富兵庫を代表として非常に治水工事が進んだ地域でもあります。クリーク、ヤナギ、竹などが民家の側にありました。藤永先生の内容の世界が生きているのが、有明海沿岸地域です。

五　有明海地域の特長

最近、佐賀県と佐賀市ではどのようなことをアピールしているのでしょうか。佐賀市からは東与賀海岸と鹿島市沖の肥前鹿島干潟が、「ラムサール条約」の湿地として認められました。珍しい野鳥が多く飛来してきます。数多くの野鳥が飛来してくるということは、それだけ豊かな干潟がたくさんあるということです。さらに非常に珍しいのが、塩生植物シチメンソウの自生地が存在することです。野鳥、魚類など、豊かで多様な生物層が、有明海沿岸の干潟地域に形成されています。有明海が非常に高い生産能力と浄化能力を保有しているといえます。

また、有明海といえば海苔養殖です。全国の海苔生産の四割を、有明海地域で生産しております。二〇一五年四月の新聞報道では、販売額が二二四億八〇〇〇万円、販売枚数が一八億九八〇〇万枚ということです。そして、揚子江（長江）流域と関係がありまして、佐賀市の姉妹都市は海苔養殖が盛んな連雲港市です。海苔養殖がつないだ絆ともいえます。

それともう一つ、佐賀は照葉樹林帯に属します。照葉樹林帯の特徴の一つであるクスノキは、「県の木」です。県の木であるクスノキは、巨木が多く、特に神社や公共施設でみることができます。古いものでは佐賀県武雄市にあります大楠は、推定三〇〇〇年の樹齢があるといわれております。また、佐賀市の「市の花」はサザンカでして、佐賀市は、自生としては北限の地域となっています。

さらに、ユーラシア大陸と関係があるのは、カササギです。朝鮮半島に行きますと、「わあっ！　佐賀と同じ！」と、ちょっと感動することもあります。ユーラシア大陸に、分布しているカササギは、佐賀では〝カチガラス〟と言ったりもします。カササギは「県の鳥」で、天然記念物に指定されています。

六　有明海地域～佐賀地域の人々の精神性（心）について

佐賀はクリークを基盤とする農耕社会ですので、「人のつながり」、「人への思いやり」、「人との協調性」という共同体意識を非常に大事にして、代々生きてきております。海に対しても自然に対しても、「守り、教え、伝え、育む、そして大切にする心」を長く伝えてきました。その中の一つ、武士道の『葉隠』には、有名な「死ぬことと見つけたり」という一節がありますが、この言葉の意味は「生きること」です。そして、死生観の中で、最も重要なことは、「大慈悲心を起こし、人のためになること、世のためになること」と説かれています。「共生」―「一緒に暮らす」意義が、今の時代も佐賀では息づいていることを、皆様にお伝えしたいと思います。

引用・参考文献

佐賀県教育委員会 編　一九九七『ふるさと佐賀の自然』佐賀県

佐藤正典 編　二〇〇〇『有明海の生きものたち―干潟・河口域の生物多様性―』海游舎

菅野　徹　一九八一『有明海―自然・生物・観察ガイド―』東海大学出版会

田中　克 編　二〇一七『森里海を結ぶⅠ』花乱社

「海上の道」を検証する

高宮広士

一　はじめに

皆さん、こんにちは。昨年（二〇一五年）四月より、鹿児島大学の国際島嶼教育研究センターというところに移りまして、その前は二〇年ほど北海道の大学で教えておりました。島嶼とは大小の島々のことですが、国際島嶼教育センターでは、島の自然（陸と海）や、人および文化と島嶼環境の関係を国際的および学際的に研究しております。

私は主に先史時代の琉球列島の島々に、どのようにして人々が生活をしてきたか、あるいは専門用語で表現すると、適応してきたかについて研究しております。琉球列島の中でも、奄美・沖縄諸島の研究に焦点を当ててきました。今回は、「東シナ海と稲作漁撈・弥生文化」というテーマで、少し私の研究とは離れているテーマです。そこで、奄美・沖縄諸島先史時代を通して、今回のテーマに関連性があり、かつ皆さんの興味あるテーマは何だろうと考えたところ、おそらく私が提供できるテーマの一つは「海上の道」という有名な仮説がありますが、この仮説が成立するかどうかということではないかと考えました。そこで、今回奄美・沖縄諸島から得られた最新のデータを基にして、「海上の道」仮説を検証してみたいと思います。

これから、まず奄美・沖縄諸島の編年を簡単にご紹介します。それから、直接九州には関係ありませんが、奄美・沖縄諸島における農耕の起源に関する仮説が「海上の道」仮説以外にもいくつかあり、それらについて述べさせていただき、奄美・沖縄諸島で得られた最新のデータで「海上の道」仮説を検証し、最後にまとめてみたいと思います。

二　奄美・沖縄諸島の編年

琉球列島は、ご存知のように九州と台湾の間に約一二〇〇キロにわたって位置しています。約七〇〇〇〜

一〇〇〇〇年前まで、琉球列島には三つの文化圏が存在していました。種子島・屋久島を中心とする南島北部圏、宮古・八重山諸島を中心とする南島南部圏、奄美・沖縄諸島を中心とする南島中部圏です。今回は、データの豊富な南島中部圏を中心に紹介してみたいと思います。

　この南島中部圏ですが、先ほど申しましたように奄美諸島と沖縄諸島から成り立っています。南島中部圏先史時代の編年は、九州・四国・本州・北海道とは異なっております。表1の右側に北海道を除く本土の編年を示しておりますが、本土（北海道を除く）では、旧石器時代から始まって縄文時代があり、弥生・古墳時代と続きます。表1にみられますように、奄美・沖縄地域ではいくつかの編年案が提唱されてきましたが、

表1　奄美・沖縄諸島の編年

<table>
<tr><th>B.P.</th><th colspan="4">南島中部圏（奄美・沖縄諸島）</th><th>本土
（北海道以外）</th></tr>
<tr><td></td><td>A案</td><td>B案</td><td>C案</td><td>D案</td><td></td></tr>
<tr><td>ca.11/12〜15AD</td><td colspan="4">グスク時代</td><td>室町
鎌倉</td></tr>
<tr><td>1,400</td><td>貝塚時代
後2期</td><td>貝塚時代
後III・IV期</td><td rowspan="2">貝塚時代後期</td><td>弥生〜
平安並行期
後半</td><td>平安
飛鳥</td></tr>
<tr><td>2,600</td><td>貝塚時代
後1期</td><td>貝塚時代
後I・II期</td><td>弥生〜
平安並行期
前半</td><td>古墳
弥生</td></tr>
<tr><td>3,000</td><td>貝塚時代
前5期</td><td>貝塚時代
前 V期</td><td>貝塚時代中期</td><td>縄文時代晩期</td><td>縄文時代晩期</td></tr>
<tr><td>4,000</td><td>貝塚時代
前4期</td><td>貝塚時代
前 IV期</td><td>貝塚時代前期</td><td>縄文時代後期</td><td>縄文時代後期</td></tr>
<tr><td>5,000</td><td>貝塚時代
前3期</td><td>貝塚時代
前III期</td><td></td><td>縄文時代中期</td><td>縄文時代中期</td></tr>
<tr><td>6,000</td><td>貝塚時代
前2期</td><td>貝塚時代
前 II期</td><td rowspan="2">貝塚時代早期</td><td>縄文時代前期</td><td>縄文時代前期</td></tr>
<tr><td>7,000</td><td>貝塚時代
前1期</td><td>貝塚時代
前 I期</td><td>縄文時代早期</td><td rowspan="2">縄文時代早期</td></tr>
<tr><td></td><td>土器文化の
始まり？</td><td>？</td><td>？</td><td>？</td></tr>
<tr><td>10,000</td><td colspan="4" rowspan="2">旧石器時代</td><td>縄文時代草創期</td></tr>
<tr><td>32,000</td><td>旧石器時代</td></tr>
</table>

*本土編年とのおおよその比較であり、南島中部圏の時代区分とは必ずしも一致しない。

今回はA案をもとにしてお話ししたいと思います。

奄美・沖縄諸島も、旧石器時代から始まりますが、その後は縄文・弥生時代ではなく貝塚時代と呼んでいます。貝塚時代の後、グスク時代となります。貝塚時代は前期と後期に分けられますが、前期はだいたい縄文時代、後期は弥生~平安時代に相当します。前期は五期に、後期は二期にさらに細分されます。

三　奄美・沖縄諸島における農耕の始まり—仮説の紹介—

奄美・沖縄諸島を研究している人たちは、この地域でいつごろから農耕が始まったかということに、非常に高い関心がありまして、農耕の始まりに関する仮説は一九九〇年までにいくつか提唱されていました。これらの仮説を以下に紹介したいと思います。

まず、貝塚時代後1期農耕仮説です。これは弥生時代相当期の農耕仮説です。この頃、本土の弥生時代の人たちは、日本列島では奄美・沖縄の島々以南でしか採れないゴホウラやイモガイを渇望していました。ゴホウラやイモガイから貝輪を作って、弥生社会の首長クラスの人たち（あるいは社会的地位のある人たち）が、ステイタスシンボルとして使っていました（この貝輪は吉野ヶ里遺跡の資料館にも展示されていました）。沖縄側では、貝を求めて来るであろう弥生人のために、ゴホウラやイモガイをせっせと集めたりしていました。こういう遺構（貝集積遺構と呼ばれています）が、沖縄諸島では今、約三〇遺跡から一〇〇基以上報告されています。さらに弥生時代相当期になりますと、弥生文化が奄美大島まで拡散したと考えられており、この頃、農耕も拡散したのではないかと推測されました。おそらくこれは水田稲作を想定していると思いますが、そういう農耕がこの地域にも波及したのではないかという仮説です。

次に、貝塚時代前5期農耕仮説も提唱されました。これは縄文時代晩期相当期の農耕仮説です。貝塚時代前5期には、その前後の時期と比べると動物遺体が激減します。その代わりに石皿などの石器が急増します。動物遺体が減少し、石皿が増加するという現象から、植物食が重要であったのではないかということが示唆されました。さらに遺跡の立地が貝塚時代前5期になると台地上、あるいは丘陵上のような開けたところになります。ですから、この頃、このような場所で、植物を栽培して農耕を行っていたのではないかというのが、貝塚時代前5期農耕仮説です。

その前の時代、貝塚時代前4期は縄文時代後期に相当しますが、この頃にも農耕があったのではないかという仮説（貝塚時代前4期農耕仮説）もありました。その理由の一つは、日本列島の同時期の遺跡が標高の低いところ、六〇メートル以下に立地しているのに対し、琉球列島の同時期の遺跡は、比較的標高の高いところに分布しているということです。もう一つの理由は、オキナワヤマタニシというカタツムリが遺跡から結構出土してくることです。これは開けたところに生息するカタツムリで、この時期に標高の高いところで焼畑農耕をやっていたのではないか、という仮説です。

それから、次にご紹介する農耕仮説は二重カッコつきの『貝塚時代前4期』農耕仮説です。この仮説は、世界的にみると、ほとんどの島が農耕民によって植民されたという事実を基にしています。ジョン・チェリーという考古学者が、地中海における島への植民を検証した結果、全ての島が農耕民によって植民されたことを明らかにし、「島で生活するには、農耕が必要だ」と結論づけました。この結論は地中海のみならず世界の多くの島々に当てはまります。そこで、奄美・沖縄諸島の島々に人間集団が初めて植民したのは『貝塚時代前4期』であったのではないか。『貝塚時代前4期』は貝塚時代前3期の終わりから貝塚時代前4期を指し（縄文時代中期の終わりから縄文時代後期相当期）、その際の生業が農耕であったのではないか、という仮説です。

そして、いよいよ柳田國男の「海上の道」仮説になります。皆さんご存知と思いますけれども、イネには三つの種類（亜種）があります。*Oryza sativa indica* と *Oryza sativa javanica*、それに *Oryza sativa japonica* です。私たちが毎日食べているのは、二番目の *Oryza sativa japonica* です。最近、研究者によっては *Oryza sativa japonica* を温帯ジャポニカ、そして *Oryza sativa javanica* を熱帯ジャポニカと呼ぶ人がいます。

柳田國男は、日本文化の根幹をなすものは水田稲作であると考えました。そして、その水田稲作がどのようにして日本にもたらされたかを推察しました。その結果、彼は、縄文時代の終わりから弥生時代にかけて、中国南部あるいは台湾から琉球列島を通って水田稲作が日本にもたらされたという仮説を提唱しました。

海上の道に関しては、もう二〇年以上前になりますが、イネの遺伝学で著名な佐藤洋一郎という研究者が、もう一つの海上の道仮説を提唱しています。それをここでは「新海上の道」仮説と呼びたいと思います。彼は弥生時代の最初の頃に、東北地方の青森県の北部で、すでに水田が検出されたことに着目しました。彼は、青森県北部で水田稲作を行うためには、イネのタイプは早稲でなければならないと考えました。ところが、彼の研究によると *japonica* も *javanica* も晩生です。そこで、様々な実験を試みた結果、*Oryza sativa japonica* と *javanica* を掛け合わせると早稲が誕生することがわかりました。先ほどの柳田國男の説は縄文時代の終わりから弥生時代の初めにかけてのイネ（*O.s.japonica*）が導入されたという考えですが、この実験結果をもとに佐藤が考えたのは、縄文時代のある時期に *O.s.javanica* が東南アジアから琉球列島を北上して日本にもたらされた。それから弥生時代の初めに、*O.s.japonica* が朝鮮半島経由で日本に入ってきた。それらが掛け合わされたことによって、早稲が誕生し、東北で水田稲作が可能となったというものでした。

このように、奄美・沖縄諸島貝塚時代における農耕の仮説がいくつか提唱されていました。この地域においては多くの研究者の関心の的であり、大変重要な研究テーマの一つであったわけです。これだけ多くの研究者が興味を抱き、活発に議論がなされていたのですが、最大の難点は、結局これらを検証するデータがほとんどなかったということです。つまり、農耕の存在を肯定するあるいは否定する畠跡あるいは水田稲作の存在を支持する水田跡などの遺構は貝塚時代の遺跡からは確認されておらず、栽培植物遺体どころか、貝塚時代の人たちが食した植物遺体も十分に回収されていませんでした。

四　フローテーション法（浮遊水洗別法）について

そこで一九九〇年の前半から、実際に先史時代の人々が食した植物食を検出してみようということで、フローテーションという方法を利用しはじめました。これは、簡単にお話ししますと、炭化した種子などを回収する方法です。図1にありますように、アクリルの大きい容器があって（①）、その中にステンレスの小さい容器があります（②）。大きい容器に水を溜めます。ステンレスの容器のほうは（②）、底が一ミリメートルのメッシュになっています。遺跡から土をサンプリングして、ある程度乾燥させて、フローテーションにかけますと貝殻、骨、微小人工遺物などの重いものは沈みます。ですから、一ミリ以上の重いものは、この底で回収することができます（②）。また、炭化物などの軽いものは、浮いてきます。これを二ミリと〇・四五ミリのメッシュで回収して（③）、乾燥させて顕微鏡で分類・同定するわけです。

図1　フローテーション装置

五　貝塚時代の植物食利用

この二〇年間程、奄美諸島や沖縄諸島の様々な遺跡から土壌をサンプリングして、フローテーション処理をし、炭化植物遺体を検出してきました。また、二〇〇〇年前後にはこの地域で初めて低湿地の遺跡が発掘調査の対象となり、多量の植物遺体が回収・同定されました。貝塚時代の遺跡からはキウイの仲間やブドウの仲間、ドングリの仲間、アボカドの仲間が主に検出されています（図2）。その結果、貝塚時代の植物食利用でわかったことは、貝塚時代前1期の遺跡、前2期の遺跡、前3期の遺跡（最近わかりつつある）、前4期の遺跡、前5期の遺跡、後1期・後2期の遺跡から検出された植物遺体は一つの遺跡から報告されているヒョウタンを除き、すべて野生種のものだということでした。そして、イネは貝塚時代にはまったく出土しておりません。

琉球列島で最古のイネは、一九九〇年代中頃に那崎原《なーざきばる》遺跡として知られる九〜一〇世紀（貝塚時代後2期の終わりくらい）の遺跡から報告されていました。ここから検出された栽培植物は、コムギ、イネ、オオムギおよびアワでした（図3）。つまり、奄美・沖縄諸島では六五〇〇〜一〇世紀くらいまでは主に漁撈・狩猟採集の時代であり、その最後の九世紀くらいになって、初めて最古の食料となる栽培植物が利用されたことが示唆されました。

ただ、この那崎原遺跡の場合は、共伴した土器で年代を推測しているので、検出された栽培植物の年代が本当に九〜一〇世紀であるか確信が持てませんでした。もしかしたら、コンタミネーション（試料汚染、後世の混入など）もあり得るのです。しかし、この五年くらいの間の分析でも、八〜一〇世紀あるいは一一世紀の遺跡から植物遺体を回収することができました。たとえば、小堀原《くむいばる》遺跡、屋部前田原《やぶめーだばる》貝塚

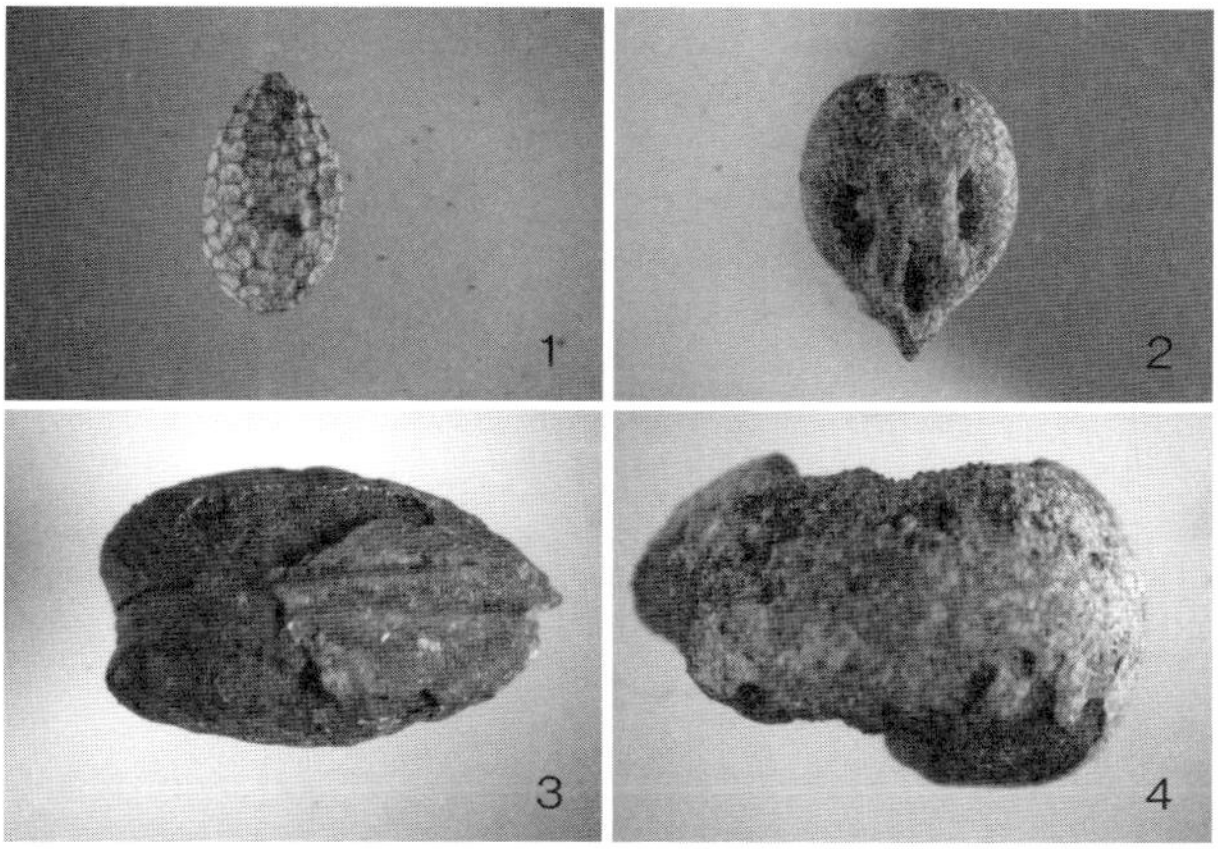

図２　貝塚時代の遺跡から検出された栽培植物
1：シマサルナシ　2：ブドウ属　3：イタジイ　4：タブノキ

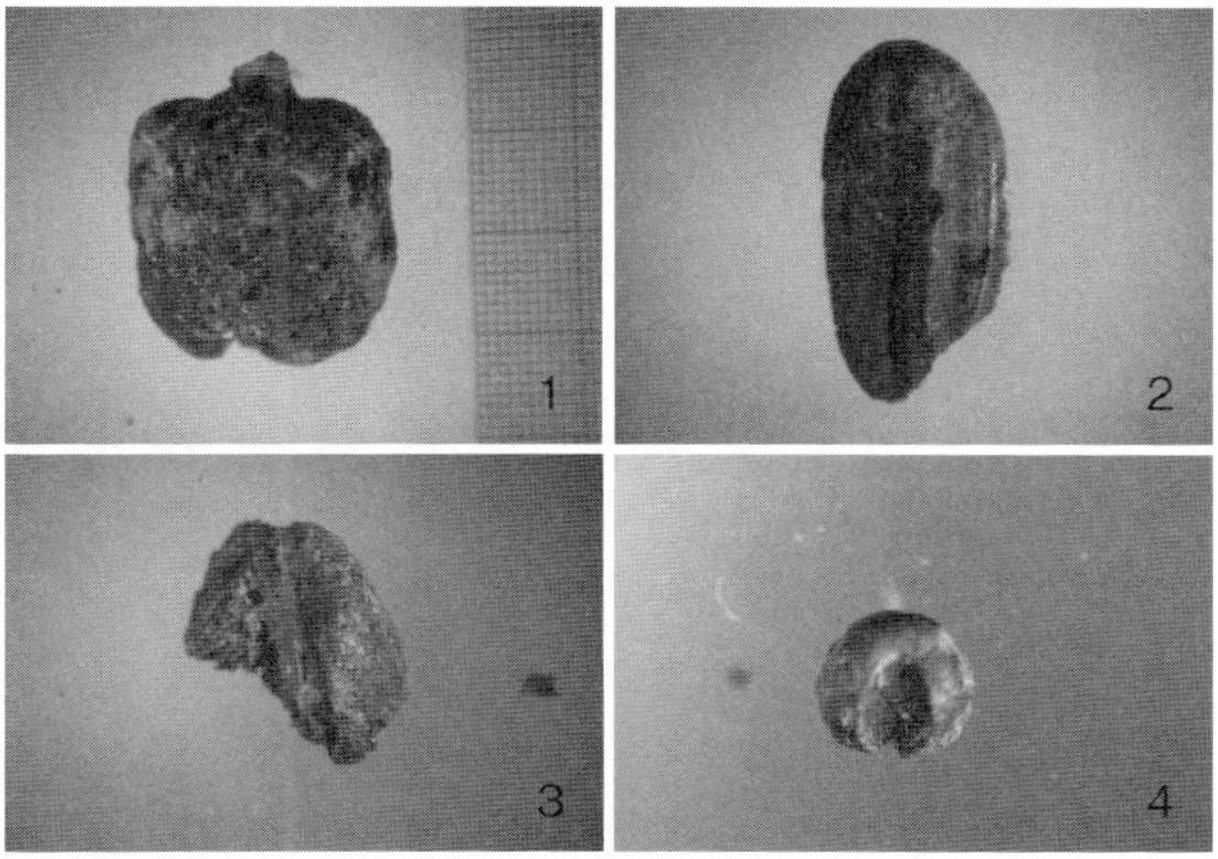

図３　那崎原遺跡から検出された栽培植物
1：コムギ　2：イネ　3：オオムギ　4：アワ

や城久《ぐすく》遺跡群です。これらの遺跡からは、オオムギ、コムギ、アワ、イネ、およびキビなどが検出されました。最近、ようやくこれらの遺跡から出土した栽培植物を直接年代測定することができました。その年代はすべて八～一二世紀に収まりました。ですから、この地域における農耕の始まりは、八～一二世紀と考えていいのではないかと思われます。

六　まとめ

以上のデータをまとめますと、まず「海上の道」仮説はおそらく存在しなかった。これは、柳田國男の「海上の道」も否定できるような気がしますし、佐藤洋一郎の「新海上の道」仮説も否定できるのではないかと思います。さらに、貝塚時代における農耕の起源に関する仮説が「海上の道」仮説以外にも提唱されていましたが、これらも積極的に支持するデータはありません。

逆にいいますと、貝塚時代の人たちは漁撈・狩猟採集民だったことが明らかになりつつありますが、実はこの点が大変重要なのです。島嶼環境における漁撈・狩猟採集民の存在は世界的にみて非常に珍しいケースだからです。先ほどほとんどの島は農耕民によって植民されたとお話ししましたけれど、奄美・沖縄諸島のような島で漁撈・狩猟採集民がいたという島は、知られていません。二〇一五年一〇月に *The Holocene* という社会科学では少しハードルの高いアメリカの雑誌に拙稿が On line で掲載されました（Takamiya *et al.* 2015）。それからもう三ヶ月経ちますが、今のところ反論はございません。ですから、この漁撈・狩猟採集民がいた島、奄美・沖縄というのは、ひょっとしたら世界的にたいへん珍しいケースの可能性が大きいです。それで、個人的には「海上の道」があった、なかったということより、貝塚時代に漁撈・狩猟採集民が島嶼環境に存在したことが非常に重要だと思っています。ご清聴ありがとうございました。

引用・参考文献

H. Takamiya, *et.al.* 2015 An extraordinary case in human history: Prehistoric hunter-gatherer adaptation to the islands of the Central Ryukyus (Amami and Okinawa archipelagos), Japan, *The Holocen*(26)3

古墳時代の九州南部社会と交流

橋本達也

一　九州における古墳分布と九州南部の大型古墳

私は、今回のテーマである稲作・漁撈や弥生時代については、直接関係はしておりませんで、古墳時代の考古学を研究しております。今回のお話をいただいた際、適任でないのではないかと安田喜憲先生にも申し上げたのですが、九州南部の交流について話をということでしたので、そのことについて古墳時代の話をさせていただきます。

古墳時代といいますと、弥生時代の次の時代になりますので、三世紀半ばから、おおよそ六世紀末ないし七世紀初頭頃までを指します。その時代に九州南部で、どういうような人の動き、あるいは地域のあり方をしているかということについてお話しいたします。

さて、北部九州の人びと、とくに福岡付近にいらっしゃる方などは、自分たちが古墳時代の文化の中心だと思っている方が多くみられます。私はそういう人たちのものの見方を「福岡目線」と呼んでいますが、それは大きな勘違いです。九州の前方後円墳の分布を見ますと（図1）、実際、福岡、北部九州にも確かに古墳は多いですが、意外と九州南部に非常に多く分布していまして、前方後円墳の分布域としては、九州の中でも非常に重要な地域です。

各地域の大きい古墳を並べてみますと（図2）、さ

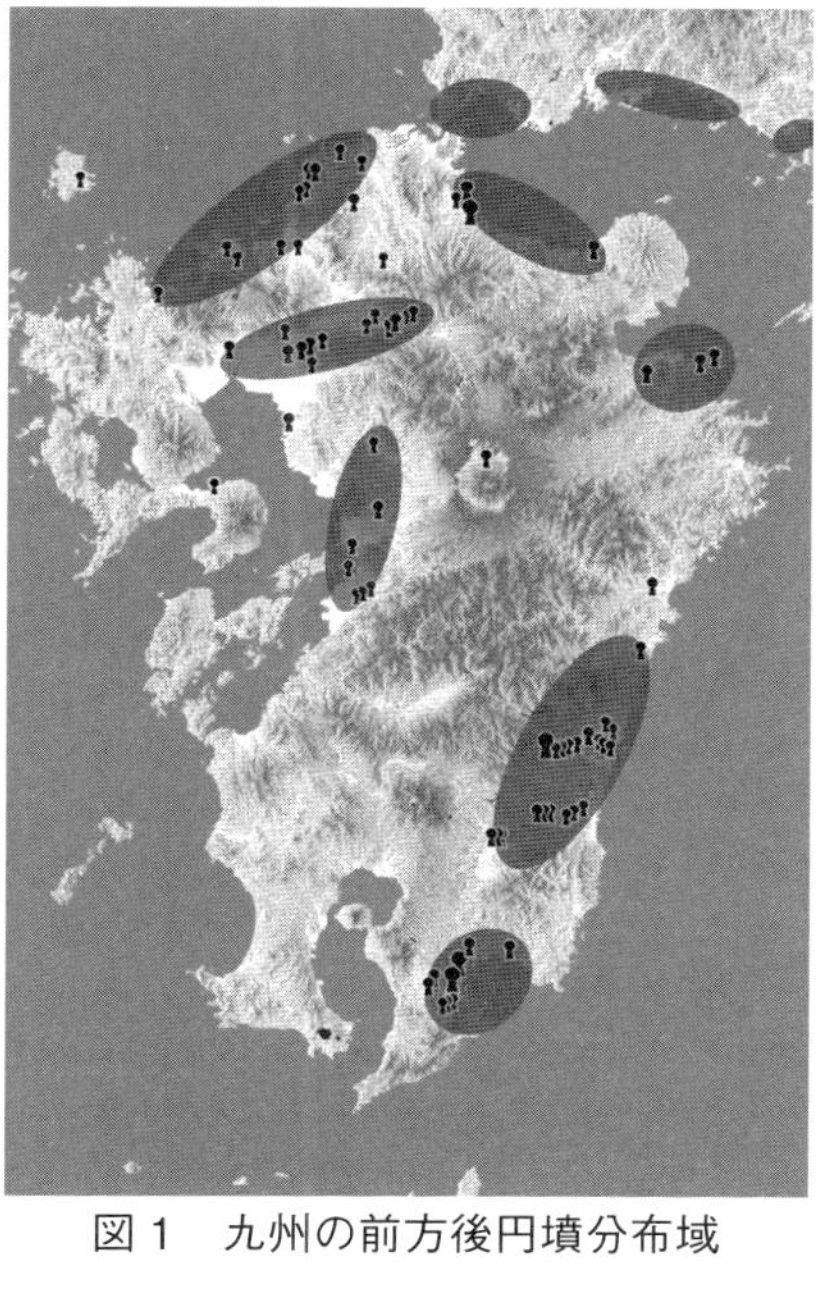

図1　九州の前方後円墳分布域

らに驚かれるかもしれません。九州で一番大きい古墳はどこかというと、宮崎県西都原《さいとばる》古墳群の女狭穂塚《めさほづか》古墳です。九州の大型前方後円墳を大きい順に見ていきますと、西都原古墳群の中の女狭穂塚古墳、男狭穂塚《おさほづか》古墳（宮崎県）、そして唐仁大塚《とうじんおおつか》古墳（鹿児島県）、生目《いきめ》3号墳（宮崎県）、横瀬古墳（鹿児島県）です。大型前方後円墳は、実は九州南部に集中して造られています。

九州北部の皆さんが一番大きいと思っていらっしゃる岩戸山《いわとやま》古墳（福岡県）は、実は九州で六番目の大きさになります。古墳時代は、古墳の形や大きさで権力や地位を表しているというのが基本的な考え方で、それをもとに全国の古墳時代の政治権力や、あるいは地域間関係を考えているわけですので、大型古墳の分布状況は非常に重要です。さらに、この岩戸山古墳が六世紀代、古墳時代の中でも後期にあたることを考えると、とくに前期や中期の段階（三世紀半ばから五世紀）では、宮崎県・鹿児島県に大型古墳が集中しているということを認識していただけると思います。

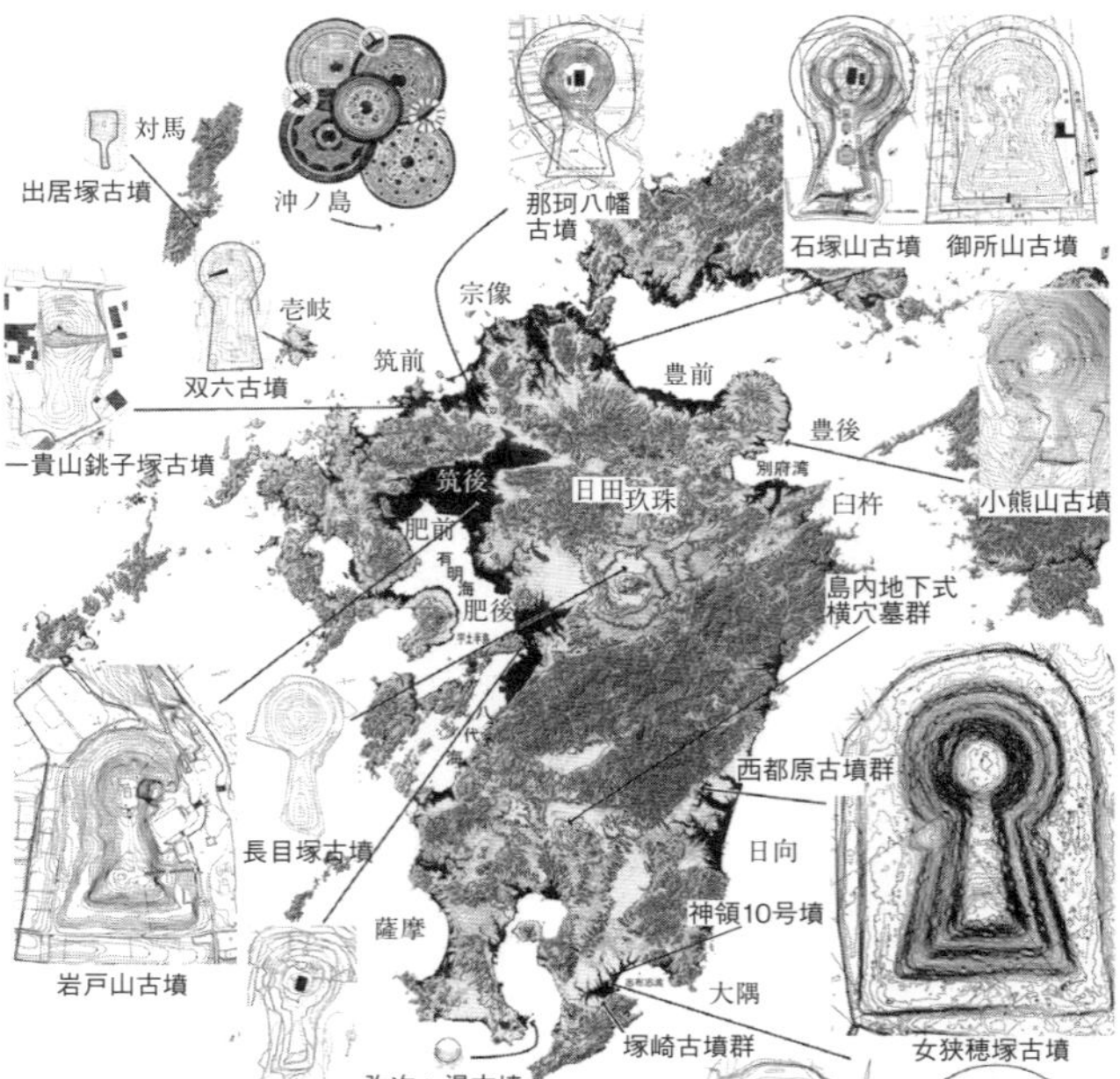

図２　九州の主要古墳

二　九州南部の在地墓制

九州南部の在地墓制の特徴としては、まず地下式横穴墓があります。この墓制は、宮崎県の東岸から大淀川を上っていって都城盆地から大口盆地という内陸部、あるいは、大隅平野の一部の肝属《きもつき》平野に分布しています（図3）。

次に、板石積石棺墓があります。次の松下孝幸先生のお話の中では地下式板石積石室と出てくると思いますが、この墓は薩摩半島北部にあります。私自身は、地下式という名前は適切ではないと思っていまして、板石積石棺墓と呼んでいます。それから、立石土壙墓という墓もあります。実は立石を伴うものは、古墳時代には一般的ではありません。立石のない普通の土壙墓と土器棺墓が、薩摩半島南部に分布しているという状況です。

三　九州南部における古墳の出現―塚崎古墳群―

肝属平野というのが、九州の東側の南端の前方後円墳を造っている地域になるわけですが、そのなかでも最南端に塚崎古墳群があります。塚崎古墳群には前方後円墳が五基ありまして、このいずれもが前期古墳である可能性が高いのです。発掘による情報が少ないのでよくわかっていませんが、基本的には四世紀代くらいの古墳であると考えられています。日本列島最南端の前方後円墳が前期古墳であることから、最初の段階に、すでに鹿児島まで古墳づくりが及んでいるということがわかります。

古墳は、かつてヤマトの側から徐々に九州の在地勢力を制圧していって、南に下りてきたというような仮説がかなり支配力を持っていて、畿内型古墳文化が南に下りてくるとされてきた

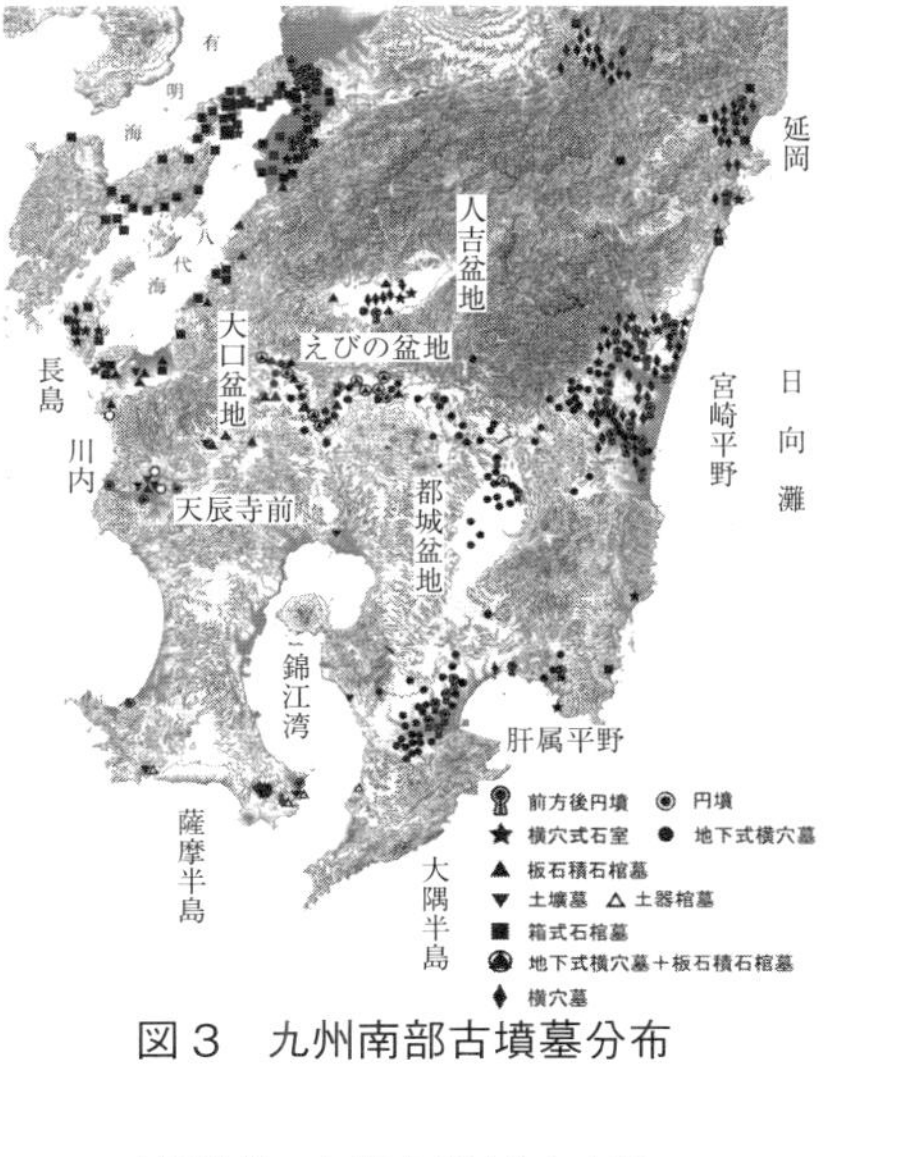

図3　九州南部古墳墓分布

のですが、実際には最初の段階から前方後円墳は鹿児島まで及んでおり、かつての仮説は見直さなければなりません。制圧ではなく、私は広域交流、ネットワークというものが重要だと考えています。ただ、この古墳づくりの文化は近畿中央政権を中心として波及してくるものであると思いますので、近畿的な文化が、割と早い段階に浸透しているのは事実です。

四　神領10号墳と中期古墳

前方後円墳から出土したものも重要です。私が二〇〇六〜二〇〇八年にかけて発掘調査いたしました神領《じんりょう》10号墳の一括遺物を見ていきます（図4）。まず、初期須恵器が出土しました。須恵器の中でも朝鮮半島系の雰囲気をまだ残したもので、非常に良好なまとまりで出土しています。愛媛県松山平野の南部にあります市場南組窯《いちばみなみぐみかま》で作られたものが大部分を占めていまして、それに陶邑《すえむら》という大阪で作ったものがいくつか入っています。

製塩土器も出土し、これも大阪湾岸あるいは瀬戸内から入ったと考えられます。土師器についても、在地の土器とはう少し違うものが多いようです。

さらに、埴輪も出土しています。盾持人というタイプの埴輪です（図4右）。人物表現の埴輪としては初期の段階のものといえます。このように近畿中央の文化、それから松山平野の須恵器、あるいは瀬戸内の製塩など、五世紀段階の多様な文物が九州南部の前方後円墳に入ってきており、この地域の人たちが、非常に活発に様々な地域と結びついているということがわかります。前方後円墳など古墳づくりをしている人たちは、他地域との交流関係を強く持っていて、出て行ったり、向こうから来たりということが多いと思われます。動きのある時代だということです。

図4　鹿児島県神領10号墳出土土器・埴輪
（鹿児島大学総合研究博物館2016『大隅大崎 神領10号墳の研究　Ⅰ』鹿児島大学総合研究博物館研究報告No.8より転載）

五　島内一三九号墓と地下式横穴墓、「民族」論

次に、二〇一四年度に調査いたしました、島内《しまうち》一三九号地下式横穴墓を紹介します（図5）。宮崎県内陸部盆地のど真ん中、えびの市にあります。このように、地下に掘った穴から横に続いている玄室に、大量の副葬品が入っていました。これほど副葬品を大量に持っている地下式横穴墓は、ごく希で大変特別な遺跡です。非常に特殊なこととして各新聞などでも一面トップで掲載されたと思います。

　このような地下式横穴墓は、この地域を特徴づける文化の一つであるわけです。これまでこの独特のスタイルから、たとえば隼人の墓制だと捉える考え方もありました。今回は細かい話をかなり省略しているので結論だけになりますが、そもそも地下式横穴墓は朝鮮半島を経由した横穴系の墓制であると私は考えています。横穴式石室の出現とも連動性の高いものだと思います。

　また、地下式横穴墓を一括りにして何か民族性のようなものを説明することも多かったのですが、地下式横穴墓は、集

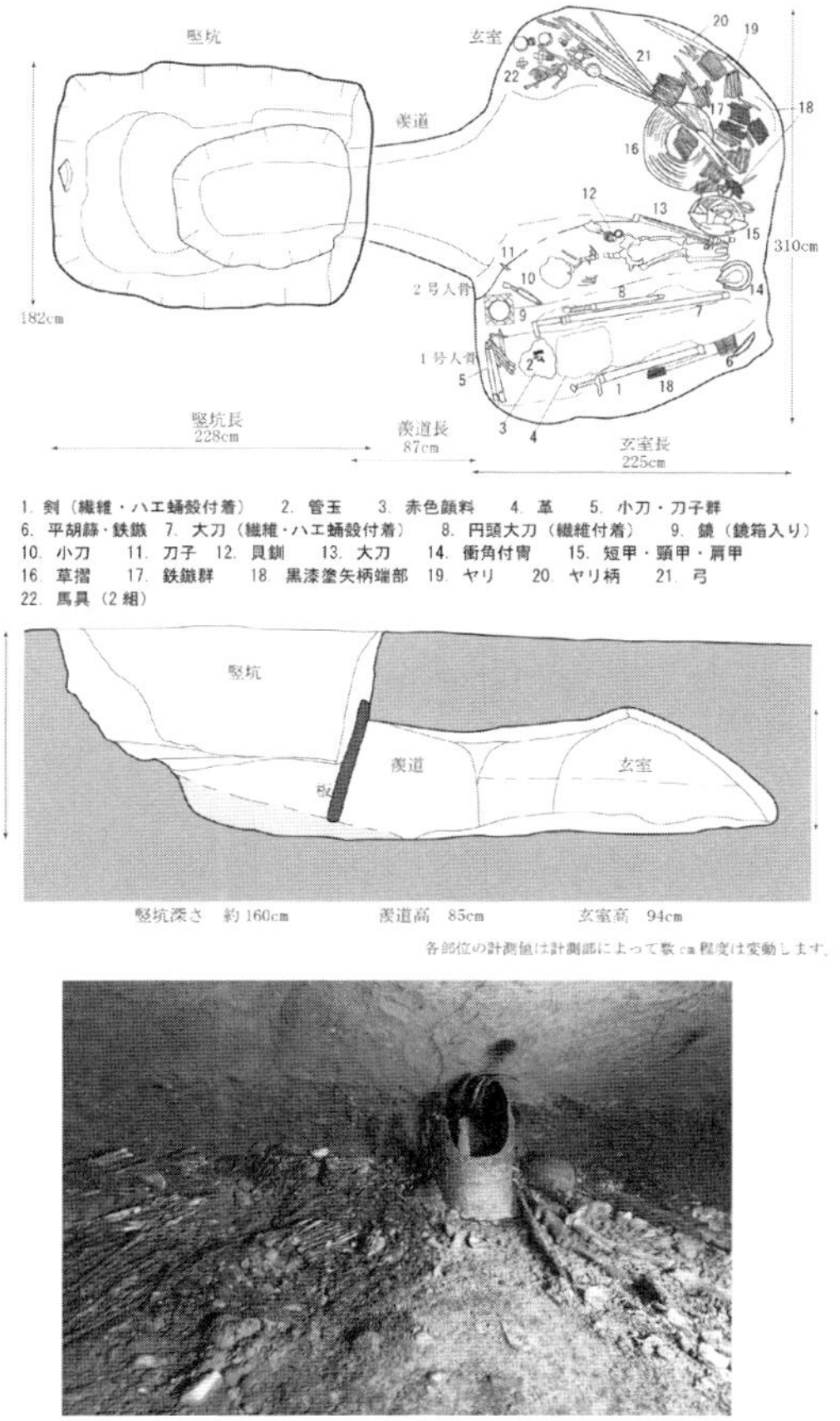

図5　宮崎県島内139号地下式横穴墓

（えびの市教育委員会　2018『島内139号地下式横穴墓　I』えびの市埋蔵文化財調査報告書第55集より転載）

団墓もあり、首長墓といえるものもあり、多様性を含んだ墓制です。一つのものとして捉える見方は一面的であり、古墳時代の社会を十分に理解したものではないと思っています。この墓制には、階層差や地域差、時期差というものがいろいろ含まれていて、一括して民族、たとえば日向隼人のような、そういう捉え方はできないと考えています。

そもそも、九州の中期古墳には非常に多様な墓制が含まれています。九州南部では地下式横穴墓がありますが、九州北部では初期の横穴式石室が五世紀代に出現しています。あるいは熊本では石棺墓なども多くあります。

多様な墓制が各地域に存在する中で、北部九州に現れた横穴式石室は朝鮮半島を経由した先端文化で、九州南部に現れた地下式横穴墓は、在地の人々が造った異質な文化だという見方は完全に福岡目線です。

これまでは、北部九州が文化の先端で、南九州は田舎で何か独自に特異なものを造ったという説明をしてきたようなところがあります。二〇〇〇年代に入っても、まだそういう論文が出ていますが、それは学説的に明らかに間違いだと思います。

九州南部に固有ということで異質と捉え、隼人などに結びつけるのではなく、そもそも九州の古墳時代の墓制は多様性を含んでいることを認識し、その中の一種という考え方が必要だと思います。

たとえば島内一三九号墓では、甲冑がそのまま生の状態というか、カンカンッという音がするような鉄の状態で出ております。そしてヤマトの鏡、朝鮮半島製の大刀、それから、馬具もたくさん出土しました。

あるいはかつての調査で、島内地下式横穴墓群のほかの墓でも、甲冑、象嵌大刀などが出土しています。これらは、近畿の中央政権が各地域との結びつきを持つために配ったものです。そういうものも地下式横穴墓の中に入りますので、地下式横穴墓が必ずしも孤立した文化の、独自の異質な民族のものという捉え方は適切ではありません。

六　南島と古墳社会

それから、種子島の広田遺跡について、近年あらためて研究の見直しが進んでいます。最近では、広田遺跡は、基本的には三世紀半ば以降、つまり弥生時代ではなく古墳時代のものと位置づけられます。広田上層・下層に分けられていますが、この時期以降に形成されたものと考えられます。下層は三世紀半ば以降、六世紀前半くらいまでです。上層は、六世紀後半以降というような時期が、現在の研究の成果だと考えられます。

特徴的なのは、古墳ではなく砂丘に、屈肢葬といって、足を曲げた状態で貝製品をたくさんつけた人物が葬られていることです。このような貝製品は、海を渡った対岸の本土、大隅半島では見ることのないものです。そのような装身具をつけた人たちが、古墳ではなく砂丘の中に葬られているのです（図6）。大隅半島と種子島は、向かい合わせの位置関係にありますが、そこに文化的な断絶というか、非常に大きな断絶が存在します。

かつて、広田遺跡出土の貝符に山の字が刻まれているということで、弥生文化が中国とつながっていることの象徴として扱われてきたことがあったのですが、これは山の字ではなくて、帯状の文様の隙間と考えられます（図7－1）。それから、貝符には饕餮文もあるということで、中国と南島がつながっているというような説明もありました（図7－2）。広田遺跡の貝符は三世紀半ば～四世紀のものですから、弥生時代のものではありませんし、あるいは青銅器文化の饕餮文とは時代が違うものですので、そこに結び付けて考えることは困難だと思います。

南島と古墳時代の社会には、文化的な断絶はありますが、南島自体の文化が古墳時代の社会と無関係ということではありま

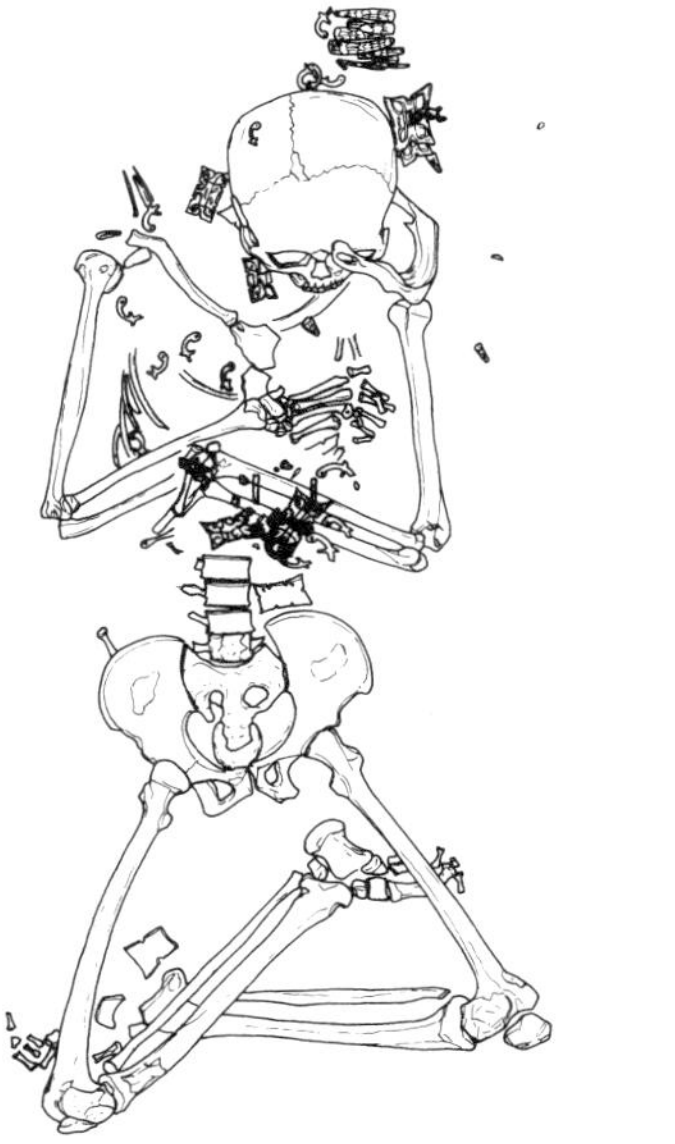

図６　鹿児島県種子島
広田遺跡の砂丘埋葬墓

1　2

図７　広田遺跡出土貝符
（広田遺跡学術調査研究会編　2003『種子島　広田遺跡』鹿児島県歴史資料センター黎明館より転載）

せん。よく知られているものでは、たとえば大阪府の紫金山古墳という、近畿の大型前方後円墳の代表的な副葬品ですけれども、その中にはゴホウラの貝製品の腕輪が入っていて、これが、鍬形石という石製品と非常に強い関係をもっています（図８）。あるいは、車輪石という腕輪形石製品も、南島の貝製品を起源としているものです。

鹿児島県枕崎市の松之尾遺跡では、オオツタノハ、ゴホウラ、イモガイというような南島の貝の組み合わせが出土しており、古墳時代の副葬品の中に宝器として取り入れられていくものと南島とのつながりが確認できます。

古墳時代に関しては、南島とのつながりが古墳出土品からも見えますし、あるいは一部は朝鮮半島に南島の貝製品が渡っていて、新羅の王陵や大伽耶の王陵などからも出土しています。その一方で南島と中国を結ぶルートは確認できません。

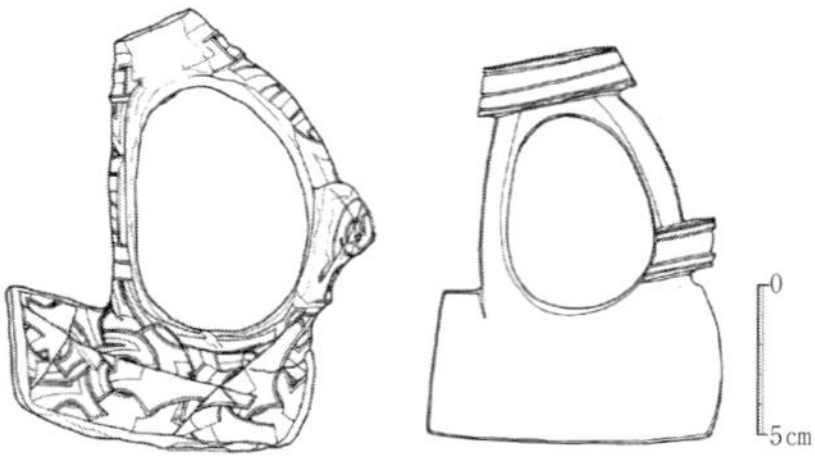

図８　大阪府紫金山古墳出土貝釧と鍬形石

七　九州南部と広域交流

古墳時代中期の甲冑は、近畿の中央政権が配布したものですが、分布から見ると北部九州と南九州に多く、東側のルートに多く分布しています。それから、朝鮮半島系の鉄製品も古墳から出土していますが、やはり北部九州に多くみられます。また九州の東側に多く、意外と熊本が抜けているのがポイントだと思います。そして南島の貝製品は、宮崎などで非常にたくさん出土しています。

このようなことから、古墳時代の地域間交流のネットワークは、基本的には南島から、九州東海岸沿いにルートがあり、一番のメインルートは、瀬戸内のルートになるわけですが、ここからさらに朝鮮半島に渡っていくわけです。これが、古墳時代交流のメインルートといえると思います。また有明海も一つの大きなネットワークを形成しており、こういう結びつきによって、非常に多くの人が動いていると考えられます。

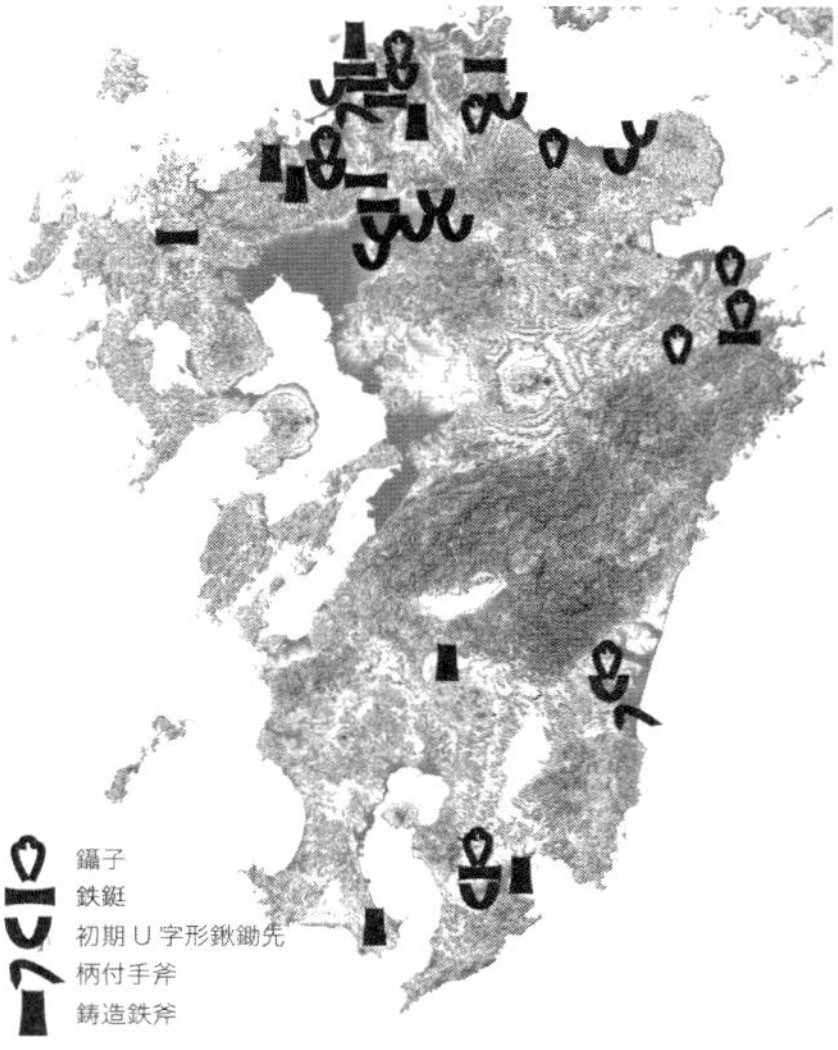

九州における古墳時代中期の半島系鉄製品

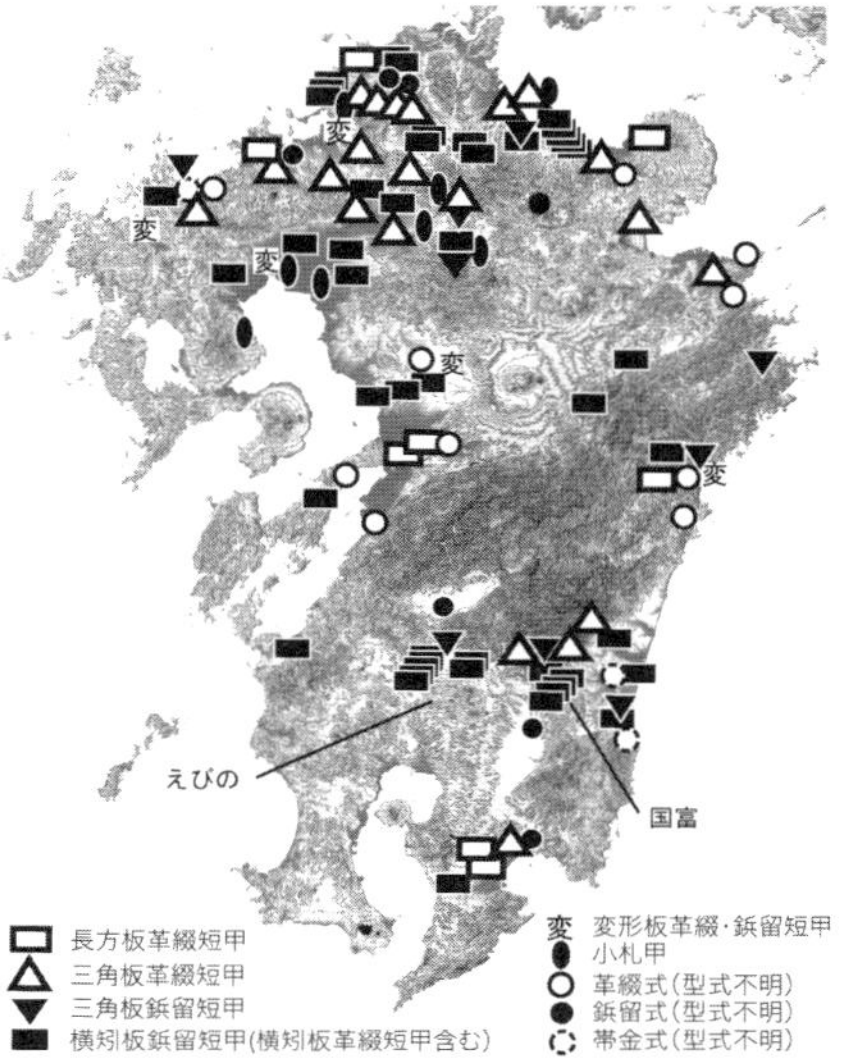

九州の中期甲冑出土古墳分布

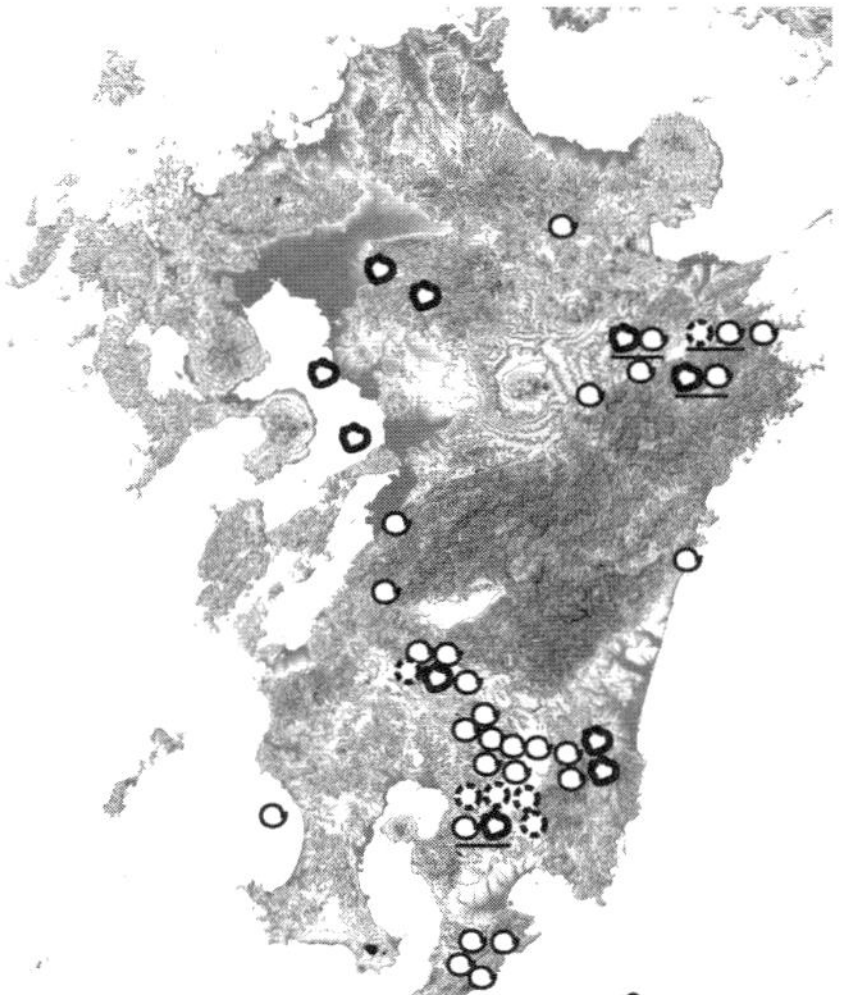

古墳時代中期の貝釧出土古墳・地下式横穴墓

図９　九州の広域交流遺物分布

大隅には広大な平野がありますので、おそらく灌漑農耕などが進んでいて、薩摩側でも沿岸部に小さな平野があり、稲作農耕は進んでいたと考えられます。また種子島は古墳文化の影響が非常に弱くて、おそらく高宮広士さんのおっしゃった通りで漁撈を中心とする採集社会だと思います。

広大な平野で古墳づくりが進んだのは事実ですが、ただし、平野で稲作農耕を行っただけで古墳時代の社会が進化するのではありません。同じく稲作農耕を

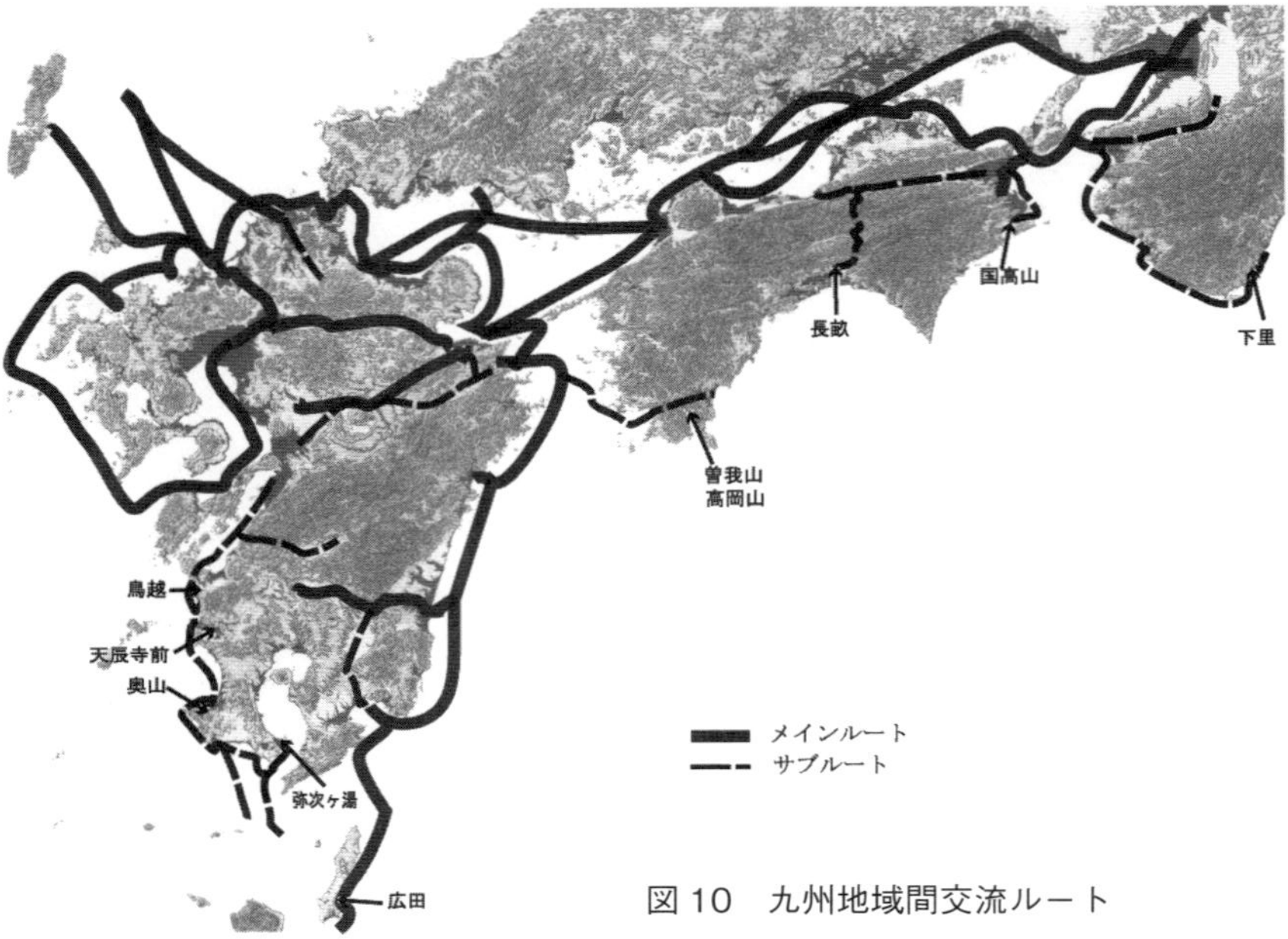

図10　九州地域間交流ルート

行っている薩摩側では、古墳時代を通じてほとんど古墳を造りません。また一方で、天草や長島といった島では稲作の不適地でも古墳を造っているところがあります。おそらく広域交流に関与していることが、古墳を造ることの非常に大きな鍵になっているのだと思います。

九州南部の西側で古墳をほとんど造らないのは、ネットワークが非常に微弱な地域というか、交流ルートに乗ってこなかったということが背景にあると思います。

九州南部では、古墳を造っている大隅と、古墳があまり発達しない、むしろ弥生的な文化の継続性が非常に強い薩摩とで様相に違いが生じました。また大型前方後円墳を造る大隅と、その対岸の種子島との間には交易関係はあるものの、文化的な断絶が存在しています。

ただ、南島の貝文化は古墳時代社会にも影響を与えていて、沖縄や奄美はつながっているのですが、逆に南島から中国的なものが伝わったことは、今のところ資料的には確認できません。南島と中国との関係をモノ資料で確認できるのは、古代後半以降、中世になってからです。中国系の遺物として捉えられるものとしては、先ほどの広田遺跡の貝製品が取り上げられてきましたが、時期的な問題などを含めて、これは中国系とは考えられないと思います。

もう一つ問題になるのは、藤木聡さんからも話のあった伝串間出土の玉璧です（本書第Ⅱ章三）。この璧自体は、本当に串間から出土したものかということです。串間から出土した根拠は、箱書きのみです。出土状況や場所を追究しようという動きが、今までもありましたが確認できておらず、資料的には問題があります。私は江戸時代の後半期に、この箱書きを書いた時点でのいわれを付け加えた可能性が十分あると思っていますし、あるいは中世の交易の中で、いろいろなものが南のほうから交易で入ってくる中で、中国を経由して一緒に入ってきた可能性もあると思っています。古墳時代を中心とした南島交流のあり方からみると、弥生時代に遡るのではなくて、中世以降にこういうものが入ってきた可能性も考えておく必要が、今のところはまだあるというふうに考えています。

東アジアのなかの弥生人と古墳人

松下孝幸

一　はじめに

私は、四〇年間、人骨の調査・研究を行ってまいりました。目的は、二つあります。一つは日本人のルーツを明らかにすることです。もう一つは、未来を予測することです。研究を始めた頃は、未来を予測するということは考えていなかったのですが、これまで縄文時代から近世、近代までの人骨を対象にして、日本人の形質（顔・かたち）がどのように変わってきたかを研究してきました。その結果、このまま今のような生活を続けていったら、これから先、どうなるかということが、予測できるようになりました。

安田先生もおっしゃっていましたが、私たちは過去の歴史を知った上で、これから新しい未来を創っていかなければなりません。それが、歴史を学ぶ意義の一つだと思います。ですから、日本人のルーツを明らかにするだけでなく、これまでの歴史を踏まえた上で、今後どのような生活をしていけばいいのかということを考えていかなければならないし、もし危機が迫っているとすれば、それを回避しなければなりません。このようなことを目的に、研究を続けてまいりました。

私は今回のシンポジウムの主旨をお伺いして、東アジア全体の中で、とくに弥生時代、あるいは古墳時代の人たちが、どのような位置づけにあるのかということをお話しさせていただこうと思います。

まず一つ目は弥生人の形質（顔・かたち）に地域差があるという話です。問題なのは、どうして地域差が生じたかということです。実は縄文人には地域差がありません。弥生時代になって、地域差が出てきます。二つ目にその地域差に関連して中国の古人骨のお話をしたいと思います。中国の古人骨では、私が三〇〇体以上の人骨の調査をした山東省の人骨と、そして青海省で青銅器時代の人骨の調査をしましたので、この青銅器時代の人骨の話をします。

三つ目に、安田先生のお話にも出てきましたカンボジアのプンスナイ遺跡から出土した人骨の話をします。このプンスナイ人骨は、私にとってはこれから先、弥生人研究を深化させていく上で、非常に示唆的な人骨でしたので、これをご紹介したいと思います。それから四つ目に、台湾の新石器時代人骨の話をします。福建省、台湾、先島、琉球列島へ繋がる、いわゆる「海上の道」が人類学的に存在するかどうか、ということについてお話をします。最後に、南九州の古墳人にも、実は地域差があるので、それぞれの系譜が追えるかどうか、というお話をしたいと思います。

二　弥生人の特徴と地域差

弥生人には地域差があります。地域によって顔・かたちが違うということです。北部九州・山口タイプ、西北九州タイプ、南九州・琉球列島タイプの三つのタイプに整理・分類することができます。特徴は非常に簡単ですので、すぐに覚えられます。

まず、北部九州・山口タイプというのは、山口県の土井ヶ浜遺跡や佐賀県の吉野ヶ里遺跡から出土する弥生人のことです。顔が長いというのが特徴です。また、鼻の付根、ここを鼻根部といいますが、この鼻根部が扁平です。ようするに、鼻が低いということです。このように顔の彫りが浅いという特徴があります。身長は高く、男性で一六二〜一六四センチ、女性は一五〇センチくらいです。これは、現在の感覚からすると低く思えますが、当時としては、男性で一六〇センチを超えるというのはかなり高く、女性では一五〇センチを超えると高いという表現をします。

それから、長崎辺りの西北九州タイプの弥生人の特徴は、顔が短いことです。これを低・広顔といいます。それから、鼻が高く彫りの深い容貌をしています。日本人は、昔から鼻が低いと思っている人が多いと思いますが、そんなことはなくて、実は長崎辺りの弥生人は彫りが深いんです。身長は低く、男性で一五八センチ、女性で一四八センチくらいしかありません。

そして、南九州・琉球列島タイプの人たちの特徴は、顔が非常に小さいということです。要するに小顔ということです。身長はかなり低く、男性で一五五センチ、女性で一四四センチくらいしかありません。

それから頭を上から見たかたちが、限りなく円に近いという特徴があります。この頭の形を短頭型といいます。この短頭型というのが、実は南九州・琉球列島タイプの弥生人の最大の特徴です。

また、人骨の形態が違うだけでなく、埋葬の形態も違います。長崎県では土坑墓に埋葬します。土坑墓というのは土に穴を掘って遺体を埋めるだけの施設です。この土坑墓の他に長さが短い石棺を使います。ところが、吉野ヶ里遺跡のある佐賀県の平野部では巨大な甕を埋葬に使用します。私は長崎市出身ですが、こんなものは見たことがありませんでした。初めて人骨の発掘調査をしたのが佐賀県の二塚山遺跡でしたが、この巨大な甕棺をみてびっくりいたしました。甕があまり壊れていなければ、人骨がよく残ります。

先ほど、北部九州・山口タイプとして紹介した特徴は、すべて甕棺から出てくる弥生人の特徴です。佐賀県や福岡県の平野部には甕棺の他に土坑墓や石棺墓もありますが、それには人骨は残っていません。

　長崎県と佐賀県は陸続きなのですが、弥生人の顔・かたちはまったく違っています。長崎県の場合は、主に海浜部や離島から人骨が出土します。しかし、甕棺は基本的に平野部から出てきます。図1の最上段の人骨は、吉野ヶ里タイプで、二段目は土井ヶ浜タイプの弥生人です。三段目の左二つは西北九州タイプの弥生人で、右端が南九州・南西諸島タイプの弥生人の顔です。つまり、顔と身長が北に行けば行くほど高くなって、南に行けば行くほど低くなるという、地理的な勾配がみられます。問題は、どうしてこのような地域差が生じたのかということです。この謎を解き明かせば、日本人のルーツがわかってくると、私は考えています。

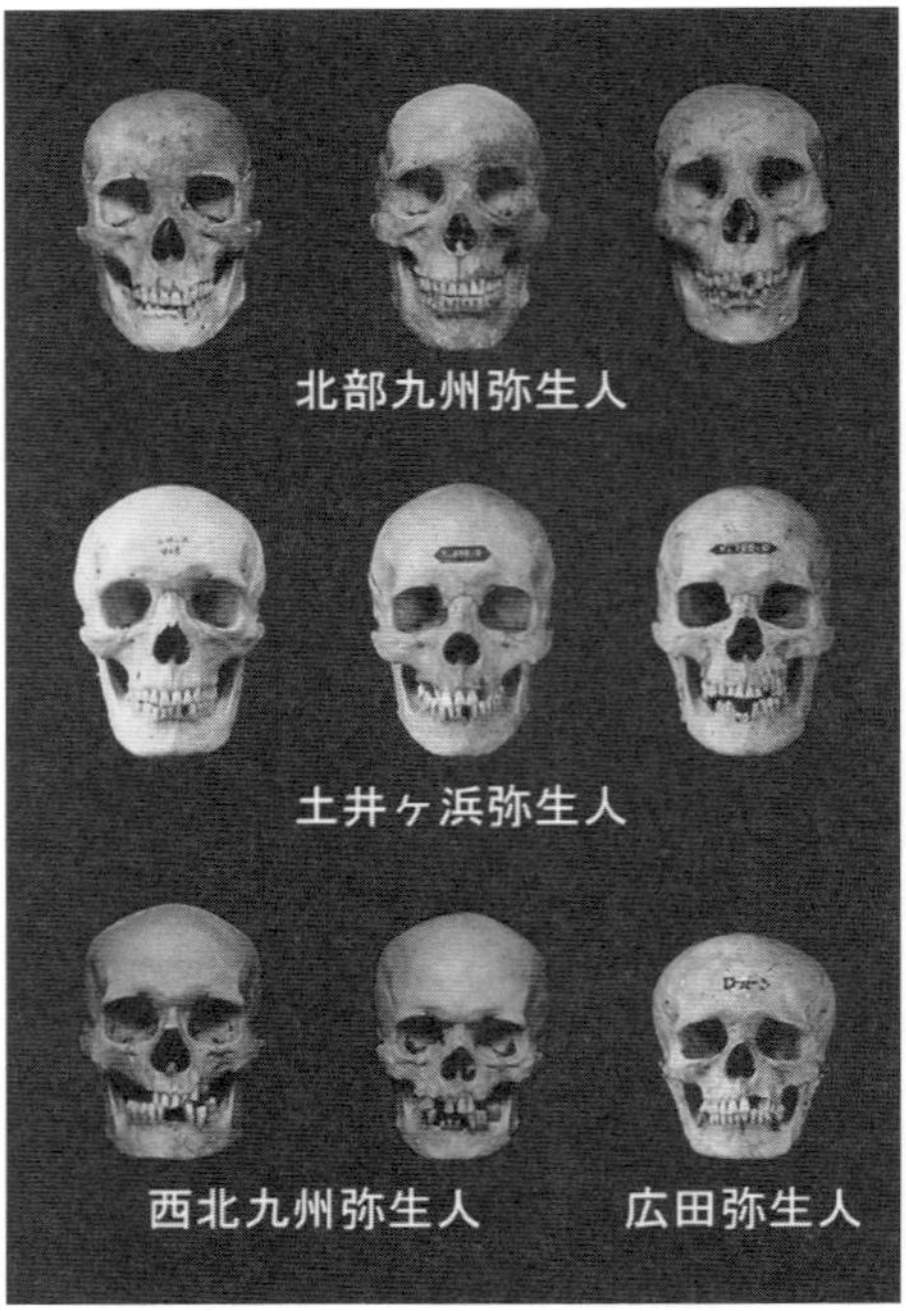

図１　弥生人の顔・かたち

　西北九州タイプの弥生人の特徴である、顔が短くて鼻が高くて彫りが深いという特徴は、実は縄文人の特徴です。ですから、彼らは縄文人の子孫だと考えてもいいわけです。つまり、この地域では余所から別の人たちが入ってきたと考える必要はありません。ところが、吉野ヶ里遺跡や土井ヶ浜遺跡の人骨には、縄文人の特徴がみられません。ですから、彼らは大陸から渡ってきた人たちか、彼らと関係の深い人たちではないか、という仮説が一九六〇年代に立てられていました。南九州・南西諸島タイプの由来が一番難しくて、今、頭を悩ませており、決着をつけることができないでいます。この地域では縄文人と弥生人とが連続しない可能性もあるので、別のタイプの渡来人なのかもしれないと考えています。この地域の弥生人の出自に関してヒントを与えてくれたのが、カンボジアのプンスナイ人骨です。あとでお話しします。

三　中国の古人骨

甕棺から出てくる弥生人は本当に大陸から渡ってきた人たちか、その子孫たちなのか、ということを検証するために、私は今から約三〇年前に中国大陸で古人骨の調査を開始しました。時期的には縄文晩期から弥生時代前期に相当する人骨を探しました。二年くらい中国全土を駆け回りました。おおよそ弥生時代の初めの人骨を探したのですが、どこにも存在しませんでした。そして、最後に山東省に行きました。ここでだめなら、もう諦めようと思いました。山東省へ行ったら、なんと三〇〇体以上の人骨が保管してありました。この人骨群を三年かけて調査・研究しました。

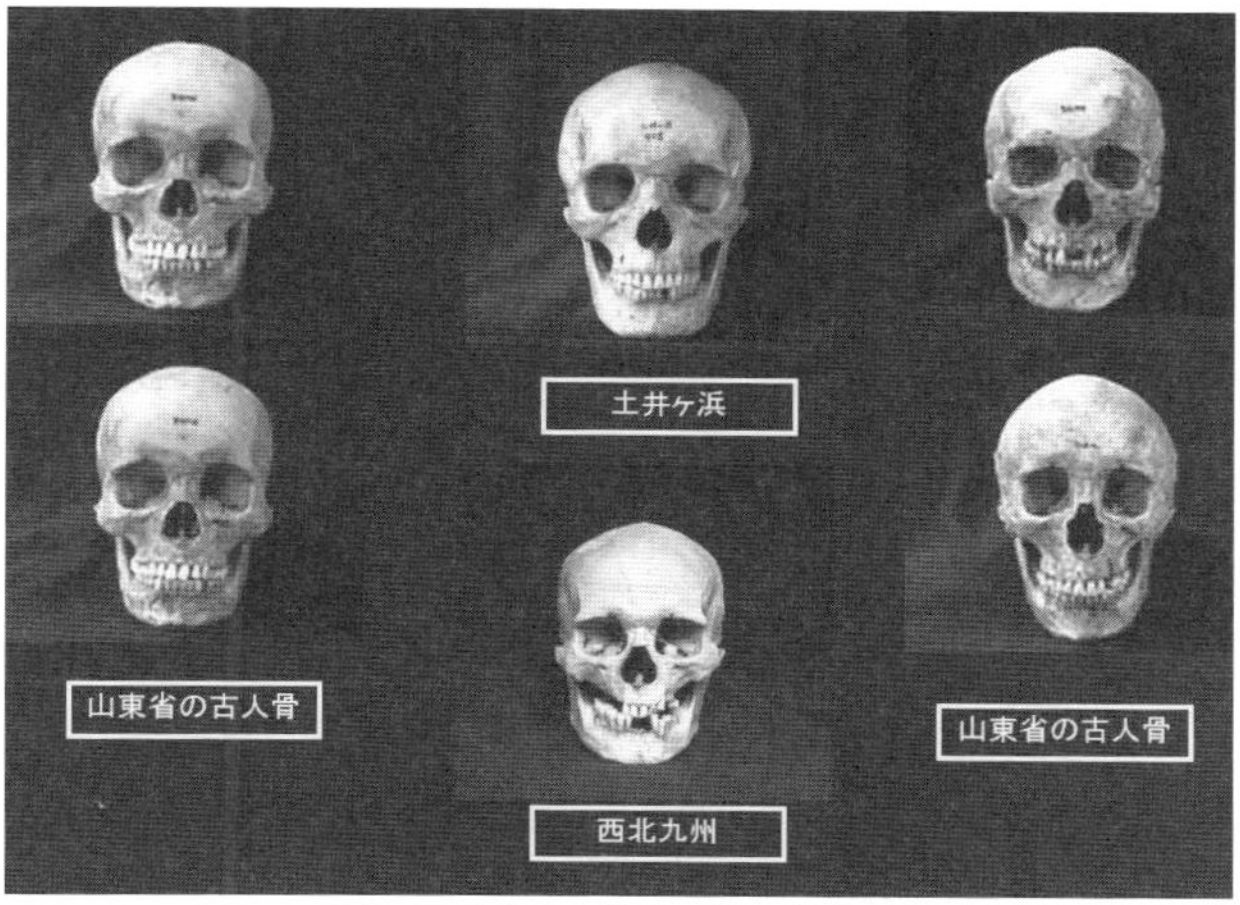

図２　中国の古人骨と弥生人

これが、山東省の周代末の戦国時代から秦、前漢の時代の人骨です（図２）。結果をいいますと、顔が長くて彫りが浅く、甕棺から出てくる人骨にそっくりです。図２の右の二つ、左の二つ、これが山東省の人骨です。上段の中央は土井ヶ浜弥生人です。その下が縄文系弥生人です。縄文系弥生人とその他は顔がまったく違っています。

頭蓋を計測して、その計測値をクラスター分析という方法で解析すると、縄文系弥生人と縄文人のグループがまとまって、その他に渡来系弥生人の集団がまとまりを作ります。もう一つのまとまりが南九州・琉球列島タイプのグループです。乙烯生活区《おつきせいかつく》というのが山東省臨淄から出た人骨ですが、計測値的にはまったく他の渡来系弥生人と見分けがつきません。実際に私も山東省で人骨を調査したときに、この人骨が佐賀県から出てきたといわれても、見破ることはできないと思いました。それくらいよく似ています。山東省は戦国時代には斉という国があったところで、臨淄《りんし》はその斉《せい》の都だったところです。山東省臨淄の周代末から前漢時代の人骨の特徴は、北部九州・山口タイプの弥生人にそっくりです。ですから、北部九州・山口タイプの弥生人たち、つまり吉野ヶ里弥生人など、甕棺から出てくる弥生人のおおもとは大陸にあるといってもいいということで、間違いないと思います。ただし、私は山東省から来たとは言っていないのです。ときどき、松下は北部九州タイプの弥生人は山東省から来たと言っていると書かれることがありますが、私はそのようなことを言ったことはありません。山東省の人骨が北部九州・山口タイプの弥生人に酷似していることから言えるのは、彼らのおおもとが大陸にある、ということだけです。どこから来たのかは、まだわからないのです。このようなことがわかったので、初めて彼らを渡来系弥生人と呼ぶことができるようになりました。

次にどうして人が動いたか、ということを問題にしなければなりません。なぜ、この時期に人が動いたか、ということですが、ちょうどこの時期は周代末の戦国時代に相当します。その当時は、戦国の七雄と呼称された燕・斉・楚・趙・魏・韓・秦などの国々が群雄割拠していました。その後、紀元前二二一年に、後の秦の始皇帝が山東省にあった斉という国を滅ぼして、中国全土を統一します。このような戦乱が、人々の移動を引き起こし、中国大陸の人たちを海上へと押し出したのではないか、と考えています。

北部九州・山口タイプの弥生人のおおもとが大陸にあることがわかりました。次に、大陸ではこのような形質がいつ生じたのか、そして、どのように拡散していったのかを明らかにしていく必要があります。山東省で調査をしているときに、青海省で青銅器時代の人骨が保管されていることを知りました。今から約三〇〇〇年前の人骨です。それで、山東省の古人骨の調査が終わってから、この三〇〇体の人骨の調査をすることにしました。青海省のことはあまり多くの人は知りませんが、ここは重要な場所です。青海省には黄河と揚子江（長江）の源流があるからです。

青海省のアハトラ山や李家山などから出土した人骨の調査をしました。これらの青銅器時代人骨も、実は北部九州の甕棺から出てくる人骨にそっくりなのです。彼らの原形みたいな顔です。しかも、彼らの形質は均質です。どれをみてもよく似ています。山東省の人骨には、かなりばらつきがありますが、青海省の青銅器時代人骨には、ほとんどばらつきがありません。よく似ています。

青海省の青銅器時代人骨の研究から、彼らは、北部九州・山口タイプの原形だろうと思っています。黄河や揚子江の上流から下流へ、人が移動した可能性があると考えています。

四　カンボジア・プンスナイ遺跡の古人骨

次に、カンボジアのプンスナイ遺跡の人骨を、少しご紹介します。所属時期は紀元前三世紀から紀元後三世紀の人骨で、ほぼ弥生時代に相当する人骨です。約六〇体の人骨の調査をさせていただきました。図3は、アンコールワットの近辺にある石像ですが、人骨のなかにはこの顔を髣髴とさせるものがあります。結構、多様性がみられますが、基本的には顔が低いという特徴がみられます。なかには、少し顔が高い人骨もありますが、基本的には低・広顔の特徴を持っています。それから、私が注目したのは、多少歪みがありますが、頭を上からみた形が丸いことです。先ほど、南九州・琉球列島タイプの人たちの特徴の一つが短頭型だといいましたが、日本列

図３　アンコールワット近辺の石像

島の周辺には、この時代には強い短頭型を示す人骨はありません。どこを探しても見つからないのです。ところが、カンボジアのプンスナイ人骨のなかにありました。結論的にいうと、プンスナイ人骨の頭型は男女とも短頭型です。

私は、このカンボジアのプンスナイあたりから人が琉球列島へ行ったということを言っているわけではなく、おそらく中国の南に短頭型を示す一群があって、これが南へ北へ、あるいは海上へと、移動した可能性があるのではないか、と考えています。ようやく琉球列島の人たちの特徴を示す人骨が見つかった、と思っています。鼻根部が扁平で、これは西北九州タイプの弥生人とあまり変わりません。男女とも低・広顔で、これは縄文人的ではなく大陸的です。推定身長は、顔が低・広顔であるにもかかわらず、吉野ヶ里弥生人のように身長は高いという特徴がみられます。

五　台湾の新石器時代人骨と海上の道

次に、台湾の新石器時代人骨をご紹介します。今から約三〇年前になりますが、吉野ヶ里遺跡が話題になったときに、上海に行きました。飛行機から上海を見ましたらクリークがたくさん広がっていて、佐賀平野と景観がよく似ていましたので、弥生文化の源はここに違いないと思いました。今もそう思っているのですが、もしそうだとしたら、そこからどのようにヒトが移動していったかということを考えてみました。目に見えるルートとしては、やはり福建、台湾、先島、琉球列島というつながりを見ていかないといけません。そこで、島伝いに北上することがあったのかということを検証しようと思って、台湾で調査をしました。残念ながら縄文時代晩期から弥生時代前期の人骨はなかったのですが、新石器時代人骨が保管してありました。つまり日本でいうと縄文時代の人骨です。

台南市にある墾丁寮遺跡と烏山頭遺跡から新石器時代人骨が出土し、保管されていました。比較資料として沖縄の縄文人骨や大陸の新石器時代の人骨を使いました。結論を述べますと、彼らは顔が長くて日本の縄文人とは違うということです。それから、鼻が低いのですが、縄文人は鼻が高いので、やはり縄文人とは違っています。また、頭型は長頭型で、周辺に類例がありません。これは、台湾の新石器人骨独自の特徴だろうと思っています。顔面の形態は中国大陸の新石器時代に近い傾向を示していますので、琉球列島の人たちとはまったく違っているのです。鼻根部は扁平ですから、これは中国大陸の古人骨と一緒です。身長が高く、これも中国大陸の身長と同じです。つまり、台湾の新石器時代人骨は、おおむね大陸の新石器時代人骨と同じ特徴を示しているということになります。

以上のことから、台湾から南西諸島、九州へ至るヒトの移動ルートは存在しないといっていいと思います。台湾独自の特徴もみられるので、これはやはり離島という特殊な事情によって生じたのだろうと考えています。

六　南九州の古墳人の特徴と地域差

では最後に、南九州の古墳人の話をさせていただきます。鹿児島県と宮崎県の話ですが、この二県では他所の地域とは埋葬方法が違っています。地下式横穴墓、地下式板石積石室墓、立石土坑墓という三種類の埋葬様式が存在します。人骨は、地下式横穴墓にたくさん残っていますので、人骨の話は地下式横穴墓から出土した古墳人骨に限ることにします。

橋本先生のお話の中で地図に示しているとおり、地下式横穴墓は、大隅半島と宮崎県および熊本県の一部の人吉市に分布しています。地下式ですから、地下に玄室が存在します。断面図をみるとわかるように、竪穴を地下に掘っていき、ある程度の深さになったら、今度は横に玄室を造って、この中に遺体を収めるという、非常に特殊な埋葬方法です。玄室が潰れず、空間が保たれていれば、人骨がよく残っています。県単位で古墳人の特徴がわかっている地域は、実は宮崎県だけです。それはなぜかというと、古墳人骨の量が多いからです。

地下式横穴墓に埋葬された古墳人の特徴にも、地域差があります。まず、頭の形ですが、上から見た形では、宮崎平野に非常に強い短頭型がみられます。ところが、山間部にいくにしたがって短頭性が弱くなり、大隅半島になると再び短頭性が強くなるという特徴があります。

それから、顔の特徴にも著しい差があります。宮崎県の山間部の古墳人は顔が低くて、彫りが深く、身長が低いという特徴があります。宮崎平野の古墳人では、まったくそれと対照的に、顔が高く身長が高いという特徴を示しています。ですから、山間部と平野部では顔かたちがまったく違うのです。最初は高塚式古墳から出土する人骨と地下式横穴墓から出土する人骨の違いを知りたかったのですが、残念ながら高塚式古墳からは人骨が出土しません。ところが、同じ地下式横穴墓から検出される人骨でも、山間部と平野部では、このような形質の差が認められます。

この山間部タイプの、低・広顔で彫りが深いという特徴は、実は西北九州タイプの弥生人の特徴と一緒です。ということは、彼らは縄文人の子孫、つまりもともとこの地域に住んでいた人たちの子孫だということです。ところが、宮崎平野の古墳人たちは、北部九州タイプの弥生人に近い特徴を持っています。

宮崎平野部の古墳人はさらに、宮崎平野Ⅰタイプと宮崎平野Ⅱタイプの二つに分けることができます。両者ともに北部九州タイプの弥生人と同じように高顔・高身長なのですが、宮崎平野Ⅱタイプとしたのは、頭の高さが低く、眼窩の高さも低い、という特徴を示す古墳人です。この差異がどういう意味を持つのか、まだわかりません。

問題なのは、顔が高くて身長が高い古墳人がいつ、どこから宮崎平野に進入したかということですが、宮崎県から弥生人骨が出ませんので、よくわかっていません。

まだわからないことがあります。地下式横穴墓のルーツです。三五年くらい前から考え続けているんですが、やっぱりよくわからないのです。橋本先生も触れられましたが、私はやはり大陸の墓制の影響を考えないといけないのではないかと考えています。

時代は異なりますが、同じような疑問は甕棺にもあてはまります。甕棺については、かなり以前から七田さんにお尋ねしているのですが、なぜ、甕棺に遺体を埋葬しなければならないのか、どうして甕棺でなくてはならないのか。これが私の大きな疑問です。この疑問を解き明かさなくては、やはり彼らの正体はみえてきません。南九州と佐賀平野で、弥生時代と古墳時代という違いはありますが、解き明かさないといけない課題があります。この疑問が解ければ、彼らのルーツをもう少し詳しく解説できるのではないかと思っています。

四〇年くらい東アジアで人骨を研究してきてわかってきたことは、弥生時代は列島内で自己完結をしていないということです。大陸の動きと連動していることは、ほぼ間違いないと思っています。そうした傾向は、古墳時代になっても続いていたのではないでしょうか。

私は三〇年前に吉野ヶ里遺跡が話題になったときから、彼らがもし大陸から渡ってきたとすると、どういうルートで渡ってきたのかを考え続けていました。そのときに、衝撃的なことがありました。それは、偽装ベトナム難民という人たちが、九州の西海岸に押し寄せてきたことです。びっくりしました。中国南部から二日くらいできています。ちょうど吉野ヶ里の騒動のときで、私のところにも新聞記者がきていました。潮に乗れば簡単に渡ってこられるだろう、ということはわかっていたのですが、私が一番知りたかったのは、いつ着くかわからないので、彼らは一体何を船に乗せてきたのだろうか、ということでした。彼らは水をどうやって補給したかということを、新聞記者に聞いてみたんです。すると、「彼らはスイカを大量に船蔵に入れていました」というのです。それを聞いて、「そうか、昔もそうやって来たんだろうな」と思ったのです。スイカなら水分と糖分を同時に摂ることができます。二〇〇〇年前にも、ウリなどを積み込んで船で移動するという生活の知恵があったのだろうという気がしました。このことを一つ付け加えて、終わりにしたいと思います。ご静聴、ありがとうございました。

岸本　私から二、三、先にお尋ねをさせていただいて、会場の皆様からご質問を受けたいと思います。長江文明について、二点お尋ねしたいと思います。

一つ目は、松下先生のお話で、吉野ヶ里遺跡の弥生の方々は渡来人である可能性が高いと伺いました。朝鮮から来たのか中国から来たのかは別として、それまでの縄文人とは別の方々が弥生時代に入って、少なくとも吉野ヶ里遺跡はそういう地域の一つだったということだと思います。一方で、先ほどの七田先生のお話では、逆に吉野ヶ里遺跡の代表から中国のほうへ人を贈っていた、という話もあるわけです。そこで、中国あるいは朝鮮から来た人が、もう一度、本国に戻るというような、交易でもあり移住でもある、双方向の関係があったと考えていいのでしょうか。それが一つです。

二つ目は、欠端先生がおっしゃった、雲南の稲魂の思想、習俗をずっと受け継いだ方々が日本にもいるとして、吉野ヶ里遺跡がそのグループではないとしたら、弥生時代には日本中にたくさんの遺跡、集落があったと思いますが、他の地域であれば、そういう人たちがいた可能性はあるのでしょうか。

松下　どれくらい質問の中身が理解できているか少し不安ですが、要するに大陸側から来た人が、また帰ったというような行き来があったかどうかがわかるか、ということですね。

これは、非常に難しい問題です。人の行き来があったかどうかは、地域差が明確にあって、その地域の人々の特徴がはっきりわかっていて、その特徴から外れる人がいれば、その人は移動してきたということがわかるのです。一旦移動した人がのちにまた戻ったということを、人骨から証明することはかなり難しいですね。

山東省の約三〇〇体の人骨は、実は皆、同じような顔かたちをしているわけではなくて、多様性があります。圧倒的に多いのが非縄文系の、顔が長くて扁平な容貌の人たちです。その中に、実は顔が低い人がいないわけではありません。そういう人をどう捉えるかが、非常に難しいところです。

ただ、鼻の付根のところに時代差が顕著に表れるので、西北九州タイプの弥生人は鼻根部のところにまだ縄文人的な特徴を残した人たちが多いのです。ところが、山東省の三〇〇体の人骨の中の顔が低い人たちも、実は鼻根部は扁平なんです。ですが、そういう人たちが日本から行った人たちなのかどうか、判断するのは難しいのが現状です。ただ、将来的にはＤＮＡ分析が可能になると思います。今でも可能ですが、さらに精度が高くなり分析数が増えてくると、そういう細かなところまでわかってくるのではないでしょうか。

雲南の人たちの場合も同じです。形態的なレベルでそれを実証することは非常に難しいので、あとはＤＮＡ

レベルでもっと細かなところを詰めていくしか方法はないような気がします。

岸本　七田先生、いかがでしょうか。

七田　安田先生の刺激的なお話が終わってしばらく時間が経ちましたので、やっと心が落ち着いてきております。ここに立ちたくないな、という気がいたしましたが、少し気を取り戻しましたので、お話をさせていただきたいと思います。

まず一番目の問題につきましては、やはり渡来人が佐賀平野にたくさん入ってこられて、文化を高めたことは間違いないんですね。そうした新しい文化が発展していきます。とくに青銅器などを佐賀平野で作って、しだいに福岡平野に拠点が移っていく。それが祭祀用になり、実戦では使えないくらい銅矛や銅戈が大型化します。そのような祭器が、今度は朝鮮半島に渡っているという実例が、かなりあります。

もう一つ、生口は弥生時代後期以降の記事ですが、中期の案外古い段階から、日本の弥生土器と韓国の在地の土器が混在している遺跡が、韓国でもたくさん見つかっています。その中の慶尚南道の金海のすぐそばの亀山洞遺跡からは、竪穴住居跡がたくさん見つかっていますが、そのほとんどから弥生土器が見つかるんです。こちらから渡っていった弥生人が営んだ集落なのかもしれません。鉄の入手、物品調達などを行っていた可能性があります。

私たちは中国や朝鮮半島など北からいろいろな文化が一方的に入ってきたと、一般的には考えますが、文化が入ってきてすぐ双方向で動きが活発化してきているということがいえるのではないかと思います。

岸本　人々が移住をする場合もあれば、交易により人々が交流する場合もあります。あるいは交易に伴って土器や青銅器を使う人、作れる人が渡来する場合もあると思います。人々の移動にはいくつかのパターンがあると思い、お尋ねさせていただきました。

次に、古墳時代との関係で、さきほど橋本先生のお話で、大隅半島では結構早くから古墳を造っていたと伺いました。人骨の分析、あるいは南の島との過去の遺跡の流れからしても、佐賀平野にいた弥生の方々が南へ下りて、大隅半島、宮崎のほうへ伝播したというルートもあり得るのではないかと思います。

吉野ヶ里遺跡に居住した渡来系の弥生人は、その後、日本の歴史の中でどういう行く末を辿ったのでしょうか。ヤマト政権の中である程度、中核的な位置を占めたのか、ある時期だけ佐賀平野に存在したが、そのまま消えていったのか。その辺りについて、ご所見を伺えればと思います。

それから、金子先生から「古墳づくりは公共事業だった」というお話がありました（本書第Ⅲ章二）。渡来系の弥生人が持ってきた稲作という文化が、日本中に広がっていく過程で、古墳を作るという事業が縄文系の弥生の集落の方々との融和や結合の材料になっていったということがあるのかどうか、お考えをいただければと思います。

橋本　人骨に関しては、松下先生たちの研究の成果として、宮崎平野にはそういう北部九州系の人たちがいるということですが、その人たちがどういう経緯でやってきたかは、正直なところわかりません。

ただ、宮崎平野自体は、稲作もかなり早い段階から行われていて、弥生時代の多様な文化も入ってきています。大隅や薩摩にも、もちろんそういう環境はあり、早い段階から九州北部ともつながりはあると思います。

あるいは、大隅でも薩摩でもそうですが、港になるような遺跡がいくつか確認されており、そういうところでは、北部九州系の土器がいくらか出てきています。弥生時代も非常に長いですし、古墳時代までに何百年とある中で、ある程度まとまって人が移住するという出来事も、おそらくあったと思います。あるいは、それが古墳時代の始まりだったのかもわかりませんけれども、そういうような人の動きは確かにあると思います。

ただ、その辺の経緯は、現状の資料ではまったくわからないとしかいいようがないと思います。

それから、古墳づくりの公共事業としての役割、あるいは地域での統合ということですが、これも実際問題、よくわからないところがあります。そもそも古墳づくりというもの自体は、やはり近畿を中心とする文化的なつながりがあり、地域の有力者たちが結びつきを持ったことによって出来上がってくるものですが、それを造るメリットというものが存在するわけです。やはり、一方的に労働を使役する形では、地域の中には根付かないので、基本的には古墳づくりに参加することを、地域の人たちが望むような条件が、当然存在すると思います。そういう意味では祭祀、宗教ですね。古墳を造ることに喜びというか、造ることで得られるものが当然あるわけで、そこはやはり精神的なつながりというものを背景にしているのだとは思っています。

岸本　どうもありがとうございました。七田先生、お願いします。

七田　古墳時代より少し古いですが、数年前に、佐賀県みやき町の出た西寒水四本柳《にししょうずよんほんやなぎ》遺跡といって、吉野ヶ里遺跡から六キロくらい東の遺跡ですが、ここから弥生時代中期前半の集落が発掘され、朝鮮半島系の松菊里型住居とともに、花弁型住居が見つかっています。この花弁型住居は、住居の中に仕切りをもつ住居跡ですが、これは宮崎でたくさん発掘されている住居形態です。それが、佐賀で見つかっています。

宮崎のものに比べれば、少し古いということです。宮崎の中でも古式にあたるくらいの時期です。それが福岡辺りでも少し見つかりつつあります。そういった形態が宮崎から来たのか、北から南へ下っていったのかに関連してきます。いずれにしても、九州北部、佐賀とかなり深い関係があったのではと思いますが、そのほかに確固たる証拠となるものは出ておりません。

先ほどの地下式横穴墓も、人吉のほうまで伸びていました。人吉辺りの土器として免田式土器が入ってきたりしますが、他の遺物が非常に少ない。けれども、住居形態はどちらからか移動している。深い関係が考えられます。そういった事実も見つかりつつあるということです。

岸本 金子先生、お願いいたします。

金子 佐賀大学経済学部の金子と申します。

先ほど私は、古墳というのは公共事業であって、古墳づくりによって食糧を再分配したという話をしました（本書第Ⅲ章二）。古墳時代、九州ではおそらく食糧需給が悪化しており、一方、関東地方などは水田稲作が始まってから、まだ三〇〇～四〇〇年しか経っていないため、食糧に余裕がある。したがって、食糧需給が悪化しているところから、より多くの労役、つまり労働者を集めて、米の余裕のある関東などから、米をより多く徴税して、労働者にその米を与えて、巨大な古墳を近畿地方などで造らせたのではないか。そして、近畿地方がヤマト政権の中心となったのは、東西日本の結節点だからではないか。そういう話をしたわけです。

もちろん、この食糧の再分配という意味だけでなく、宗教的な意味も当然あったと思います。私が以前読んだ本では、古墳の宗教的背景には首長霊信仰が存在し、首長、すなわちリーダーが亡くなった後、古墳を造り、亡くなったリーダーは、その国の人々を守る守り神になるということです。したがって、大きな古墳を造ることによって、国の守り神の宗教的な力が強くなるわけです。より大きな、立派な古墳を造ることによって、国の守り神の宗教的な力が強くなって、それは天災の回避や豊作といったかたちで、国の人々に多くの利益をもたらす。そういう考え方がもしあったとするならば、人々は喜んで古墳づくりに参加したと思います。

そして、今回の先生方のお話で、大変勉強になる点が多々ありました。たとえば水田稲作に適していない地域でも、古墳があるということです。そうであれば、古墳づくりにはやはり宗教的な側面が非常に強かったのではないかと思います。そして、皆で古墳を造ることによって、水田稲作に適していない畑作地域などでも、日本人としての連帯感を強めたのかもしれません。したがいまして、今日の先生方のご報告を聞きまして、古墳建設によって、日本人というカテゴリができたのではないか、と思った次第です。先生方、たいへん貴重なご講演を、どうもありがとうございました。

岸本　どうもありがとうございました。会場の方から、ご質問をお受けしたいと思います。

質問1　七田忠志先生の教え子でございます。この辺に大水が出たとき、たくさんの甕棺が出て、朱塗りの人骨が発見されました。七田忠志先生は大急ぎで九州大学金関丈夫教授に連絡なさいました。この人骨が背が高いもので、渡来系弥生人説の根拠と伺っております。質問でございます。

徐福が紀元前二一九年に童男童女三〇〇〇人を連れて中国から出航しました。それが日本にやってきて、弥生時代をつくっていったのではないでしょうか。そして、徐福の上陸地点は佐賀市の浮盃《ぶばい》に特定されておりま す。東京の海洋大学の教授が、江南から黒潮に乗ると、割と簡単に有明海に入れるとおっしゃいました。

秦の始皇帝は、焚書坑儒の横暴を行いました。貧しいボートピープルも、たくさん来たでしょう。徐福は斉の王子だといわれていますけれども、賢いですから、始皇帝に不老長寿の薬を持ってこいと命じられて来られたのでしょう。いろいろな人がたくさん来て、そしてそのときに中国に内乱が起こり、負けた国は山に登って雲南へ、また一部はボートピープルとなって着いたのではないでしょうか。

七田先生、いかがでしょうか。直接、来ているように思えて仕方がありません。佐賀市金立町には徐福一行が訪れたという源蔵屋敷跡があります。しかも、恋物語まで残っております。皆さん、県外からいらっしゃっている方は、金立にお越しくださいませ。徐福が神と奉られております。縄文の日本人は、渡来系の人を殺さずに受け入れたのです。

七田　実は、徐福さんが渡って来たといわれている、紀元前二〇〇年前後には、日本の弥生文化はほとんど完成形になっています。稲作について広い範囲に水田も広がっていますし、畑作も出来上がっています。

それで、徐福さんに関する伝説、多分後に作られた話でしょうが、日本人は古くから中国の古典を読んでいるんですね。たとえば七世紀中頃の徳島県観音寺・敷地遺跡の木簡に習書した文字が残っています。論語の一節が書いてあって、論語を練習していたことがわかります。

つまり、日本の有識者層は、古来、中国の文献を読み漁っているんです。それで、『史記』を読んだ人々で、何かこのあたりに似ているな、というような話になり、それが伝説となって、日本各地に広がっていったと思うのです。

また、有明海に関しましては、古典を読んでも『日本書紀』以来、有明海と中国を通じた記録がたくさん残っています。有名なものとして平忠盛―清盛のお父さんが、神埼荘、吉野ヶ里辺りの荘園の預所だったとき、有明海に入ってきた中国の宋船と貿易を行い暴利を得たという記録も残っておりますし、藤原道長が中国のお坊さんを神埼の港から帰したという記事も残っています。有明を通じた中国との航路はあります。この地域は古墳時代から、中央政権が常に注目をしており、先ほど申しました米多国造は、ヤマト王権系です。筑後や肥後の反体制勢力に対して楔になっているんです。ですから、中央政権がかなり重視した国造だったので、初代が応神天皇のひ孫ということになっているわけです。

実際、徐福さんが佐賀に到達されたかどうかわかりませんが、もっと発掘調査などによっていろいろな関連資料が出てくれば、そういったこともいえるかもわかりません。ただ、中国戦国時代のいろいろな武器、青銅器などは、日本全国、あちらこちらから出ています。ですから、日本に向かってくるときに、遭難などでばらばらとばらけて、あちらこちらに上陸したということも、よくいわれています。

岸本　もうお一人いかがでしょうか。

質問2　まったくの素人で、歴史は「好きだなぁ」という程度に過ぎませんけれども、安田先生のお話に、なんとなく「そうだな」と同意を感じたところもあります。

私は少し植物のことを調べておりまして、イネの渡来ということを考えるときに、それと一緒にある水田雑草が気になります。これを調べることによって、イネの渡来もあるいはわかるのではないかと、そんなことを考えて、私も中国をあちこち行きましたし、雲南にも七、八回ほど行っています。

イネの渡来には、朝鮮半島系と、あるいは江南辺りから真っ直ぐやってきたという、二通りが主に考えられており、琉球列島を通ることはないと伺いました。

それは、僕は疑問に思っています。ちょっとどうかな、と思うんですけれど、たとえば、台湾には非常に早い時代に稲作が渡来しています。五〇〇〇年前後ですか。日本に伝わってくるまで数千年の長い時間があるわけです。その間にまったく来なかったのでしょうか。

どうしても、島が向こうに見えるということなら、移動する手段としては島伝いということが、やはり一番、移動しやすいと思うんです。たとえばイネのモミを持ちながら、島伝いでどんどんどんどん北上していったということも考えられるのではないでしょうか。

それから、朝鮮半島からは、僕も小さいころは中国にいたので感じるんですが、時代はずっと現代ですから別ですが、長粒種がほとんどなんですね。長粒種は主に朝鮮半島を経由して伝わったのではないか。たとえば、唐津の菜畑のほうは、長粒種がほとんどですが、吉野ヶ里は両方ありますね。吉野ヶ里方面の米は、あるいは有明海を通って入ってきたような気がします

高宮　時間がないので簡単にお答えします。先ほど申しましたように、島は狩猟採集で住むのは非常に難しいので、世界中のほとんどの島には農耕民が入ったというのが定説になっていました。おっしゃったように台湾では四〇〇〇～五〇〇〇年前に農耕が存在しています。さらに、面積も広く、自然資源がたいへん豊富と言われている北海道でもひょっとしたらヒエを栽培していた可能性があると言われています。これらの情報をもとに

して琉球列島の島々を調査研究しはじめた頃、個人的には少なくとも四〇〇〇年前からイネやその他の栽培植物が検出できると期待しておりました。しかし、この二〇年間の調査結果から、貝塚時代の遺跡からはイネを含む食料となる栽培植物は検出されていません。最近わかったことは貝塚時代後2期末あるいはグスク時代初期になって初めてイネを含む栽培植物が出現するということです。それから、水田雑草や畑の雑草も、貝塚時代の遺跡からは報告されておりません。貝塚時代の遺跡から雑草の種子がまったく検出されないのは、その数千年間は海上の道や農耕はなかったことを暗示しているのではないでしょうか。少なくとも今日までに蓄積されたデータからは、このような結論が言えそうです。

それで、ひょっとしたら、琉球列島の島々はあまり水田稲作に向いていないので、これらの島々にたどり着いて「ああ、だめだ、水田稲作に適していない」と、あっという間に北上した可能性はあるかもしれません。ただ、今のところこのような解釈を支持するデータもございません。

また、「島が向こうに見えるのなら、島伝いに移動したのではないか」ということですが、宮古諸島と沖縄諸島の約三〇〇キロのギャップは「見える範囲」を超えており、先史時代の人々にとっては海を渡ってたどり着くことが非常に難しかったようです。実際、グスク時代になると両諸島が一つの文化圏になりますが、貝塚時代に両諸島で頻繁に往来が行われたことを積極的に示す資料はございません。

将来、もしかしたら琉球列島先史時代（貝塚時代）における水田稲作の痕跡やその北上（新海上の道を含み）を示すようなデータが出てくるかもしれません。しかし、琉球列島を経由して日本列島にイネや稲作がもたらされたのでは、と問われると、今日まで蓄積されたデータをもとにすると、それはないのかな、と思われます。

岸本　高宮先生、ありがとうございました。話題は尽きないのですが、パネルディスカッションを終了したいと思います。五人の先生方、本当にありがとうございました。みなさま盛大な拍手をお願いいたします。

閉会のご挨拶

立命館大学副総長（研究担当）
立命館大学大学院先端総合学術研究科教授（当時）
渡辺公三

私は今、ご紹介いただきました通り、立命館大学研究担当、国際連携担当、それから学術情報担当ということで副総長をさせていただいております、渡辺公三と申します。

立命館大学は、じつは九州とはご縁が深く、大分の別府にアジア太平洋大学というものを設置させていただきまして、すでに十数年を経ております。現在、国際大学として、ある意味では世界的に一定の評価を得ております。そうしたかたちで、さまざまなご縁をいただくなかで、環太平洋文明研究センターは、立命館大学の衣笠キャンパスという、金閣寺と石庭で有名な龍安寺の間にあるキャンパスに置いておりますが、こういったかたちで学術的な催しをさせていただけることを本当に嬉しく感じております。また、参加いただいた皆様には、大きな感謝の念を抱いております。

私は、残念ながら昨日は公務で出席できず、本当に数多くの重要な視点から、第一線で研究をなさっている先生方のお話を伺えなくて残念だったんですけれども、これはいずれ出版のかたちで公にされると思いますので、その機会にまた改めて読ませていただきたいと思っています。

今日のお話に限定させていただきますと、欠端實先生のお話、そして村岡安廣様のお話、そして久々に安田喜憲先生の、ある意味ではアグレッシブな口調でのお話を聞かせていただきました。私自身は、このセンター発足にあたって、安田先生の『世界史の中の縄文文化』という本を読ませていただきまして、たいへん重要な視点が、ある意味では既成の概念を打ち破る、もう徹底的に勇気を持って叩き壊すという迫力で書かれていることにたいへん感銘を受けて、ぜひとも一緒にお仕事をできたらということで、こうしたかたちで研究を共同で進めさせていただいています。

私自身は、じつはアフリカを専門とする人類学をやっていますので、人類学関係の部門で、なるべく若手の人たちをここに引き込んで支えていただくということで加わらせていただいていますが、そうした安田先生の視点、そして、とりわけ今日のお話の中で感銘を受けましたのは、この佐賀の土地の環境の中にある自然の多様性について、我々の目を開いてくださった石丸純子先生のお話、たいへんありがとうございました。さらに、それと密接に結びつきながら、人間の営為としても、日々の食べるという行為に密接に結びついているということを、本当に意表をつくかたちで納得させてくださった村岡様のお話、たいへん印象的でありがたかったと思います。

この吉野ヶ里の砦のような遺跡をどう評価するかについては、じつは私自身は、何といったらいいか、これだけ強く防御の姿勢が出ている遺跡は何なのだろうと思いながら見ていて、安田先生の視点にかなり共感を持ってしまったのですが、またその点については「中国を意識した非常に象徴的なもの」という見方を、七田先生は強調されていたようにも思いますので、その辺は今後の議論を待ちたいと思います。

本当に充実した今日一日、午前中は吉野ヶ里遺跡を訪ねさせていただきました。たいへん興味深い場所、そしてこの土地―前回も宗像でこの言葉を使わせていただきましたけれど、やはり日本のそれぞれの土地にある地の霊といいますか、それを感じさせていただいた一日でした。

本当に充実したシンポジウムとなりました。多数の聴衆の皆様、ありがとうございました。

執筆者紹介（掲載順・二〇一六年当時）

安田喜憲　立命館大学環太平洋文明研究センター長　ふじのくに地球環境史ミュージアム館長
岸本吉生　経済産業省九州経済産業局長
田島龍太　唐津市末盧館長
常松幹雄　福岡市埋蔵文化財課長
七田忠昭　佐賀城本丸歴史館長
徐　光輝　龍谷大学教授
欠端　實　麗澤大学名誉教授
村岡安廣　株式会社村岡総本舗代表取締役社長
藤木　聡　宮崎県立西都原考古博物館学芸員
藤永　豪　佐賀大学准教授
金子晋右　佐賀大学教授
石丸純子　株式会社ジェピック代表取締役
高宮広土　鹿児島大学国際島嶼研究センター教授
橋本達也　鹿児島大学総合研究博物館准教授
松下孝幸　土井ヶ浜遺跡・人類学ミュージアム名誉館長
渡辺公三　立命館大学副総長（二〇一七年十二月逝去）

■編著者略歴

安田喜憲（やすだ　よしのり）

1946年三重県生まれ

東北大学大学院理学研究科修了　理学博士

現在、立命館大学環太平洋文明研究センター長、ふじのくに地球環境史ミュージアム館長、国際日本文化研究センター名誉教授、スウェーデン王立科学アカデミー会員

環境考古学の確立で紫綬褒章受章

主な著書：『環境考古学事始―日本列島２万年』（NHKブックス）、『世界史のなかの縄文文化』（雄山閣）、『日本よ森の環境国家たれ』（中公叢書）、『古代日本のルーツ長江文明の謎』（青春出版社）、『気候変動の文明史』（NTT出版）、『一神教の闇』（ちくま新書）、『生命文明の世紀へ』（第三文明社）、『稲作漁撈文明―長江文明から弥生文化へ』（雄山閣）、『日本神話と長江文明』（雄山閣）ほか多数。

七田忠昭（しちだ　ただあき）

1952年佐賀県生まれ

國學院大學文学部史学科（考古学専攻）卒業

現在、佐賀県立佐賀城本丸歴史館長

主な論著：「倭王卑弥呼の宮殿―倭人が記す邪馬台国中心集落の構造と発掘成果―」『佐賀学Ⅱ　佐賀の歴史・文化・環境』（佐賀大学・佐賀学創成プロジェクト編）、『邪馬台国のクニの都　吉野ヶ里遺跡』（シリーズ「遺跡を学ぶ」115　神泉社）

2018年5月10日　初版発行　　《検印省略》

環太平洋文明叢書《かんたいへいようぶんめいそうしょ》　6

東《ひがし》シナ海《かい》と弥生文化《やよいぶんか》

編　者　安田喜憲・七田忠昭

発行者　宮田哲男

発行所　株式会社　雄山閣

〒102-0071　東京都千代田区富士見2-6-9

TEL 03-3262-3231　FAX 03-3262-6938

振 替 00130-5-1685

http://www.yuzankaku.co.jp

印刷・製本　株式会社ティーケー出版印刷

N.D.C. 210　224p　21cm
ISBN978-4-639-02564-1　C0021